CLEMENS RICHTER · ULTRALEICHTFLIEGER

CLEMENS RICHTER

ULTRALEICHT FLIEGER

Die neue Navigation und Wetterkunde

MOTORBUCH VERLAG STUTTGART

Einbandgestaltung: Johann Walentek, unter Verwendung eines Dias aus dem Archiv Hellmut Penner.
Fotos und Abbildungen: Clemens Richter, Peter Wagner, Rainer Pregla
Fotograf: Thorsten Indra, Altenfeldsweg 11, 35394 Gießen
Karten: siehe Quellenangaben

Fritz Uder zugeeignet

Die Ratschläge in diesem Buch sind von Autor und Verlag sorgfältig erwogen und geprüft, dennoch kann eine Garantie nicht übernommen werden. Eine Haftung des Autors bzw. des Verlages und seiner Beauftragten für Personen-, Sach- und Vermögensschäden ist ausgeschlossen.

Die Darstellung der Kartenausschnitte aus ICAO-Luftfahrerkarten im Maßstab 1:500000 gestattete freundlicherweise die DEUTSCHE FLUGSICHERUNG in Frankfurt am Main.
Die Darstellung des Kartenausschnittes der Deutschen Generalkarte 1:200000 mit Flugsicherungsaufdruck wurde freundlicherweise gestattet von Mairs Geographischem Verlag, Ostfildern, als auch von der Firma Lühl-Aviation, Bad Breisig (53498 Bad Breisig, Postfach 1310). *Letztere erstellte den Flugsicherungsaufdruck und vertreibt die Karten.*

ISBN 3-613-01647-8

1. Auflage 1995

Satz: Vaihinger Satz+Druck, 71665 Vaihingen an der Enz
Druck: Maisch+Queck, 70839 Gerlingen
Bindung: K. Dieringer, 70839 Gerlingen
Printed in Germany

Inhalt

Flugnavigation für Ultraleichte und andere langsame Luftfahrzeuge

Die Kunst, sich aus der Luft zu orientieren – klassische Methoden, neu belebt

Einführung

In diesem Buch wird ein vollkommen neues Konzept der Sichtflugnavigation vorgestellt. Es wurde ganz auf die Bedürfnisse von Ultraleichtfliegern abgestimmt. Dabei werden sich auch die Piloten anderer langsamer Luftfahrzeuge angesprochen fühlen. Dazu gehören beispielsweise Motorsegler, die neuen lenkbaren Heißluftschiffe oder auch klassische offene Doppeldecker.

Die Ultraleichtfliegerei aus teilweise sogar offenen Kanzeln hat sich in fast jeder Hinsicht die Bedingungen aus den Anfängen der Fliegerei zurückgeholt. Daher lag es auf der Hand, bei einem neuen Navigationskonzept an die klassischen Methoden anzuknüpfen. Das neue Konzept bricht mit der seit 50 Jahren gelehrten Navigationsmethode für Sichtflug. Jenes System hat Nachteile, die es

Der Autor in seinem UL-Doppeldecker

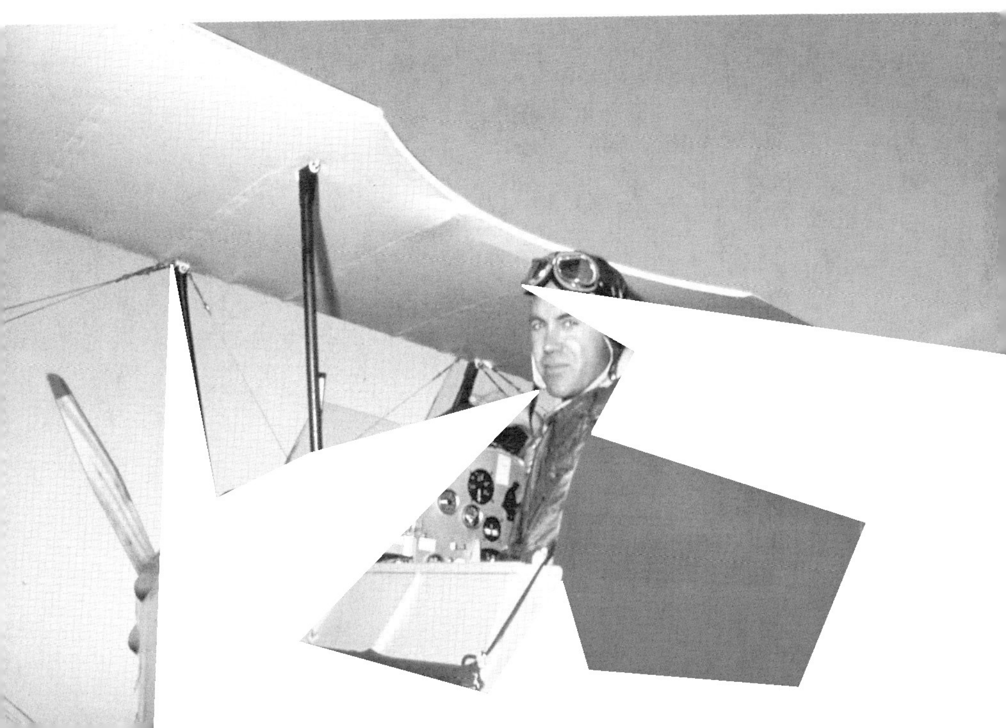

besonders für leichte, offene Flugzeuge unpraktisch und sogar gefährlich machen. Das neue Konzept basiert auf der *Leitliniennavigation*. Dieses Navigationskonzept fordert zur sicheren Anwendung gerade vom Anfänger wesentlich geringere Grundkenntnisse und Erfahrung. Das Prinzip leuchtet sofort ein und kann mit geringer Vorbereitung unmittelbar in der Praxis angewendet werden. Mit wachsender Erfahrung und zunehmenden Kenntnissen verfügt der Flieger bald über eine »narrensichere« Navigationsmethode. Und diese kann dann als optimale Grundlage für weiterführende Methoden dienen bis hin zur Instrumentennavigation. Denn versagen bei Schlechtwetter oder Stromausfall die anderen Systeme, wird man sich sofort wieder mit seiner Erfahrung aus der Leitliniennavigation helfen können – Erfahrung, die manchen reinen »Kursefliegern« bitter fehlt.

Trotzdem müssen wir uns im Folgenden mit der Methode des *Kursefliegens mit Windvorhalt* auseinandersetzen. Das ist vor allem jenen UL-Fliegern gegenüber notwendig, die gerade nach diesem System Navigation gelernt haben. Dabei wollen wir auch den Ballastanteil verdeutlichen, den die Flieger bislang mitgeschleppt haben.

Fliegern, denen dieser Abschnitt zu ausführlich erscheint, sei es unbenommen, gleich zu den Kapiteln *Die alten Probleme der Flugpioniere – wieder aktuell* oder *Die Leitliniennavigation – oder »IFR«* weiterzublättern.

Doch vielen Piloten, vor allem den »Wenigerfliegern«, die die Mehrzahl unserer Gemeinschaft ausmachen, hat sich der Ursprung ihrer Probleme mit der Navigation erst nach Jahren der Unsicherheit und Erfahrung eröffnet. Andere rätseln noch, warum sie so schlecht klarkommen. Beiden wird die Darstellung, warum sie Probleme mit der Navigation haben mußten, sehr aufschlußreich sein.

Allen Fliegern, die das Kursefliegen mit Windvorhalt wegen seines Aufwandes, seiner Fehlerhaftigkeit und häufigen Nichtanwendbarkeit schließlich über Bord geworfen haben, wollen wir mit der Leitliniennavigation eine neue Systematik an die Hand geben, die wesentlich geringeren Aufwand erfordert und dabei umso größere Sicherheit erzeugt. Der schönste Vorteil allerdings ist, daß die neue (klassische) Methode Spaß macht. Nicht langwierige rechnerische Vorbereitungen am Boden und Kontrollberechnungen während des Fluges stehen im Vordergrund, sondern das unmittelbare Erfliegen der Landschaft anhand ihrer Strukturen und Bodenmerkmale.

Schöne Theorie

Die Mängel der Navigationsmethode »Kursefliegen mit Windvorhalt«

Den folgenden Abschnitt werden jene Piloten am besten verstehen, die den theoretischen Teil ihrer Fliegerprüfung noch nicht lange hinter sich haben. Denn dann werden sie sattsam mit der Methode *Kursefliegen mit Windvorhalt* vertraut gemacht worden sein.

Es ist dem Piloten also ein leichtes, Kartenkurse abzusetzen. Er kann den Windeinfluß gradgenau bestimmen und mit Deviation und Ortsmißweisung die Kursumwandlungen vornehmen. Er kann die benötigte Flugzeit exakt errechnen und ist in der Lage, den Kraftstoffverbrauch auf Kommastellen genau anzugeben. All diese Ergebnisse kann er in ein umfangreiches Flugplanungsformular eintragen, das er während des Fliegens ständig überwacht und korrigiert. Dabei hält er gewissenhaft die errechneten Kompaßkurse, kontrolliert seine Geschwindigkeiten über Grund und errechnet immer neu Windvorhalt, Ankunftszeit und Treibstoffreserve.

Hoffen wir, daß er bei dieser Navigationsmethode noch Gelegenheit hat, sich dem Fliegen selbst zu widmen. Dazu gehört: den Luftraum und die Landschaft, über die er hinwegfliegt, zu beobachten; stets ein geeignetes Notlandefeld im Auge zu haben; die Entwicklung der Bewölkung und andere Hinweise auf Wetteränderungen zu beobachten und zu interpretieren; den Flugfunkverkehr zu überwachen und gegebenenfalls selbst daran teilzunehmen; sich in den komplexen Mechanismus seines Fluggerätes hineinzufühlen, dabei bewußt Gas, Steuerknüppel und Seitenruderpedale zu bedienen – und außerdem den Flug zu genießen.

Hoffen wir, daß ihm das alles gleichzeitig gelingt. Wir fürchten allerdings, daß jene Aufgaben den in den freien Luftraum losgelassenen »Jungflieger« zu sehr in Anspruch nehmen. Zwangsläufig wird er der erlernten Navigationsmethode nicht mehr die rechte Aufmerksamkeit schenken können. Schade um die vielen, von Prüfungskommissions-Mitgliedern winters am Kamin ausgearbeiteten Übungsaufgaben!

Wahrscheinlich wird es so ablaufen: Vor dem Start wird der Flieger seine Flugvorbereitung wie vorgeschrieben durchführen. Er wird Wegpunkte festlegen, die geplanten Kurse in der Karte einzeichnen und unter Berücksichtigung von Deviation, Mißweisung und Windeinfluß die Steuerkurse berechnen. Anhand der Streckendaten wird er dann die Flugzeit und den Treibstoffverbrauch berechnen. Das alles wird er in ein Flugdurchführungs-Formular eintragen, außerdem die errechneten Überflugszeiten über die auf der Strecke liegenden Wegkunkte. Nach diesen und anderen Vorbereitungen wird sich der UL-Flieger mit einem Aktenordner voller Karten und Unterlagen in sein enges, offenes Cockpit setzen und auf die Strecke gehen.

In der Luft stellt der Pilot fest, daß der Kompaß schwingt und dreht und die Richtung keineswegs eindeutig anzeigt. Ist er noch auf Kurs? Die markanten Geländestrukturen tauchen keineswegs dort auf, wo sie nach seiner Vorausberechnung sein müßten. Nervös versucht er Ähnlichkeiten zwischen Landschaft und Karte festzustellen. Beim ersten Wegpunkt kommt der erste Panikschub. Wo ist die markante Kreuzung? Endlich hat er sie – viel zu weit südlich! Spätestens jetzt wird der junge Pilot seine umherflatternden Formulare und in Unordnung geratenen Berechnungen in irgendeine Ecke stopfen und ohne die zahlreichen Kontrollbeobachtungen und -rechnungen weiterfliegen, die allein die fehlerträchtige Methode des Kursefliegens rechtfertigen. Den Rest des Fluges wird er halbwegs nach Kompaß fliegen, sich aber vorwiegend nach Bodenmerkmalen orientieren, allerdings ohne jede Methode. Die Flugzeit vergißt er dabei vollends.

Das Dilemma in der Ausbildung

Erinnern Sie sich an Ihre Zeit als Flugschüler und an Ihren ersten Überlandflug? Wie Sie versuchten, nach dem tanzenden »Whiskykompaß« (Magnetkompaß) zu steuern? Und Sie hatten schon genug damit zu tun, den Flieger in den Thermikböen geradezuhalten. Dazu war die Sicht total besch.... Kaum ein entferntes Objekt war sichtbar, um erstmal draufhinzufliegen. Und der Kompaß rotierte wie ein Brummkreisel! Als Sie endlich das Endteil des Zielflugplatzes vor sich sahen, waren Sie so erleichtert, daß Sie den Flieger kopflastig trimmen mußten. Oder hatten Sie sich schon damals aus der Affäre gezogen, indem Sie einfach der Bahnlinie entlang geflogen sind? Die mußte ja der Karte nach direkt beim Flugplatz vorbeiführen! Erinnern Sie sich? Plötzlich war alles einfach! Da unten war die Bahnstrecke, hier oben waren Sie, keine Probleme. Gelassenheit machte sich im Cockpit breit, das Fliegen war wieder schön! Aber ein schlechtes Gewissen hatten Sie doch – so ganz gegen die Regeln; die stundenlang ausgearbeitete Flugvorbereitung umsonst! Aber dieser Kompaß war ja wohl kaputt oder eine Fehlkonstruktion! Sie damit über Land zu schicken! Unverantwortlich war das! Der Fluglehrer meinte nachher bloß, die Qualität des Kompasses würde sich mit wachsender Flugpraxis schon bessern. Er hatte natürlich Recht. Aber leider verschwieg er, daß der Kompaß für die Methode des Kursefliegens nie die richtige Qualität haben würde. Dafür hätte die Flugschule in ihren Maschinen schon Kreiselkompasse einbauen müssen. Der Magnetkompaß war so gut, wie er nur sein konnte (siehe Kapitel *Der Kompaß*). »Unverantwortlich« war eher die Navigationsmethode, mit der man die Flugschüler über Land schickte. Womöglich hatte man Sie vor dem Start noch eingehend über die ausgerechneten Werte befragt. Als Sie sie richtig nannten, hatte der Fluglehrer wohlwollend genickt. Unter den Ausbildern ist es eine Binsenweisheit, daß in der Navigationsausbildung ein Haufen Zeug gelehrt wird, das für die Praxis nicht taugt. Aber niemand unternimmt etwas dagegen. Erfahrene Fluglehrer sollten sich erinnern, daß für ihre Flugschüler das Fliegen an sich noch nicht zur Selbstverständlichkeit geworden ist. Die Funktionen von Querruder, Seitenruder und Höhenruder werden noch nicht automatisch, sondern immer wieder ganz bewußt bedient. Das Aufmerksamkeits-Spektrum, das dem durchschnittlichen Flugschüler darüber hinaus zur Verfügung steht, ist begrenzt. Eine Aufgabe zuviel und andere Aufgaben werden unbewußt ausgeblendet. Dann werden leicht der Fahrtmesser, der Höhenmesser, die Fluglage oder der umgebende Luftraum – oder alles gleichzeitig – regelrecht vergessen. Viele Fluglehrer scheinen in einer Art Schicksalsergebenheit den ersten Überlandflug ihrer Flugschüler als Bewährungsprobe besonderer Art zu betrachten. Hier wird sich zeigen, ob die Schüler in der Lage sind, mit Hilfe einer Mischung aus guter fliegerischer Ausbildung und praxisferner Navigationstheorie zum Zielflugplatz und zurück zu gelangen. Die Ausbilder beruhigen sich wahrscheinlich damit, daß die Schüler mit wachsender Flugerfahrung schon ihre eigenen Navigationsmethoden entwickeln werden. Und so ist es auch. Es beginnt damit, daß die meisten »frischversohlten«*) Flieger gleich alles über Bord werfen, was sie an aufwendigen Naviagtionsmethoden gelernt haben.

Dann orientieren sie sich zunächst an den immer gleichen bekannten Leitlinien und Bodenmerkmalen um den Heimatflugplatz. So erweitern sie langsam ihre Kreise, bleiben aber später vorwiegend in ihrer Umgebung und fliegen dort, wo sie sich auskennen. Doch wozu taugt dann die vorher so ausführlich behandelte Navigationstheorie?

Eigene Erfahrungen

Ich habe zwei praktische Fliegerprüfungen hinter mir.

Dazwischen liegen 15 Jahre, doch ich erinnere mich an eine Menge Gemeinsamkeiten. Beide Male besuchte ich renommierte Flugschulen. Beide Male lernte ich das Navigationsverfahren des »Kursefliegens«. Bei beiden praktischen Prüfungen herrschte Hochdrucklage mit tiefliegender Inversion – das heißt: Dunstglocke, mieseste Sicht, eben noch *VMC* (Sichtflugbedingungen). Das erste Mal – bei meiner PPL A – flog ein Prüfer mit. Ich sollte *Burg Feuerstein* ansteuern. Wir schwitzten beide. Ich schwitzte vor Aufregung. Der Prüfer schwitzte, weil *VOR* und Kurskreisel ausgefallen waren. So hatte er sich das Kursefliegen nicht gedacht. Endlich traf er die Entscheidung: Ich sollte erst der Autobahn und dann dem Tal der Wiesent folgen. Danach war alles puppeneinfach – wohl *zu* einfach, denn der Prüfer dachte sich für die Prüfung noch einige

*) »frischversohlt« – schöner Brauch nach dem ersten Alleinflug: Dem Flieger wird von Mitschülern und Lehrern der Hintern versohlt, damit er in diesem wichtigen »Fluginstrument« das »richtige Gefühl« bekommt.

Leckerbissen aus. Mit Glück bestand ich trotzdem. Aber für die Zeit nach der Prüfung zog ich eine Lehre: Über unbekanntem Gebiet flog ich nur noch nach *Leitlinien*. Mit dieser Methode habe ich mich nie wieder verfranzt. Als ich später den UL-Schein machte, war die Sicht am Prüfungstage genauso schlecht. Es sollte von Rendsburg nach Heide-Büsum gehen. Der Prüfer blieb zum Glück am Boden. Zunächst entledigte ich mich der umständlichen rechnerischen Flugvorbereitung und gab freundlich über Wegpunkte, Windvorhalt, Kompaßkurse und Flugzeiten Auskunft. Sobald ich in der Luft war, vergaß ich alle Wegpunkte und Windvorhalte. Ich flog durch den grellen Dunst nach meiner zweiten, höchst privaten Flugvorbereitung. Sicher, gelassen und ohne jedes schlechte Gewissen erreichte ich entlang des Nordostseekanales, der Autobahn und der Bahnlinie mein Ziel. Meine beiden Mitbewerber, die eine halbe Stunde später starteten, kamen eine ganze Stunde nach mir in Heide-Büsum an. Sie hatten sich unterwegs verflogen. Zurück flogen auch sie nach Leitlinien.

Die Praxis nach der Prüfung

Die Praxis nach der Prüfung sieht so aus: Hat der Flieger von langsamen leichten oder ultraleichten Sportflugzeugen – und nur an den wenden wir uns hier – die Prüfung überstanden, wirft er den ganzen Planungs-und Durchführungsaufwand des Kursefliegens bald über Bord. Wenig später hat er ihn vergessen, denn die Methode erfordert ständige Übung. Nun lernt er durch Erfahrung und viele, oft unnötige Fehler die Navigation wieder neu – meist eine selbstgestrickte Methode zwischen Kursefliegen, Leitlinienfliegen und Instrumentennavigation. Das kann auch gar nicht anders sein. Die bekannten Prüfungsbedingungen prägten die gesamte Ausbildung. In dieser Zeit wird der werdende Flieger sich nur auf die möglichen Prüfungsfragen konzentrieren. Er kann noch gar kein Urteil für das entwickeln, worauf es beim Fliegen und bei der Navigation im wesentlichen ankommt. Nach der Prüfung aber ist er alleingelassen. Niemand sagt ihm, daß vieles, was er in sich hineingepaukt hat, für seine Zwecke im falschen Zusammenhang stand und daß einige notwendige Grundlagen noch fehlen. Er durchlebt eine lange Phase der Unsicherheit. Erst nach langjähriger Praxis und vielen Gesprächen mit anderen Fliegerkameraden wird schließlich klar, daß die Navigation im Sichtflug ganz andere Grundlagen erfordert und viel einfacher ist, als es die Schule einst vermittelte.

Pseudoprofessionelle Kriterien

Auf die wirkliche *Kunst, sich aus der Luft zu orientieren*, wird in den meisten Fliegerschulen aufgrund von Zeit- und Lehrermangel kaum eingegangen. Man paukt auf die bekannten Prüfungsfragen hin, um die vorgesehene Kursdauer einhalten zu können. Flugschulen müssen scharf rechnen, um als Betriebe überleben zu können. Aber man fragt sich, warum die Fliegerschulen im Theorieteil widerspruchslos Prüfungsfragen hinnehmen, von denen ein Teil sinnvoll, ein anderer Teil überflüssig und ein weiterer Teil unvollständig ist. Nur wenige Flugschulen vermitteln ansatzweise, wie man sich in kleinen, langsamen Flugzeugen auch bei schlechten Wetterbedingungen orientiert; wie man von Anfang an vermeidet, sich zu *verfranzen* – und wenn es doch passiert, wie man seine Position einfach und paniksicher wiederfindet. In der theoretischen Prüfung entscheiden aber Fragen nach geographischen Breitendifferenzen, nach dem Geozentrum der Erde oder nach Großkreisen. Es liegen Rechenaufgaben vor, bei denen es auf Grade Windvorhalt und Treibstoffberechnungen mit Kommastellen ankommt. Ich bin der Meinung, daß Ultraleichtflieger zuallererst wissen müssen, wie sie sich mit minimalen Hilfsmitteln und dabei narrensicher(!) am Boden orientieren können. Alles andere ist Sache angehender Instrumentenflieger. Man fragt sich, woher es kommt, derart pseudoprofessionell zu testen.

Wie muß eine Navigationsmethode für langsame Sichtflieger beschaffen sein?

Zwei Fragen helfen dabei, eine sinnvolle Navigationsmethode zu finden:

1. Warum wollen Flieger fliegen?
2. Welche Anforderungen muß eine Navigationsmethode dabei erfüllen?

Antwort auf Frage 1: Bei aller Verschiedenheit der Motive gibt es eine Gemeinsamkeit: Alle wollen die Welt von oben betrachten und das Flugzeug mit Spaß und ohne Streß fliegen.
Antwort auf Frage 2: Um streßfrei fliegen zu können, muß die Navigationsmethode sicherstellen,

a) daß der Pilot immer weiß, wo er sich befindet und wann er wo ankommen wird,
b) daß er möglichst wenig vom Fliegen und Beobachten abgelenkt wird,
c) daß er beim Navigieren ein objektives Sicherheitsgefühl hat,
d) daß der Planungsaufwand vor Überlandflügen sich in Grenzen hält.

Die Methode »Kursefliegen mit Windvorhalt« kritisch untersucht

Den oben genannten Forderungen wollen wir die Methode des Kursefliegens gegenüberstellen:

Bedingung a): Wir wollen immer wissen, wo wir sind, und wann wir wo ankommen. Folgende Bedingungen stellen dies beim Kursefliegen sicher: Eine gute Sicht. Das heißt, wir müssen den Steuerkurs mit weit entfernten Objekten in Deckung bringen können, um dann nach diesen Objekten zu steuern. Markante Wegpunkte müssen von weitem deutlich zu erkennen sein. Der Kompaß muß relativ groß sein, träge und kompensiert (besser ist ein Kurskreisel). Es darf weder viel Thermik noch Turbulenzen geben. Wir müssen sauber fliegen, so daß der Kompaß ruhig bleibt. Der Wind muß weiterhin gleichmäßig aus derselben Richtung wehen und annähernd der Voraussage entsprechen. Unser Cockpit muß windgeschützt und geräumig sein, so daß wir unsere Hilfmittel und Unterlagen ausbreiten und mit ihnen arbeiten können. Außerdem sollten uns die elementaren Funktionen des Fliegens und Beobachtens bereits in Fleisch und Blut übergegangen sein.

Wenn all diese Dinge gewährleistet sind, werden wir beim »Kursefliegen« zwar aufwendig aber sicher navigieren und unsere Ankunftszeit relativ genau errechnen können. Sobald aber die Luft unruhig wird, beginnt der Kompaß außer Rand und Band zu geraten (siehe Kapitel *Der Kompaß*). Wir können jetzt nur noch schätzen, welche entfernten Bodenmerkmale dem Sollkurs entsprechen. Und wenn es so dunstig wird, daß der Horizont verschwindet und wir zwischen den Wegpunkten blind nach Uhr und Kompaß fliegen müssen, wird die Methode unzuverlässig, ja gefährlich.

Bedingung b): Möglichst wenig soll uns vom Fliegen und Beobachten von Erde und Luftraum abhalten. Wie sieht es damit aus? Beim Kursefliegen sind wir damit beschäftigt, Kurs zu halten, Wegpunkte zu suchen und zu identifizieren, Flugstrecken zurück- und vorauszurechnen, Wind und Kurse neu zu berechnen und die Gegend unter den Kurslinien nach markanten Formationen abzusuchen, die wir mit der Karte vergleichen. Flieger, die nach Kompaßkursen navigieren, sind ununterbrochen in Suchbildrätsel verstrickt. Außerdem müssen sie sich zusammenzureißen, um keine Minute zu träumen, weil sie sich dann bereits heftig verfranzt haben könnten. Inwieweit dabei noch Zeit zum Fliegen, das heißt zum Steuern, Einfühlen in die Maschine, Beobachten des Luftraumes und der Erdoberfläche, Überwachen der Instrumente, des Funks und so weiter bleibt, können regelmäßige Teilnehmer von Flugrallyes am besten beurteilen. Dort ist die Navigation der Vollzeitjob für den Copiloten. Und nur so kann es nach dieser Methode funktionieren.

Bedingung c): Wir wollen ein objektives Sicherheitsgefühl bei der Navigation. Das trifft beim Kursefliegen zu, wenn Teilstrecken mit markanten Wegpunkten in voller Länge sichtbar sind. Bei mittleren Sichtverhältnissen, wenn wir nicht mehr von Wegpunkt zu Wegpunkt blicken können, sieht es schon anders aus. Wissen wir, ob der nächste Wegpunkt dort auftaucht, wo wir ihn vermuten? Wissen wir, wie er sich darstellt? Haben wir ihn womöglich schon überflogen, ohne ihn erkannt zu haben? Ein Überlandflug bei mäßigen Sichtverhältnissen wird so zu einem seelischen Jojo zwischen Hoffnung und Erleichterung, mit ständigen

Grübeleien und gelegentlichen Einschüben von Panik.

Zuletzt Bedingung d): Der bürokratische Planungsaufwand soll sich in engen Grenzen halten. Ich glaube, darüber brauchen wir kein Wort mehr zu verlieren. Jeder Flugschüler kennt das. Wer sich überzeugen lassen möchte, dem seien die bei jedem Flugversand erhältlichen Übungsaufgaben zur VFR-Navigation empfohlen. Für einen dreistündigen Flug benötigt mancher über eine Stunde schriftlicher Flugvorbereitung.

Dennoch möchte ich nicht mißverstanden werden. Die Methode »Kursefliegen mit Windvorhalt« hat ihre Berechtigung: Für Flieger, die möglichst schnell von A nach B wollen – und zwar in schnellen Motorflugzeugen mit Kreiselinstrumenten und unterstützender Funknavigation. Außerdem braucht man ein geschütztes, geräumiges Cockpit, das unterwegs Arbeiten an der Karte und am Planungsvordruck erlaubt. Vor allem aber sollte ein Copilot dabei sein, ein echter *Franz*. Auch in Ultraleichten wird es immer Piloten geben, die gern mit Vordrucken, Tabellen und Bordcomputern umgehen. Ihnen macht es nichts aus, wenn all ihre sorgfältigen Vorausberechnungen regelmäßig bedeutungslos werden, sobald sie erst in der Luft sind. Aber es gibt einfachere, zuverlässigere und deshalb sicherere Methoden.

Die alten Probleme der Flugpioniere – wieder aktuell

Um zu einfachen und effektiven Navigationsmethoden zu finden, besinnt man sich am besten auf die Anfänge der Fliegerei. Wie in vielen Bereichen liegt die Lösung einer modernen Problematik auch hier in der Erinnerung an alte Methoden. Das Problem entstand mit der wiederentdeckten Ultraleichtfliegerei. »Wiederentdeckt« deshalb, weil es sie seit Anbeginn der Fliegerei schon gab. Viele Pionierflugzeuge waren nach unseren heutigen Maßstäben Ultraleichte. Hans Grades Hochdecker von 1909 wog mit seinen zwölf PS gerade 85 Kilo. Alberto Santos-Dumonts *Demoiselle* von 1909 wog 142 Kilogramm. Ernst Udet holte sich 1924 mit seinem 150 kg schweren *Kolibri* mit einem 18-PS-Motor den ersten Preis im Leichtflugzeug-Wettbewerb auf der Wasserkuppe. Im folgenden Jahr sah man dort Alexander Lippisch mit seinem 7,5 PS-Motorgleiter von nur 42 Kilo Gewicht. Besonders aktiv waren die Engländer. Sie begannen bereits 1919 damit, leistungsfähige Ultraleichte im Stil der Kampfflugzeuge des Ersten Weltkriegs nachzubauen. Manche Muster erhielten sogar noch umlaufende Sternmotoren aus der Kriegsproduktion und wogen dennoch beim Abflug nur wenige hundert Kilogramm. Und sie hießen damals schon *Ultralights*.

Als sich Piloten unserer Zeit die Romantik der offenen »Drahtverhaue« zurückholten, hatten sie unversehens wieder mit den gleichen Problemen zu kämpfen, wie die Pioniere damals. Doch leider waren die Lösungen dieser Probleme inzwischen vergessen. So orientierte man sich einerseits an den Drachenfliegern, andererseits am Stil der modernen »Blechflieger«. Im übrigen begann man, durch Fehler und zahlreiche Opfer – auch viele Todesopfer – all das neu zu lernen, was die alten Bücher und Aufzeichnungen schon lehrten. Auch hinsichtlich der Navigation sind die neuen Probleme der Ultraleichtfliegerei die gleichen wie vor 70 Jahren. Dazu gehören unzuverlässige Motoren, mit denen viele UL-Piloten ziemlich bald nach ihrem ersten Alleinflug auch ihre ersten unfreiwilligen Außenlandungen machen. Bei den geringen Fluggeschwindigkeiten und dem begrenzten Tankinhalt muß bei starkem Gegenwind damit gerechnet werden, das Flugziel nicht erreichen zu können. Heftige Bewegungen der leichten Fluggeräte in Thermik und Turbulenzen erschweren ein Steuern nach Magnetkompaß beträchtlich. Im winddurchtosten, offenen Cockpit läßt sich mit Karten, Papierunterlagen und Navigationsbesteck nur schlecht hantieren. All diese Probleme verlangen heute – genau wie damals – nach einer Navigationsmethode, die auf die vorhandenen, beschränkten Möglichkeiten und Hilfsmittel abgestimmt ist. Tatsache ist jedoch, daß an den Flugschulen Navigationsmethoden gelehrt werden, die der Verkehrsfliegerei entlehnt sind.

Haben die klassischen, einfachen Navigationsmethoden heute noch ihre Berechtigung?

Gelegentlich habe ich diese Frage Fliegerkameraden gestellt. Es gab viele Fürsprecher, aber auch ärgerlichen Protest wie: »Im Zeitalter programmierbarer AP- und GPS-Systeme gehört die ganze ›Zu-Fuß-Navigation‹ doch abgeschafft!«

Daß frischgebackene Besitzer jener faszinierenden Geräte zu dieser Meinung neigen, ist verständlich. Aber kann das ein Maßstab sein? Das hieße, sich kenntnismäßig auf einen Stand begeben, der Fliegen ohne elektronische Navigationshilfen nicht mehr zuläßt. Ist dies wirklich sinnvoll? Was geschieht, wenn das GPS einmal ausfällt? *Jedes* elektronische Gerät fällt einmal aus, besonders, wenn es Temperaturschwankungen und Vibrationen ausgesetzt ist – wie in einem Flugzeug. Ich will niemandem verwehren, nur noch und ausschließlich mit elektronischen Hilfsmitteln zu fliegen, wenn es ihm Spaß macht. Aber hier soll vermittelt werden, *mit eigenen Fähigkeiten und mit minimalen Hilfsmitteln* zu fliegen. Nur wer dazu in der Lage ist, darf sich – meiner Ansicht nach – die Navigation mit derartigen Hilfsmitteln vereinfachen.

In diesem Zusammenhang möchte ich die Frage nach dem objektiven, d.h. nachprüfbaren, Sicherheitsgefühl stellen. Dazu ein Beispiel mit zwei möglichen Antworten:

Stellen Sie sich vor, Sie fliegen mal wieder in der »Waschküche«. Sie haben gerade noch 1,5 Kilometer Flugsicht. Sie wollen möglichst schnell einen Flugplatz erreichen. Wann fühlen Sie sich sicherer...?

Erster Fall: Voraus sehen Sie nichts, am Erdboden wenig. Hier schiebt sich ein Wald durchs Blickfeld, da kreuzt eine Landstraße, ein paar Häuser wandern unter der Tragfläche hinweg. Der geringe Bodenausschnitt erlaubt keine Zuordnung in der Karte. Doch vor Ihnen flimmern auf der leicht vibrierenden Flüssigkristall-Anzeige Kurs und Entfernung zu den einprogrammierten Koordinaten ihres Zielflugplatzes.

Zweiter Fall: Die gleichen miesen Sichtverhältnisse. Links unter der Tragfläche verläuft die zweispurige Eisenbahnlinie, der Sie seit einiger Zeit folgen. Der Karte nach müßte jetzt eine Bundesstraße herankurven – da ist sie schon. Und da ist auch die eingezeichnete Burgruine! Jetzt wird die Bahn bald einen Fluß überqueren. Der Flugplatz liegt dann genau einen Kilometer nordöstlich.

Was meinen Sie? In welchem Fall hält Ihr Sicherheitsgefühl jederzeit einer objektiven Überprüfung stand?

Elektronische Navigationshilfen?

Viele Ultraleichte verfügen bereits über *Kurskreisel, VOR, AP, GPS* und so weiter. Es werden Modelle mit geschlossenen Kanzeln und Reisegeschwindigkeiten angeboten, die jenen der »Ecco-Maschinen« (Gewichtsklasse E) kaum noch nachsteht. Doch alle Sichtflieger haben ähnliche Navigationsprobleme.

All diese technischen Geräte sind nur als Hilfsmittel zum Kursefliegen nach Sichtflugbedingungen zu verstehen. Sie ermöglichen allerdings eine wesentlich einfachere Art des Kursefliegens. Das *Global Positioning System (GPS)* beispielsweise bietet eine komfortable Lösung an. Das GPS-Gerät gibt fortlaufend und vollautomatisch die geographische Position. Daraus und aus den eingegebenen Wegpunkten errechnet es all die Kurse, Restdistanzen und Ankunftszeiten, die der Flugschüler noch mühsam »zu Fuß« bewältigen muß. Verbunden mit dem Bildschirm einer »Moving map« scheint die Technik sogar die Luftfahrerkarte überflüssig zu machen...! Solange derartige Geräte funktionieren (solange sie neu sind, tun sie das auch meistens) suggerieren sie eine angenehme Standortsicherheit. Leider wird man dadurch aber veranlaßt, »querbeet« zu fliegen, ohne Rücksicht auf geeigneten Untergrund für Notlandungen. Und leider verführen diese Geräte mit der Zeit dazu, die eigenen Kenntnisse und Fähigkeiten zu vernachlässigen. Am Ende wird man der eigenen Wahrnehmung nicht mehr trauen, »denn das Gerät kann ja nicht irren.« Und dann kommt man ohne Gerät wirklich nicht mehr aus.

Echte Sicherheit kann auch Navigationselektronik nur bieten, solange ihre Anzeigen mit der in diesem Moment identifizierten Landschaft unter den Tragflächen übereinstimmen. Vergessen wir nicht: wir betreiben *Sichtflug*. Das heißt: »*Ich muß sehen, wo ich bin!*« Die Betonung liegt auf *sehen.* Allein darauf kommt es an! Das Sehen nimmt dem Piloten kein Gerät ab. Und wenn er seinen Standort erkennen kann, braucht er kein Gerät. Es gibt Sportflieger, die zuerst *VOR* und *NDB* und später *AP* und *GPS* ausprobiert haben, und jetzt wieder darauf verzichten. Sie behaupten, die Geräte nähmen den Reiz, sich selbst zu orientieren, eine eigene Leistung zu erbringen – was ja die Bezeichnung »Flugsport« erst rechtfertige.

Navigation unter Minimalvoraussetzungen

Um eine systematische Navigationsmethode zu entwickeln, die sicheres Fliegen auch unter widrigen Umständen ermöglicht, muß auch von minimaler Ausrüstung ausgegangen werden. Was nutzt eine Methode, die nur Erfolge zeitigt, solange ein bestimmtes Gerät funktioniert?

Stattdessen wollen wir die Ansprüche weniger an technisches Gerät stellen als an die Kenntnisse, Wahrnehmungen und die Entschlußfähigheit des Piloten. Wir selbst sind es, in deren Hirnschale ein komplexes Fluginstrument installiert ist. Es gleicht einem hyperleistungsfähigen Computer mit dreidimensionaler hochauflösender Videokamera, empfindlichsten Sensoren für alle Arten von Umwelteindrücken und einer enormen Speicherkapazität. Dieses Fluginstrument macht die meisten anderen *Hilfs*mittel überflüssig – wenn wir es nur sinnvoll »programmieren«.

Von welchen technischen Minimalhilfsmittel der Navigation können wir ausgehen?

Im Normalfall von Kompaß, Karte und Uhr (davon, wie wir es im Notfall sogar ohne Karte versuchen, später mehr). Die Pioniere mußten mit diesen Hilfsmitteln auskommen und gleichzeitig die Arbeit der unzuverlässigen Motoren überwachen, nach möglichen Notlandefeldern Ausschau halten, die Wetterentwicklung verfolgen, und steuern. Außerdem wollten sie das Fliegen genießen, sonst wären sie nicht geflogen. »Genau wie heute!« werden Sie sagen. Die Methoden der Pioniere waren einfach und effektiv. Überflüssiges hatte keine Berechtigung, da sie an genug andere Dinge denken mußten. Sie wollten nur fliegen und ankommen – wie wir heute. Und dafür empfiehlt sich als sinnvollste Methode die *Leitliniennavigation.*

Alles andere – direkter Weg auf dem Großkreis, Zeit- und Spritersparnis von A nach B, Fliegen bei jedem Wetter – kam erst später mit der Verkehrsfliegerei. Überlassen wir das den Damen und Herren mit den Sonnenbrillen und schwarzen Koffern. Hier geht es um sichere Überlandflüge in langsam und niedrig fliegenden Sportflugzeugen.

Ultraleichtflieger wollen fliegen. *Den meisten kommt es nicht auf Minuten an, die sie weniger in der Luft zu sein brauchen, sondern auf die Zeit, die sie fliegen dürfen*. Häufig fehlt es ihnen sowieso an Flugstunden.

Die Leitliniennavigation oder »IFR«

Zu den sinnvollsten Navigationsmethoden für leichte und langsame Flugzeuge gehört die *Leitliniennavigation*. Es gibt sie seit den Anfängen der Fliegerei. Neu in diesem Buch sind nur die systematische Aufbereitung und der Bezug zur modernen Sportfliegerei. Daß die Orientierung an Leitlinien zu den sichersten Methoden gehört, dürfte schon für Hans Grade oder Harriet Quimby klar gewesen sein. Unglücksfälle durch Verfranzen über unwegsamem Gelände häuften sich erst, als man sich angewöhnte, nach Kompaßkursen zu fliegen. Damals wurde die Fliegerei als Verkehrsmittel entdeckt. Die Flieger und Unternehmer konkurrierten um die schnellsten Flüge; es ging um Minuten. Außerdem gab es damals weniger ausgeprägte Leitlinien als heute: das dichte Netz markanter Autobahnen und Schnellstraßen war noch nicht vorhanden. So geriet die methodische Leitliniennavigation bei den Sportfliegern bald wieder in Vergessenheit. Als Notverfahren bei Instrumentenausfall oder in extrem schlechtem Wetter hat sie sich in der Berufsfliegerei jedoch bis heute gehalten. Man schlage nur einmal im offiziellen *Luftfahrthandbuch VFR* nach oder im *Fliegertaschenkalender* unter *Schlechtwetterwege*. Dies genügt, um die Sicherheit der Leitliniennavigation gegenüber den anderen Verfahren richtig einschätzen zu können.

Die Leitliniennavigation erhielt einen englischen Spitznamen: »IFR«. Das bedeutet in diesem Fall keinesfalls *Instrument Flight Rules* (Instrumentenflugregeln), sondern »I Follow Road« – »Ich folge der Landstraße!« »Diese Binsenweisheit soll die Alternative sein?« fragen Sie. Allerdings. Das Prinzip ist so klar und einfach, daß es alle professionelle Piloten im Notfall als letzte Chance ansehen, sicher einen Flughafen zu erreichen.

Wir hoffen, den Ultraleichtfliegern damit eine vollständige Navigationsmethode für den Sichtflug an die Hand zu geben. Damit können Flieger, denen es nicht auf Minuten ankommt, überall in Europa *sicher* und ohne mathematische Exempel von A nach B gelangen.

Man sitzt im Flugzeug zwischen Himmel und Erde, aber weiß nicht mehr, wo es hingehen soll. Welcher Pilot kennt diese Lage nicht? Alle Flugzeugführer, die dies lesen, sind bis jetzt davongekommen. Im schlimmeren Fall aber wird das Wetter schlechter, die Sonne neigt sich zum Horizont, der Sprit geht zur Neige, Panik kommt auf.... Am nächsten Morgen findet ein Landwirt die Trümmer. Viele Abstürze und Bruchlandungen hätten sich vermeiden lassen, wäre der Pilot rechtzeitig auf die simple Methode »linkes Rad rechte Schiene« zurückgekommen. Im Unterschied zum Kursefliegen ist der Einstieg in die Leitliniennavigation für jeden Anfänger sofort nachvollziehbar. Auch alten Fliegerassen, gelegentlich etwas nachlässig, kann sie das Leben erleichtern. Jeder Flieger kann sofort einsteigen. Und doch kann er Tausende von Flugstunden damit verbringen, die Methode zu vervollkommnen.

Planung der Flugroute

Am Anfang jeder Luftreise steht die Planung der Flugroute. Piloten, die keine Vielflieger sind, beginnen damit oft schon Wochen vor dem Start. Wetterberichte, Informationen über Ziel- und Ausweichflugplätze (und so weiter) werden erst später eingeholt (siehe Kapitel *Die Flugvorbereitung*). Zuerst stellt sich die Frage: Wo wollen wir überhaupt hin?

Sobald das Ziel feststeht, wird die endgültige Route nach einem dreistufigen Verfahren festgelegt.

1. Bei weiten Flügen quer über die Karte oder über mehrere aneinandergelegte Karten hinweg verfahren wir folgendermaßen: Mit dem Lineal oder einer langen Leiste verbinden wir in direkter *Ideallinie* den Heimatflugplatz mit dem Zielflugplatz. Wir ziehen einen Bleistiftstrich über alle Hindernisse hinweg. Auf Wachstuchkarten benutzen wir abwischbare Glasschreiber oder Fettstifte. Aber wir kennen unsere Reichweite samt Sicherheitsreserve (siehe Kapitel *Flugzeit und Tankinhalt*). Entsprechend suchen wir Zwischenlandeplätze, die so nahe als möglich an der Idealstrecke liegen. Dann werden diese Zwischenlandeplätze ebenfalls durch (gerade) Ideallinien verbunden. Die ursprüngliche Ideallinie radieren wir wieder aus. Bei der Planung müssen wir natürlich Sperrgebiete, Großstädte, Wasserflächen oder ähnliche Gebiete berücksichtigen, deren Überfliegen sich verbietet.

2. Nun folgt die Suche nach *Leitlinien*. Dazu eignen sich Flüsse, Bahnlinien, Landstraßen, Autobahnen, Gebirgsränder, Küstenlinien, Seeufer. Alle Leitlinien, die annähernd in der gleichen Richtung wie die geplanten Streckenabschnitte liegen, kommen als Flugrouten in Betracht. Dabei werden jene bevorzugt, die dem eingezeichneten Strich am nächsten liegen und keine unnötigen Umwege bedeuten. Die gewählten Leitlinien werden dort, wo es sinnvoll erscheint, mit kurzen, parallelen Bleistiftstrichen markiert. Neben die Striche kann, wer will, noch zur Sicherheit die Hauptkartenrichtung der Leitlinie in diesem Bereich notieren. Es genügt eine Genauigkeit von zehn Grad, ohne die dritte Stelle – ganz wie bei der Landebahnmarkierung.

Wechsel der Leitlinien

Selten widerfährt einem Pilot das Glück, von Abflug bis Ankunft immer derselben Leitlinie folgen zu können. Meist wird er immer wieder neue Leitlinien suchen müssen. An den Stellen, wo die Leitlinien wechseln, wird er bei der Routenplanung – entsprechend der Kursänderung – einen bogenförmigen Strich ziehen. Der Strich soll die Stelle verdeutlichen, an der von einer Leitlinie zur anderen gewechselt werden soll. Um ganz sicher zu gehen, wird die Kartenrichtung der neuen Leitlinie notiert – eine zusätzliche Kontrolle. Besonders bei mäßiger Sicht und dem Zusammentreffen mehrerer Abzweigungen ist dies sinnvoll.

Autobahnen sind hervorragende Leit- und Auffanglinien

Ebenso können Querungen und Einmündungen markiert werden, bei der andere Leitlinien die eigene schneiden oder berühren, wo man aber auf der alten Leitlinie weiterfliegen will.
Zur Verdeutlichung folgendes Kartenbeispiel (siehe Seite 97):
Der Flug geht von Gunzenhausen nach Thannhausen. Die gepunktete Ideallinie lassen wir außer Acht. Außerdem nehmen wir eine zu vernachlässigende *Deviation* an. Zunächst folgen wir der Altmühl und der zweigleisigen Eisenbahn – Kontrollkurs nach Karte 15. Kontrollkurs bedeutet, daß wir später am Kompaß die Hauptrichtung, also den »Kartenkurs« der Leitlinie feststellen, der wir gerade folgen, und mit der Karte vergleichen. Durch Windversetzung und Kompaßablenkungen bedingt wird unser *Kompaßsteuerkurs* vom Kartenkurs abweichen, aber das spielt bei der Planung keine Rolle. In Treuchtlingen umfliegen wir das Stadtgebiet westlich und stoßen südlich der Stadt wieder auf die zweigleisige Bahnlinie – Kontrollkurs 21. Nach 15 Kilometern: Straßenbrücke und Weichenstelle mit eingleisiger Bahnlinie. Weiter auf alter Leitlinie. Bei Donauwörth Wechsel der Leitlinien. Das Weichbild der Stadt im Nordosten lassen, Einmündung des Flüßchens Zusam in die Donau suchen, dem Flüßchen nach Süden folgen, Kontrollkurs 19. Treten Schwierigkeiten mit dem Flüßchen auf, weiter der zweigleisigen Strecke folgen, bis nach kurzer Zeit bei einem Streckenbahnhof eine Nebenstrecke einmündet. Der Nebenstrecke in südwestlicher Richtung folgen, Kontrollkurs 23. In Wertingen endet die Bahnlinie. Von dort nur noch dem Flüßchen folgen, Kontrollkurs 21. Ab der doppelten Autobahnüberbrückung bei Zusmarshausen bieten sich markante Leit- und Auffanglinien wie zweigleisige Strecke, eingleisige Strecke und ausgebaute Landstraße an, so daß Tannhausen jetzt leicht zu finden ist. Kontrollkurs 20, 22 und zuletzt 27. Man braucht bei der Planung natürlich nicht sämtliche Kontrollkurse in die Karte einzutragen.

Springen zwischen Leitlinien

Es wird sich gelegentlich nicht vermeiden lassen, zwischen Leitlinien zu springen. Manchmal kann sich der Pilot dafür einer *Zwischenleitlinie* bedienen.

Ein Beispiel: Wir können den Zielflugplatz über zwei markante Leitlinien erreichen. Zuerst folgen wir einer Autobahn, später einer Bahnlinie. Doch es gibt keine direkte Überschneidung zwischen Autobahn und Bahnlinie. Eine schmale Landstraße eignet sich jedoch als Verbindung. Wir biegen also bei einer Autobahnbrücke auf die Landstraße und folgen ihr anschließend zehn Kilometer, bis sie die Bahnlinie überquert. Dem Bahndamm können wir die nächsten hundert Kilometer wieder hinterherfliegen.

Häufig werden an günstiger Stelle keine Zwischenleitlinien zur Verfügung stehen. Dann werden wir *zwischenzeitlich nach Kompaß* fliegen. (Im Kapitel *Der Kompaß* werden wir uns ausführlich mit diesem Gerät und seinen Fehlern auseinandersetzen. Wir werden sehen, daß wir seinen gradgenauen Angaben nicht

Orientierungspunkt: Landstraße überquert Autobahn

trauen dürfen, daß er aber in bestimmten Grenzen eine zuverlässige Hilfe ist). Von einem markanten Punkt der alten Leitlinie, zum Beispiel einer Brücke, zeichnen wir eine Kurslinie möglichst rechtwinklig auf die nächste Leitlinie. Vielleicht ist der rechte Winkel nicht möglich, oder er bedeutet einen zu großen Umweg. Dann sollte man einen Kurs wählen, der auch bei Kompaßfehlern von zehn bis 15 Grad nach jeder Seite die Leitlinie noch mit Sicherheit treffen wird. Unsere nächste Leitlinie dient in diesem Fall als *Auffanglinie*, ein Begriff, der in der VFR-Fliegerei von großer Bedeutung ist. In der Karte markiert man die Stelle, an der die alte Leitlinie verlassen werden soll. Von dort zieht man eine Kurslinie mit Richtungspfeil und schreibt den *Kartenkurs (Kurs über Grund)* daneben. Auch hier möglichst volle Zehnergrade wählen! Den notwendigen Windvorhalt wird man später unterwegs *erfliegen* (mehr darüber im Kapitel *Von Auffanglinie zu Auffanglinie).* Die Auffanglinie wird uns anschließend als neue Leitlinie weiterführen.

Dazu ein Kartenbeispiel (siehe Seite 98):

Wir fliegen von Mosenberg nach Gießen-Reiskirchen. Im Süden des Platzes liegt die malerische mittelalterliche Stadt Homberg. Von dort folgen wir der eingleisigen Bahnlinie nach Südwesten, Kontrollkurs 23. In Treysa umfliegen wir das Stadtgebiet und nehmen im Südwesten der Stadt die Bahnlinie wieder auf, die jetzt zweispurig weiterführt. Langsam biegt sie nach Süden, bis etwa Kontrollkurs 19 anliegt. Bei mittlerer Sicht ist Allendorf schon zu sehen. Dort wo die Bahn in einem Bogen nach Westen abbiegt, verlassen wir die Bahnlinie und fliegen den Kartenkurs 17. Nun müssen wir an die Windversetzung denken. Wir haben sie uns vorher in etwa erflogen. Zehn Kilometer fliegen wir nach Kompaß, bis wir auf die nicht zu übersehende Auffanglinie der Autobahn treffen. Von diesem Punkt bis zum Autobahndreieck bei Reiskirchen dürften keine Probleme auftreten. Von dort steuern wir Kartenkurs 16 und erwarten den Flugplatz Gießen-Reiskirchen nach zehn Kilometern.

Schon bei der Flugplanung nach dem System der Leitliniennavigation wird der Flieger ein gutes Gefühl bekommen. Er weiß, daß er auch unterwegs die Leitlinien ständig kontrollieren kann. Ganz anders eine Planung nach der Methode des *Kursefliegens*. Dort hängt alles von der richtigen Vorausberechnung von Wind und Kursen ab.

Außerdem läßt sich bei der flexiblen Leitlinienfliegerei von vorneherein »*Notlandegelände*« einplanen. Landstraßen und Schienen folgen seit jeher möglichst flachen, transportgünstigen Geländeformationen, neben denen sich am ehesten geeignete Landefelder finden werden. Und im Uferbereich der Flüsse trifft man meist auf ebene Auen und Schwemmland. Auch bei schmalen Tälern findet sich oft ein Notlandeplatz. Kompaßrouten hingegen führen über alles hinweg.

Von Auffanglinie zu Auffanglinie

Über Mitteleuropa zieht sich ein dichtes Netz von Leitlinien. Dennoch können Zielflugplätze an Orten liegen, zu denen nur wenige Leitlinien führen. Dafür finden sich mehrere Linien, die den Kurs schneiden. Mit Hilfe des Kompasses läßt sich auch nach Querformationen navigieren, ohne von diesem Instrument mehr zu verlangen als es billigerweise leisten kann. Praxisnah wollen wir dabei von ungünstigen Sichtverhältnissen oder größeren Entfernungen ausgehen. Das heißt, wir können nicht von einer Auffanglinie zur anderen sehen. Es wird sich also nicht vermeiden lassen, nach Kompaß zu fliegen. Aber wir werden unsere Kurse so wählen, daß wir auch bei unruhiger Fluglage und größeren Kurs-Ungenauigkeiten dort ankommen, wo wir hinwollen.

Wir haben die Ideallinie zwischen zwei Landeplätzen eingezeichnet, quer über mehrere Auffanglinien hinweg. Nun suchen wir auf den Auffanglinien markante Wegpunkte, möglichst in der Nähe des Idealkurses: Eisenbahnbrücken, Flußeinmündungen, Autobahnkreuze oder ähnliches.

Nun gibt es zwei Verfahrensmöglichkeiten. Wir nennen sie die *Luvmethode* und die *Leemethode*.

Wegpunkt Autobahnkreuz

Bei der *Luvmethode* müssen wir die augenblickliche Windrichtung und Windgeschwindigkeit kennen. Diese Art der Routenplanung läßt sich also erst unmittelbar vor dem Start mit Kenntnis von Windrichtung und -stärke realisieren. Dabei setzen wir unseren Anfangskurs vom Startflugplatz in Richtung der nächsten Auffanglinie ab. Doch wir zielen nicht genau auf den geplanten Wegpunkt, sondern verändern den Kurs entsprechend dem ausgerechneten Vorhaltewinkel plus mindestens zehn Grad nach Luv (windwärts). Wir halten also deutlich weiter vor, als es der größtmöglichen Windabtrift entspräche. Das ist sehr wichtig! So wissen wir später, bei Ankunft über der Auffanglinie, ohne weitere Orientierung, daß wir jetzt nur nach Lee an der Auffanglinie entlangfliegen müssen, um den Wegpunkt zu erreichen. Von dort setzen wir den Kurs auf die nächste Auffanglinie ab, ebenfalls wieder in Luv eines markanten Wegpunktes. Warum diese Umwege nach Luv? Würden wir den Kurs genau mit dem üblichen Vorhalt auf einen Wegpunkt absetzen und ihn verfehlen, wüßten wir nicht, in welche Richtung auf der Auffanglinie wir ihn jetzt suchen müßten. Der Kurs muß deshalb weit nach Luv abgesetzt werden, damit die Auffanglinie auch bei ungenauem Kursverhalten und auffrischendem Wind eindeutig auf der Luvseite des Wegpunktes getroffen wird.

Die *Lee-Methode* ist die sicherere und einfachere Möglichkeit. Man fliegt den Kartenkurs umgerechnet als Kompaßsteuerkurs (KSK), aber ganz ohne Windvorhalt. Vom Wind abgetrieben erreicht man die Auffanglinie zwangsläufig in Lee des Wegpunktes. Anschließend fliegt man gegen den Wind entlang der Auffanglinie, bis der Wegpunkt auftaucht.

Ob die Luv- oder die Leemethode vorzuziehen ist, hängt vor allem vom Winkel ab, in dem die Auffanglinien zum Idealkurs stehen. Kreuzt der Idealkurs die Auffanglinien schräg, möchte man ja nicht unbedingt zum nächsten Wegpunkt zurückfliegen. Wer die Wahl hat, entscheide sich für die zuverlässigere Leemethode. Hier treten beim Windvorhalt keine Fehler auf. Außerdem wird der Umweg nicht größer als es der tatsächlichen Windabtrift entspricht. Bei schwachen Winden sollte man allerdings nicht auf die Windversetzung vertrauen. Kompaß- oder Kursungenauigkeiten können die schwache Windversetzung dann leicht aufheben. Deshalb muß man zusätzlich nach Lee steuern. Bei Windstille könnte man sich die Seite aussuchen, noch der man vorhalten will. Doch Höhenströmungen gibt es fast immer. Durch diese Art der Navigation ergibt sich auf der Karte ein Zickzackkurs, ähnlich einem überdimensionalen Sägeblatt. Aber es ist die einzig sichere Methode, besonders bei schlechter Sicht oder in weitläufigen Landschaften mit wenigen markanten Strukturen.

Bei guter Sicht ist natürlich alles einfach. Dann entdeckt der Pilot die Wegpunkte schon lange vor Erreichen der Auffanglinie. Er wird natürlich abkürzen. Unter Umständen erübrigt sich das »Sägezahnfliegen« ohnehin.

Wer bei schlechter Sicht aber Kursefliegen will und den Wegpunkt auf der Auffanglinie verfehlt, muß die Auffanglinie solange abfliegen, bis er ihn gefunden hat. Nur wüßte er nicht, in welche Richtung er suchen soll. Das kann aufhalten und Nerven kosten. Wer jetzt auf das Finden des Wegpunktes verzichtet und hofft, den nächsten Wegpunkt auf gut Glück zu treffen, begeht einen Fehler, der unter Umständen mit dem Tode bestraft wird.

Ein Kartenbeispiel zum Fliegen von Auffanglinie zu Auffanglinie (siehe Seite 99): Wir fliegen von Hassfurt nach Neustadt an der Aisch. Es herrscht mäßiger Ostwind, Flugplanung wie gehabt. Von Hassfurt nach Burgwindheim steuern wir rechtweisend 17 (Pfeil und gestrichelte Linie). Der Wind wird uns nach Westen versetzen, so daß wir nach etwa 18 Kilometern westlich von Burgwindheim auf die dreifache Auffanglinie aus Fluß, Bahn und Straße treffen. Nun steuern wir nach Luv bis Burgwindheim (durchgezogene Linie - bei der Flugplanung zeichnen wir nur die Anfangskurse ein und markieren wenn nötig die Wegpunkte). Von Burgwindheim steuern wir abermals rechtsweisend 17 nach Schlüsselfeld mit seiner Bahnlinie und der Brücke über die Autobahn. Der Wind wird uns irgendwo westlich an der Autobahn absetzen, aber wir fliegen einfach der Autobahn entlang bis nach Schlüsselfeld. Von dort steuern wir rechtweisend 19 zum

Flugplatz Neustadt an der Aisch. Diesmal wird uns die zweigleisige Bahnlinie mit Autostraße auffangen. Entlang der Gleise fliegen wir nach Südosten, bis der Flugplatz am Ortsrand von Neustadt auftaucht.

Es ist gar nicht so einfach, in den deutschen ICAO-Karten geeignete Geländestrukturen zu finden, die sich als Musterbeispiele für das Fliegen von Auffanglinie zu Auffanglinie anbieten. Meistens erscheint das Verfolgen markanter Leitlinien als einfachere Alternative. Auch in diesem Beispiel hätte man sich überlegen können, ob der Pilot nicht die Landstraße von Schweinfurt nach Neustadt zuerst als Auffanglinie und dann als Leitlinie bis zum Flugplatz benutzen sollte. Aber wir fliegen nicht nur über Deutschland, und außerdem wird sich das Anfliegen von Auffanglinien nach der Luv- oder Leemethode auch zwischen den Leitlinien immer wieder anbieten.

Leitliniennavigation unterwegs

Sind wir erst einmal in der Luft, stellen wir fest, daß das Fliegen nach Leitlinien nicht nur sicher, sondern auch unglaublich entspannend ist. Dem, was wir uns unter Fliegerei immer vorgestellt hatten, kommen wir hier viel näher, als bei der geschäftsmäßigen und aufwendigen Kursefliegerei. Nur ein gelegentlicher Blick

Eine Burg als Orientierungspunkt

auf die Karte ist jetzt noch nötig. Die Leitlinie gibt uns Sicherheit. Die unverwechselbaren Punkte wie Bahnhöfe, Kreuzungen, Brücken, Städte, Burgen, Flußquerungen und so weiter geben uns immer neue zuverlässige Positionen an. Wir können uns sicher fühlen, objektiv sicher. Wir wissen: selbst bei Sichtverschlechterung ist die Gefahr des Verfranzens nur gering. Wir brauchen dabei weder sklavisch am Kompaß zu kleben noch stur einen entfernten markanten Punkt auf der Kurslinie zu fixieren. Ebensowenig müssen wir ständig neue Windvorhalte erfliegen und umrechnen. Wir können uns hier einen Schlenker erlauben, um in einen Burghof zu schauen, dort einen Wald oder See umfliegen, weil uns die umliegenden Felder als Notlandeflächen sicherer erscheinen – wenn wir nur die Leitlinie deutlich im Auge behalten. Wir können wirklich *fliegen*! Mal hierhin kurven, mal dorthin, Steuerknüppel und Pedale bedienen, anstatt zu bedauern, daß wir nicht mit einem Autopiloten ausgerüstet sind.

Abkürzungen

Je nach Wetterlage und Sichtweite strebt der Pilot mögliche Abkürzungen an. Hier ist Vorsicht geboten, besonders bei *guter* Sicht. Denn dann erscheint die Leitlinie immer weniger wichtig. Irgendwo am Rande des Gesichtsfeldes verläuft sie, unaufdringlich aber beruhigend. Aber man sollte sich nicht täuschen: Allzuleicht geht sie verloren, wenn der Pilot zu weit seitlich fliegt.

Die Erdoberfläche ergibt, besonders bei flachen Blickwinkeln, ein vollständig anders Bild als die Kartenprojektion. Dieses Bild verändert sich ständig. Nur große Erfahrung hilft, das Panorama aus dem Flugzeug immer wieder zuverlässig mit der Karte in Übereinstimmung zu bringen. Wenn man sich nicht nahe genug neben der Leitlinie bewegt, so daß sie sich mit seitlichen Blicken aus dem Cockpit ständig überwachen läßt, kann man sie trotz guter Sicht verlieren. Das gilt besonders für Eisenbahnlinien. Eisenbahnlinien sind zuverlässiger als Straßen, weil sie seltener baulicheren Änderungen unterworfen sind. Auf der ICAO-Karte im Maßstab 1:500 000 sind sie, bis auf wenige Schmalspur- oder Werksbahnen, vollständig eingetragen. Kleine Querstriche auf den Flugkarten zeigen an, ob es sich um eingleisige oder zweigleisige Strecken handelt. Trotzdem: Mit Ausnahmen muß auch hier gerechnet werden. Während eines seiner jüngsten Flüge ließ sich der Verfasser von einer einspurig eingezeichneten Eisenbahn, die sich dann als zweispurig herausstellte, einige Minuten verwirren. Erst die frischen Erdfarben entlang des einen Schienenstranges ließen erkennen, daß erst kürzlich ein Parallelgleis verlegt worden war.

Piloten müssen damit rechnen, daß Strecken stillgelegt und abgebaut werden. Bis die Hersteller der Luftfahrerkarten davon Notiz nehmen, kann einige Zeit vergehen.

Leider sind Eisenbahnlinien weniger markant als Straßen. Durch dichte Randvegetation oder dunkle Bodenfärbung verschmelzen sie streckenweise

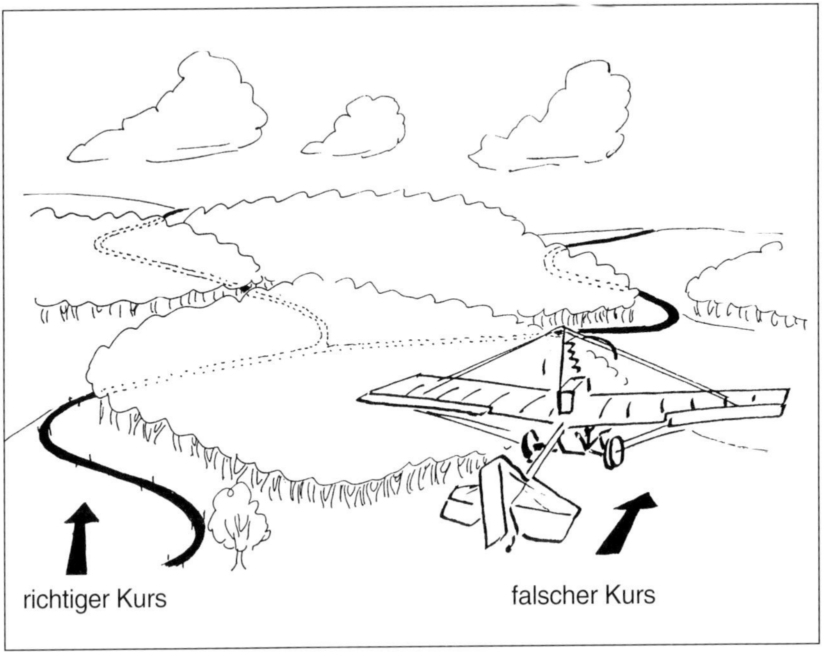

Gefahren des Abkürzens

Nord-Ostseekanal als unübersehbare Auffanglinie

oft regelrecht mit dem Untergrund. Aus größeren Entferungen kann der Pilot leicht eine Biegung oder Gabelung übersehen; er folgt unversehens der falschen Bahnlinie oder einer langen Buschreihe. Besonders in Schleswig-Holstein mit seinem dichten Netz von Wallhecken (»Knicks«) kann das leicht geschehen. Ähnliches kann natürlich auch mit Straßen passieren. Wenn wir nicht gerade der Transsibirischen Eisenbahn folgen, ist also auch bei der Leitliniennavigation ständige Aufmerksamkeit unerläßlich.
Abkürzungen bringen oft weniger, als man annehmen sollte. Die größtmögliche Abkürzung stellt die Ideallinie dar. Ihr könnte sich der Pilot durch Kursefliegens annähern. In dem von Leitlinien regelrecht verwebten Mitteleuropa wird das Kursefliegen jedoch nur selten einen Streckengewinn von mehr als 15 Prozent verbuchen; oft sogar weniger. Zudem wird auch beim Kursefliegen vernünftigerweise an Auffanglinien orientiert. Und wie bei der Leitliniennavigation wird der Pilot die leider allzu häufigen Kontrollzonen und Sperrgebiete meiden. Die Ideallinie kann schon aus diesen Gründen nur in den seltensten Fällen geflogen werden.

Hilfsmittel und Grundlagen der Navigation

Der Kompaß

Trotz aller Vorbehalte gegen das Kursefliegen – der Kompaß bleibt unser wichtigstes, weil einziges, Navigationsinstrument. In diesem Zusammenhang sprechen wir vom alkoholgelagerten Magnetkompaß, dem berühmten »Whiskykompaß«. Am häufigsten finden sich in Flugzeugen Kugelkompasse. In manchen ULs ist der Kugelkompaß frei aufgehängt. Falls er nicht zu hoch hängt, ist die ganze Gradrose von oben sichtbar. Sonst sieht der Flieger nur einen Ausschnitt der Gradrose. Dies ist auch bei den üblichen Flugzeugkompassen der Fall, die im Armaturenbrett eingelassen sind. So bleibt dem angehenden Piloten eine gewisse Übungszeit nicht erspart, bis er, ohne lange zu überlegen, für jeden Kurs den Umkehrkurs weiß. Beim klassischen Teller- oder Flachkompaß hingegen kann man alle Richtungen, also auch den Gegenkurs, einfach von oben ablesen. Außerdem liegt er viel ruhiger als ein Kugelkompaß. Ersteren sieht man heute fast nur noch in alten Doppeldeckern, aber er läßt sich käuflich erwerben und ein Einbau lohnt sich bestimmt.

Faustregeln zur Berechnung der Umkehrkurse

Für Steuerkurse von 0° bis 180°: Kurs + 200° – 20°;
für Steuerkurse von 180° bis 360°: Kurs – 200° + 20°.
Wir wollen keine gradgenauen Kurse steuern. Aber wir benötigen den Kompaß, um einen gleichbleibenden Kurs halten zu können. Beispielsweise, um zuverlässig bestimmte Auffanglinien zu erreichen. Dazu wird ein möglichst weit entferntes Objekt angepeilt, das mit dem Sollkurs übereinstimmt. Bei Erreichen des Objekts wird ein neues »Ziel« gewählt. Ständig nach der Kompaßanzeige zu steuern, ist nur unter sehr ruhigen Luftverhältnissen möglich.

Fehler des Kompasses

Leider besitzt der Kompaß einige verwirrende Eigenschaften. Die muß jeder Pilot kennen, um das Instrument richtig anwenden zu können. Vor allem muß er beurteilen können, wann er ihm trauen darf. Dabei wird er zu dem Schluß kommen, daß er ihm meistens nicht trauen darf, jedenfalls nicht seiner gradgenauen Anzeige. Aber andererseits wird er feststellen, daß der Kompaß ein zuverlässiger Helfer ist – was die grobe Richtung betrifft. Und diese benötigt er für die Leitliniennavigation. Um zuverlässig den ungefähren Kurs ablesen zu können, hält er einen Moment lang gleiche Höhe und hängt den Flieger dabei waagerecht und ohne Drehungen und Beschleunigungen in die Luft. Dann wird der Kompaß eine Richtung anzeigen, die plus/minus fünf bis zehn Grad genau anzeigt. Das genügt.

Jede Neigung und Beschleunigung in irgendeine Richtung des dreidimensionalen Raumes lenkt den Kompaß ab. Bei andauernden heftigen Flugzeugbewegungen kann der Kompaß regelrecht »spinnen« (Englisch: to spin = drehen, kreisen). Der Kompaß beginnt, in Resonanz zu den wechselnden Einflüssen von Rechtsneigung, Linksneigung, Steigen und Sinken, Hemmen und Beschleunigen hin- und herzudrehen, bis er schließlich um seine eigene Achse rotiert (siehe Abschnitt Neigungsfehler des Kompasses). Kugelkompasse sind dafür noch anfälliger als Flachkompasse.

Die ablenkenden Kräfte auf den Magnetkompaß

1. Die Ortsmißweisung

Die Kompaßnadel richtet sich nach den erdmagnetischen Feldlinien aus. Da diese meist nicht genau in Richtung des geographischen Nordpoles verlaufen, zeigt auch der Kompaß nicht dorthin. Die Feldlinien verändern sich im Laufe der Jahre. In Mitteleuropa dürfen Piloten die *Mißweisung* oder *Ortsmißweisung* derzeit (90er Jahre) vergessen. Die Feldlinien weisen zufällig genau nach Norden.

2. Die Deviation

Jeder Kompaß wird durch Eisen abgelenkt. Jedes Eisenteil in Cockpitnähe trägt zu dieser *Deviation* bei. Alle Dreh-Eiseninstrumente wie Temperaturmesser, Öldruckmesser und ganz besonders Drehzahlmesser gehören dazu. Als der Verfasser einmal einen neuen Drehzahlmesser einbauen wollte und ihn zur Probe neben den Kompaß hielt, drehte sich die Rose um 180 Grad und folgte dem Gerät in alle Richtungen. Bei 20 Zentimeter Entfernung ergab sich immer noch eine Ablenkung von 20 Grad. Auch der starke Lautsprechermagnet des Handsprechfunkgerätes, das UL-Flieger mit Vorliebe in Kompaßnähe befestigen, erzeugt eine starke Deviation. Schauen Sie sich die Flugzeuge in Ihrer Halle an. Wenn Sie Drehzahlmesser und »Handquatschen« sehen, die nahe am Kompaß befestigt sind, wird der Besitzer wahrscheinlich auch nicht glücklich beim Kursefliegen.

Die Deviation ist naturgemäß bei jedem Flugzeug verschieden. Sie läßt sich aber leicht durch Peilen von hinten über das Leitwerk bestimmen. Wie man das macht, wird im Kapitel *Das Erstellen einer Deviationstabelle* beschrieben. Der Kurs, der am Kompaß gerade anliegt, ist der *Kompaßsteuerkurs (KSK)*. Wenn der Kompaß nicht von irgendwelchen Eisenteilen am oder im Flugzeug abgelenkt wird, stimmt der anliegende KSK mit dem *mißweisenden Kurs (mwK)*, den man über das Leitwerk gepeilt hat, überein. Gibt es einen Unterschied zwischen beiden Kursen, so ist das die Deviation. Sie stimmt nur für den gerade anliegenden Kurs und ist für alle Kurse verschieden. Die Beziehungen der verschiedenen Kurse und Kursablenkungen zueinander verdeutlicht das folgende, immer gleichbleibende Rechenschema:

Kursumwandlungsschema:

		Kompaßsteuerkurs	(KSK)
+	(+/-)	Deviation	(Dev)
		mißweisender Kurs	(mwK)
+	(+/-)	Ortsmißweisung	(OM)
		rechtweisender Kurs	(rwK)
+	(+/-)	Luvwinkel	(LW)
		Kurs über Grund	(KüG)

Die Werte Dev, OM und LW besitzen entsprechend dem Schema *zusätzliche* Vorzeichen. Westliche Deviation und westliche Ortsmißweisung erhalten Minus, östliche Plus. Wind von rechts der Kurslinie erhält Minus, Wind von links erhält Plus.

Muß man im Schema in umgekehrter Richtung – also von unten nach oben – rechnen, kehren sich die Vorzeichen um. Das geschieht beispielsweise, wenn man den eingezeichneten Kartenkurs, also den KüG, in den zu steuernden KSK umwandeln will.

Das Wichtigste des Kursumwandlungsschemas steht in den letzten drei Zeilen: rwK, LW und KüG. Diese benötigen wir um zu wissen, nach welcher Seite und um wieviel Grad wir gegen eine herrschende Windrichtung vorhalten müssen, um beispielsweise *zwischen Leitlinien zu springen*. Am Boden mißt man den Luvwinkel unmittelbar im gezeichneten *Winddreieck*; in der Luft schätzt man ihn durch *erfliegen*.

Bei geringer Deviation können wir für unsere Art der Navigation Ortmißweisung und Deviation vergessen. KSK und rwK sind für uns dann identisch. Damit das so bleibt, bringen wir möglichst keine magnetischen Teile in die Nähe des Kompasses. In Zweifelsfällen macht man die Probe mit Hinhalten und Wegnehmen des verdächtigen Teiles. Bleibt der Kompaß unbewegt, ist alles in Ordnung.

Für die Leitliniennavigation ist eine Deviation von plus/minus fünf Grad noch tolerierbar. Bei größeren Ablenkungen darf die Deviation nicht mehr ignoriert werden.

Das Erstellen einer Deviationstabelle

Das Erstellen einer *Deviationstabelle* gehört mit zu den Erfordernissen der Jahresnachprüfung. Die Deviation des Steuerkompasses soll zehn Grad nicht über-

Kompaßpeilen über das Leitwerk zur Deviationskontrolle

Peilen mit Handkompaß über Seitenleitwerk

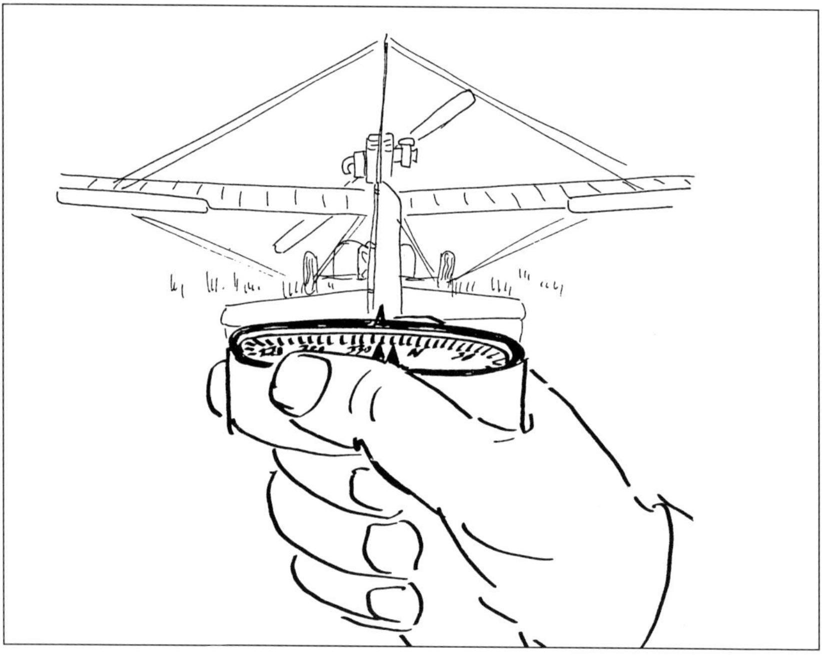

Sollkurs	N	30	60	O	120	150	S	210	240	W	300
Steuerkurs											

Deviationstabelle

schreiten. Ist sie größer und läßt sie sich nicht durch das Anbringen kleiner Gegenmagnete *kompensieren*, so muß der Einbauort des Kompasses verändert werden. Bei verschiedenen Kompassen werden Kompensiermagnete mitgeliefert. Zum Erstellen der Deviationstabelle muß das Flugzeug unter freiem Himmel von zehn zu zehn Grad beziehungsweise von 30 zu 30 Grad, je nach Vorschrift für die Art des Flugzeuges, gedreht werden. Das Flugzeug muß auf dem Vorfeld stehen, weit weg von den eisernen Hallenträgern. Spornradflugzeuge müssen hinten aufgebockt werden, damit sie in Fluglage stehen. Dabei wird die Vorausrichtung des Flugzeuges jedes Mal mit Hilfe eines Handpeilkompasses auf die vollen Zehner- oder Dreißigergrade eingepeilt und der anliegende Kompaßkurs damit verglichen. Der Unterschied ist die Deviation. Das Einpeilen geschieht, indem man sich – befreit von allen ablenkenden Eisen- oder Stahlteilen – mehrere Meter hinter das Flugzeug stellt und mit einem Handpeilkompaß genau über das Seitenleitwerk und den senkrecht stehenden Propeller peilt. Dabei wird das Flugzeug so lange gedreht, bis am Handkompaß der Sollkurs anliegt. (Den Handpeilkompaß kann man sich ausborgen oder im Yachtbedarf kaufen. Auch gute Marschkompasse sind geeignet. Man sollte sie aber zur Beruhigung der Nadel auf ein (nichtmagnetisches!) Stativ legen.) Die Deviation wird im Vordruck des *Kompensierberichtes* immer als mehr oder weniger geschwungene Sinuskurve erscheinen. Zeigt der Verlauf der Deviation eckige, nicht harmonische Abweichungen, hat man etwas falsch gemacht. Zuletzt trägt man die gefundenen Werte in die kleine Deviationstabelle am Fuß des Vordruckes ein, schneidet diese aus und klebt sie neben den Kompaß ans Armaturenbrett.
Vor dem *Kompensieren* kann man vor Beeinträchtigungen durch magnetische Teile, zum Bespiel ein elektrisches Instrument am Armaturenbrett, nie sicher sein. Problematisch kann es auch werden, wenn der Kompaß in der Nähe des Motors mit seinen Dynamos und Zündmagneten angebracht ist.

3. Neigungsfehler des Kompasses

Nun zu den Fehlern, die auftreten, wenn das Flugzeug kurvt, steigt oder sinkt. Die Hauptursache für diese Fehler ist, daß sich die Schwimmebene des Kompasses beim Kurven wie beim Geradeausflug nach dem Scheinlot ausrichtet.

Die Kompaßebene mit ihren Magneten bleibt beim sauberen Kurven im Verhältnis zum Flugzeug waagerecht. In Wirklichkeit kippt die Kompaßebene beim Kurven aber gegen den Horizont. Dadurch geraten die Kompaßmagnete in eine veränderte Lage zum Erdmagnetfeld und erfahren eine *Neigungsablenkung*.

Bei folgenden Flugzuständen treten diese Fehlanzeigen auf:
Kurvenfliegen von Nord nach Ost oder West: Kompaß dreht beim Einleiten der Kurve erst entgegengesetzt, dann läuft er nach. Maßnahme: Kurve früher beenden (untersteuern).
Kurvenfliegen von Süd nach Ost oder West: Kompaß läuft beim Einleiten zuerst vor, später zeigt er richtig an. Maßnahme: Kurve früher beenden (untersteuern).
Kurvenfliegen von Ost oder West nach Nord: Kompaß bleibt nach dem Einleiten zurück. Maßnahme: Kurve früher ausleiten (untersteuern).
Kurvenfliegen von Ost oder West nach Süd: Kompaß läuft beim Einleiten voraus. Maßnahme: Kurve später ausleiten (übersteuern).
Steigflug nach Ost oder West: Kompaß dreht beim Einleiten nach Süd ab. Maßnahme: Entsprechend vorhalten.
Sinkflug nach Ost oder West: Kompaß dreht beim Einleiten nach Nord ab. Maßnahme: Entsprechend vorhalten.

Auch beim Beschleunigen oder Langsamerwerden neigt sich die Schwimmebene des Kompasses gegen den Horizont, und es verändern sich die magnetischen Kräfte.

Bei Flügen in starker Thermik bewegt sich das Flugzeug ständig um alle drei Achsen. Wie soll ein Magnetkompaß unter diesen Umständen richtig anzeigen? Die Schlußfolgerung: *Traue dem Magnetkompaß nur im Geradeausflug ohne Schräglage, bei gleichbleibender Höhe und gleichbleibender Geschwindigkeit!*

Auf die Regeln der Neigungsfehler des Kompasses könnte man im Sichtflug zur Not verzichten. Die meisten befragten Piloten wußten, daß es sie gibt, doch den wenigsten waren die Regeln geläufig. Man muß sie einmal lernen, aber man vergißt sie später, weil man sie nie braucht. Niemand fliegt nach Magnetkompaß so genau. Um saubere Kursänderungen fliegen zu können, sollte man aber in der Lage sein, den Gradwinkel der geplanten Kursänderung am Horizont – oder bei dunstigem Wetter am Boden – abzuschätzen. Vor einer Kursänderung sucht man sich eine Formation in der Landschaft, die diesem Winkel entspricht. Auf diese Formation dreht man dann zu, ohne sich weiter um Drehfehler und andere »Spinnereien« des Kompasses zu kümmern. Man schaut erst wieder auf den Kompaß, wenn er sich auf den neuen Kurs eingeschwungen hat. Bei Steigflug und Sinkflug hält man ebenfalls Kurs nach Bodenformationen. Auch dabei wird der Kompaß abgelenkt.

Ortsbestimmung durch Sichtpeilung

Bei schlechter Sicht ist ein erkanntes Objekt mit der Position des Flugzeuges fast identisch. Nur die Richtung ist wesentlich.

Sichtpeilungen erübrigen sich. Bei klarer Luft und guter Sicht hingegen genügen meist schon ein Rundblick und ein Blick in die Karte, um die genaue Position festzustellen. Wenn man sich ohnedies über einer Leitlinie befindet, dürfte es gar keine Probleme geben.

Sichtpeilungen haben daher nur Sinn bei guter Sicht über weiten gleichförmigen Geländestrukturen, bei denen nur hier und da in weiter Ferne markante Objekte auftauchen. In einigen Gegenden Deutschlands mag sich gelegentlich eine Sichtpeilung anbieten. Dann brauchen wir den Kompaß für die Ortsbestimmung. Wir richten das ganze Flugzeug auf das zu peilende Objekt. Dann

Peilen mit dem ganzen Flugzeug

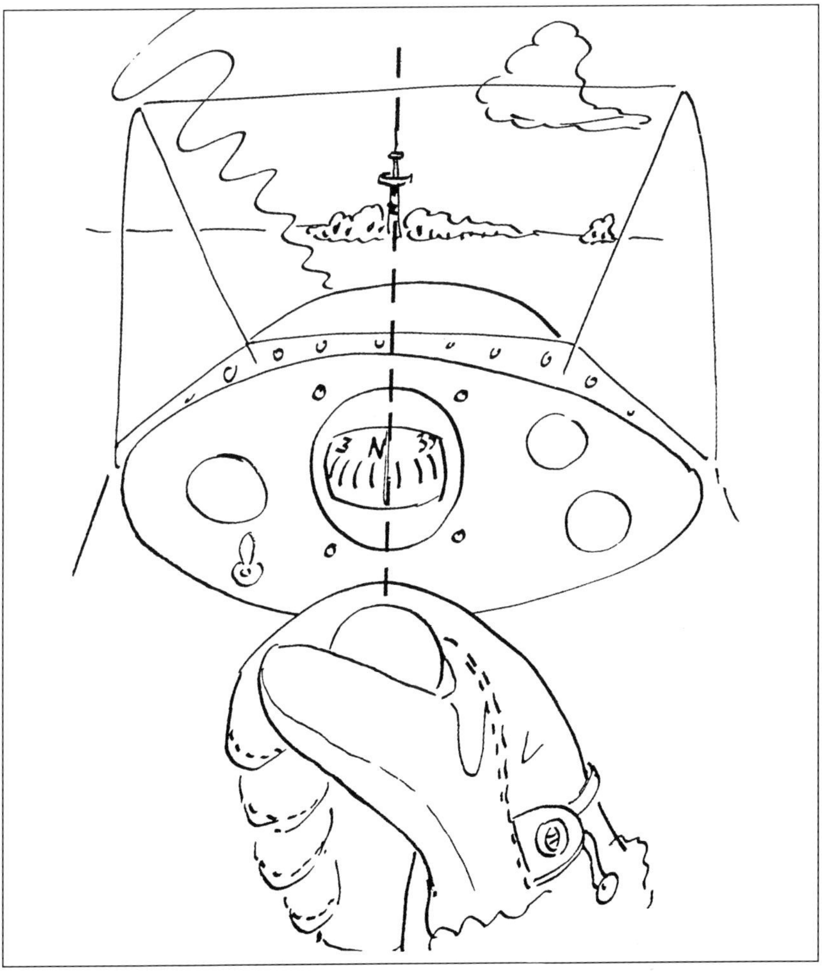

warten wir, bis der Kompaß eingeschwungen ist und lesen den Kurs als *Kompaßpeilung* ab. Wenn der Kompaß mit normaler Genauigkeit anzeigt, kann man sich eine Berichtigung schenken: Die Kompaßpeilung dient als *rechtweisende Peilung*. Einige Sekunden Flugzeit verändern eine Peilung stärker als jede *Deviation*; es sei denn, die Deviation ist so stark, daß sie den Kompaß ohnehin unbrauchbar macht.
Man kann auch eine *Querpeilung* vornehmen. Dazu muß am Flugzeug eine Markierung vorhanden sein, die vom Auge des Piloten rechtwinklig zur Kursrichtung zeigt. Dabei kann es sich um die Kante einer Tragfläche, eine Strebe oder einen Spanndraht handeln. Wir bringen das Objekt mit dieser Markierung in Deckung und lesen den *Kompaßsteuerkurs (KSK)* ab. Bei einer Querpeilung nach rechts müssen wir jetzt 90 Grad zum KSK hinzuzählen, bei einer Querpeilung nach links 90 Grad vom KSK abziehen – so erhalten wir die Kompaßpeilung.

Kreuzpeilungen erübrigen sich bei der Vielzahl der zur Verfügung stehenden Leitlinien meistens. Sonst peilt man unmittelbar darauf ein anderes Objekt möglichst rechtwinklig zur ersten Peilung an. Um Verzerrungen während der Peilungen zu vermeiden, peilt man erst in Flugrichtung und dann quer. Die Vorauspeilung wird sich inzwischen kaum ändern.

Wenn über die genaue Position auf der Leitlinie Zweifel bestehen, versorgt uns eine Querpeilung auf ein markantes Objekt, das in der Karte eingetragen ist, mit einer zusätzlichen *Standlinie*. Man peilt möglichst rechtwinklig zur Leitlinie. Weil man die Gradrose ja im Kopf hat (!), wird man den Schnittpunkt der Peilung mit der Leitlinie auch ohne Winkelmesser auf der Karte abschätzen können. In die Karte zeichnen wir einen Kreis um die Position. Das geht auch auf einem Kniebrett im offenen Cockpit. Da die Leitlinie immer eine sichere Hauptstandlinie darstellt, und da sich Querpeilungen im Fluge schnell ändern, ist dieses Verfahren bei der Leitliniennavigation immer ausreichend.

Abgesehen vom Steuern und Peilen benötigen wir den Kompaß, um das Cockpitpanorama in die Kartendarstellung auf unserem Knie immer wieder »einzunorden«. Besonders an der Kompaßrichtung erkennen wir, ob die Leitlinie, der wir gerade folgen, die richtige ist.

Die Karte

Während Ihres ersten Wanderfluges nach Leitlinien – nun hoffentlich nicht mehr mit schlechtem Gewissen – ist Ihnen aufgegangen, wie leicht die Orientierung aus der Luft sein kann. Ohne große Anstrengung läßt man sich durch die Landschaft führen. Nur hier und da streift noch ein gelassener Blick auf die Karte, aber mehr, um festzustellen, um welche Burg, welches Kloster, welches romantische Dorf es sich handelt, oder wie das stille Heideflüßchen heißt, das unter der Tragfläche mäandriert.

Orientierungspunkt Baggerteiche

Spätestens hier stellt sich die Frage nach dem geeigneten Kartenmaterial.

»Natürlich die neueste *ICAO-Karte* im Maßstab 1:500000!« höre ich da. Ich wage kaum zu widersprechen. Nach einer berichtigten ICAO-Karte zu navigieren, entspricht der Vorschrift. Aber lesen Sie noch einmal den obigen Absatz - »Ohne große Anstrengungen...« und so weiter – und schauen dann auf die ICAO-Karte 1:500000. Sie werden feststellen, daß dort weder schmale Flüsse noch kleine Dörfer, noch Berge, Burgen oder Klöster namentlich erwähnt werden. Und wenn Sie eine Karte größeren Maßstabs zum Vergleich heranziehen, stellen Sie fest, daß viele kleine Ortschaften, markante Merkmale und Gegenstände gar nicht eingezeichnet sind. Für unsere Methode des bodenorientierten Fliegens läßt manches in den offiziellen ICAO-Karten zu wünschen übrig. Die Geländestrukturen sind undeutlich und Wälder nur als schwache, grüne Flecken kenntlich. Viele Landstraßen sind unvollständig eingezeichnet. Andere markante, ausgebaute Schnellstraßen erscheinen gar nicht oder noch als unbedeutende Nebenstraßen. Wir kommen oft in Zweifel, ob wir die richtige Straße unter uns haben. Auch aus diesem Grund sollte Eisenbahnlinien immer

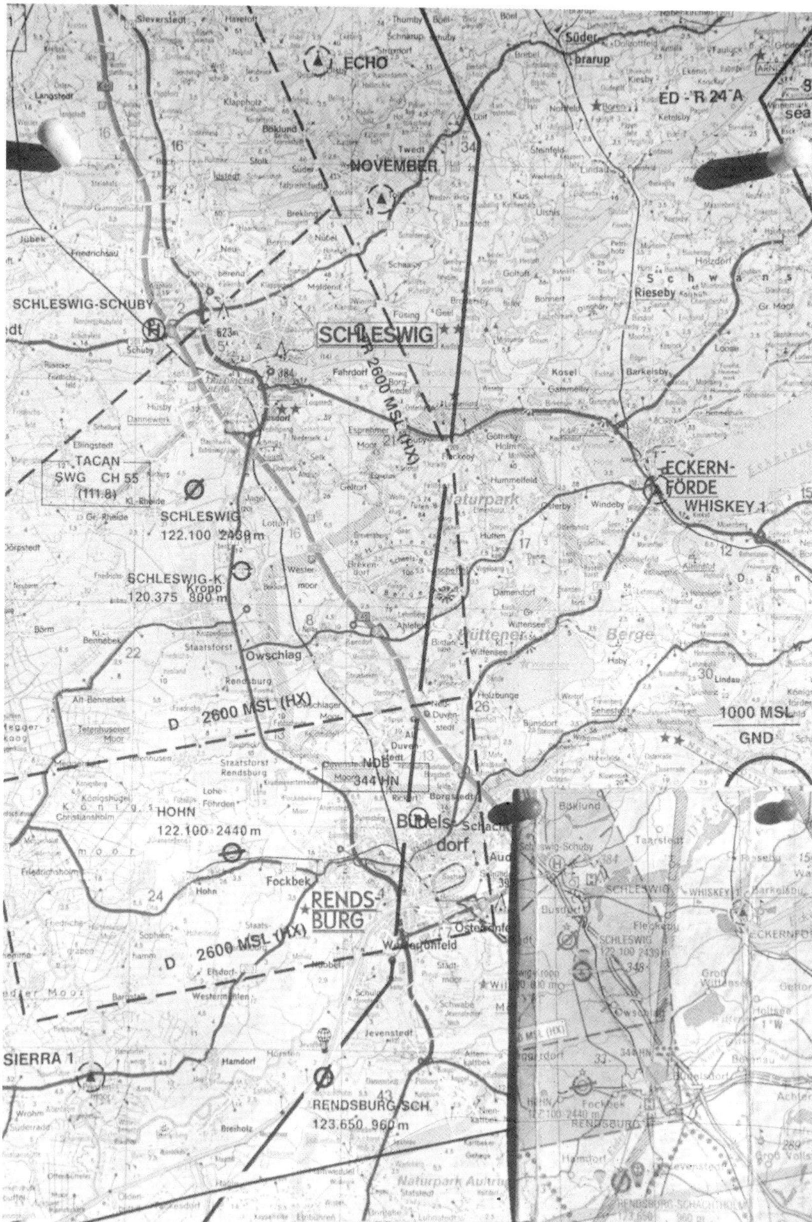

Zum Vergleich Kartenausschnitt 1:200000 mit eingefügtem gleichen Ausschnitt 1:500000

der Vorzug zu geben. Sie sind zwar weniger auffällig, besonders wenn sie von Buschwerk oder Wäldern flankiert werden, lassen sich aber eindeutiger identifizieren. Und *beinahe* alle Eisenbahnlinien sind eingezeichnet (leider kommt in neuerer Zeit durch verbreitete Streckenstillegungen mit Abbau des gesamten Bahnkörpers wieder ein Unsicherheitsfaktor hinzu.)

Um besser am Boden orientieren zu können, wünschen wir deshalb eine Karte in etwa doppelt so großem Maßstab*. Ideal wäre die *Generalkarte* im Maßstab 1:200000. Sie ist viel detaillierter. Selbst Bauerngüter sind dort benannt. Straßen, Schienen und Besiedlungsgebiete werden regelmäßig aktualisiert, was man von der ICAO-Fliegerkarte 1:500000 leider nicht immer behaupten kann. Dort sind nur die Flugsicherungsaufdrucke garantiert aktuell.

Wenn man daher mit Farbstiften alle wichtigen Flugsicherungsangaben aus einer neuen ICAO-Karte in eine Generalkarte überträgt, könnte man viel besser nach dieser fliegen. Doch diese Arbeit ist gar nicht nötig: Was vielen Fliegern nicht bekannt ist: Die Deutsche Generalkarte 1:200000 mit Flugsicherungsaufdruck ist ebenfalls im Handel erhältlich. Sie wird von der Firma Lühl Aviation in Bad Breisig vertrieben. Der Käufer findet sie als reine Papierversion oder mit Folienüberzug vor.

Für die Leitliniennavigation mit langsamen Flugzeugen ist die Generalkarte unbedingt vorzuziehen. Auch Gegenden mit geeigneten Notlandeflächen lassen sich auf der Generalkarte wesentlich besser identifizieren als auf der Karte 1:500000. Dennoch läßt sich natürlich auch auf der ICAO-Karte gut nach Leitlinien navigieren.

Zu größeren Maßstäben kann nicht geraten werden, auch wenn man alle Flugsicherungseindrucke mit Buntstift nachträgt. Man gelangt zu schnell von einem Kartenrand zum anderen. Um das *Meßtischblatt* im Maßstab 1:100000 auf dem Kniebrett unterzubringen, muß man es vielmals knicken. Bei 100 Stundenkilometern Reiseflug fliegt man in zehn Minuten quer über den Kartenausschnitt. Zur Flugsicherheit gehört auch, daß umständliche Vorgänge wie Wechseln oder Umfalten der Karte möglichst unterbleiben.

Flieger mit Beziehungen zur Luftwaffe werden vielleicht an britische Luftfahrtkarten im Maßstab 1:500000 und 1:250000 herankommen. Besonders letztere eignen sich sehr gut. Leider fehlen die Platzfrequenzen. Aber die lassen sich ja nachtragen.

Um das Panorama, das sich aus dem Cockpit bietet, mit dem Bild der Flugkarte zu vergleichen, bedarf es einiger Übung. Um sich das Orientieren zu vereinfachen, drehen zahlreiche Piloten die Karte so, daß der Kartenkurs mit dem Steuerkurs in etwa übereinstimmt. Wer damit vertraut ist mag so verfahren, und viele erfahrene Piloten tun es. Dem Verfasser dieses Buches fällt es leichter, das Flugpanorama im Geiste in die Karte »einzunorden«, anstatt die Karte mit all

* Nach geographischer Definition gilt: Je größer die Zahl, desto kleiner der Maßstab. 1:200000 ist also ein kleinerer Maßstab als 1:25000.

ihren geschriebenen Ortsbezeichnungen und Orientierungshilfen auf dem Kopf zu lesen. Versuchte er es doch einmal, verlor er die Kartenposition regelmäßig, sobald die Augen von einem Rundumblick zur verkehrt herum gehaltenen Karte zurückkehrten. Er mußte sich in dem ungewohnten Kartenbild wieder neu orientieren. Aber das sind ganz persönliche Erfahrungen. Jeder findet seine eigene Methode.

Auch unter Idealbedingungen ist das Fliegen nach der Karte für den Unerfahrenen gewöhnungsbedürftig. In der Karte erscheint die Erdoberfläche überall genau senkrecht von oben gesehen. Doch aus dem Flugzeug ist der Ausschnitt der Landschaft, den man annähernd senkrecht sieht, sehr klein. Aus den meisten Flugzeugtypen kann der Pilot auch gar nicht senkrecht in die Tiefe schauen. Der Flieger sieht also alles mehr oder weniger von der Seite. Verglichen mit der Karte erscheint ihm die Landschaft wie in einem riesengroßen Zerrspiegel, der sich langsam unter ihm hindurchbewegt. Lichteinfall und Wolkenschatten tun das ihre, Umrisse bis zur Unkenntlichkeit zu entstellen. Und die Proportionen verschieben sich ständig. Gegenstände und Strukturen, die in der Karte mit den so eindeutigen, stets gleichen Symbolen bezeichnet sind, erscheinen oft fremd, unscheinbar und anders, als man sie erwartet. Zur Veranschaulichung hier die Beschreibung eines Piloten aus der Pionierzeit der Fliegerei, die genau das trifft, was jeder Flieger selbst beobachtet:

...aber da mein Motor gerade sehr schön lief und es außerdem ein herrlicher Abend war, beschloß ich, mir den Sonnenuntergang aus zehntausend Fuß Höhe anzusehen. Bei fünftausend über dem Flugplatz drehte ich nach Nord. Das flache Land dehnte sich nach den vier Himmelsrichtungen. Zu sagen, daß es aussah wie eine Landkarte, wäre eine Plattheit. Natürlich bestand eine gewisse Ähnlichkeit, so wie zwischen Porträtiertem und Porträt. Aber die Wirklichkeit hatte eine verwirrende Vielfalt von Einzelheiten, eine Fülle von zarten Tönungen, von Licht und Schatten, die es anfangs schwierig machten, sie mit ihrem gedruckten Abbild in Einklang zu bringen. Hauptstraßen, auf der Karte gewichtig in Rot markiert, erwiesen sich in der Wirklichkeit als grau und unauffällig, kaum von anderen Straßen zu unterscheiden. Eisenbahnstrecken waren keine klaren schwarzen Linien, sondern gewundene Fäden, noch undeutlicher als die Straßen. Wälder waren – außer im Sommer – keine grünen, sondern dunkelbraune und schwarze Flecken, die manchmal unmerklich mit den gepflügten Feldern verschwammen, die sie umrahmten. Wolkenschatten lagen über der Tiefe, verdunkelten stellenweise die Landschaft und ließen andere Stellen um so deutlicher hervortreten; Bodendunst verwischte den Horizont und beschränkte den Blick zuweilen auf einen Umkreis von wenigen Meilen, ein ungreifbarer Dunstwall, der geheimnisvoll zurückwich, während man sich ihm näherte.

Einige der beigefügten Luftaufnahmen eignen sich, den Unterschied zwischen dem visuellen Eindruck der Umgebung und der Fliegerkarte auf den Knien zu verdeutlichen. Vergleichen Sie die Aufnahmen mit den Symbolen einer ICAO-Karte!

Borduhr

Dem UL-Flieger kommt es nicht auf minutengenaue Überflugszeiten an. Dennoch braucht er für die Navigation einen Zeitmesser – und natürlich für das Flugbuch. Welche Art von Uhr er verwendet, ist nebensächlich. Es kann eine Armbanduhr sein. Eine klassische Analoguhr, versehen mit separatem Zeitzähler, gut sichtbar auf dem Armaturenbrett montiert, kann allerdings sehr hilfreich sein.

Flugzeit und Tankinhalt

Wir benötigen die Uhr vor allen Dingen, um zu sehen, wie sich die Windgeschwindigkeit auf unsere Reichweite auswirkt. Tankanzeigen sind oft ungenau (siehe Kapitel *Der Windeinfluß*). Deshalb sollten wir zunächst genau den Tankinhalt des Flugzeuges feststellen. Das Auslitern des Tanks ist dafür die beste Methode. Man füllt den leeren Tank Liter für Liter mit Treibstoff. Man kann sich auch einer Zapfsäule mit Durchlaufanzeige oder genau abgefüllter Fünf-Liter-Kanister bedienen. Sonst muß man ein Litermaß verwenden. Es ist umständlich, aber man braucht es ja nur einmal zu tun. Alle fünf Liter markiert man den Benzinstand auf der Tankuhr, am Tankröhrchen, an der Außenseite des transparenten Tanks oder wo auch immer. Zuletzt wird die Markierung für die letzten Liter Sicherheitsreserve angebracht. Doch vorher müssen wir wissen, a) ob wir den Tank ganz ausfliegen können, oder ob immer ein nicht ausfliegbarer Rest drinnenbleibt, b) wie groß dieser Rest ist, und c) wieviel der Motor pro Stunde verbraucht.

Den durchschnittlichen Reiseverbrauch sollte man bei zweisitzigen Maschinen einmal mit und einmal ohne Passagier feststellen. Da jetzt eine genaue Tankanzeige vorhanden ist, fliegt man eine bestimmte Zeit und teilt die verbrauchte Spritmenge durch die Flugdauer. Je länger dieser Meßflug dauert, desto genauer wird das Durchschnittsergebnis. Aus Sicherheitsgründen wird man den Tank nicht ganz leerfliegen. Ob Restmengen im Tank bleiben, die sich nicht ausfliegen lassen, stellt man am besten vorher fest. Man füllt einfach ein paar Liter in den leeren Tank und »fliegt« diesen Restinhalt »am Boden aus«. Dazu sichert man das Flugzeug in Fluglage und läßt den Motor laufen, bis kein Sprit mehr kommt. Dabei sollte ein Helfer den Flieger in der letzten Phase an den Flügeln langsam hin- und herschaukeln. Dabei simuliere man auch die Steig- und Sinkfluglage. Es soll schon vorgekommen sein, daß der Motor just in dem Moment stehenblieb, als das Flugzeug in den Sinkflug überging.

Wenn der maximale Stundenverbrauch bekannt ist, wird er zu der nicht ausfliegbaren Menge addiert und auf dem unteren Bereich der Tankanzeige rot markiert. Das ist die ausfliegbare(!) Reserve: eine Stunde! (Siehe Kapitel *Der Windeinfluß*). Der restliche Tankinhalt steht für die Flugplanung zur Verfügung. Er bestimmt allein unsere Reichweite.

Teilen wir unseren verplanbaren Tankinhalt durch den Stundenverbrauch, erhalten wir die maximale Flugzeit, die wir uns pro Reiseabschnitt leisten dürfen – egal wie der Wind weht, wie schnell wir über Grund sind und wie weit wir kommen. Diese Zeit stellen wir beim Start auf der Uhr ein oder notieren sie auf der Karte. Spätestens wenn »der Wecker klingelt« müssen wir beim nächsten Flugplatz runter. Dann haben wir unsere Reserve von einer Stunde angebrochen – ganz einfach, sicher und ohne fehlerträchtige Berechnungen festzustellen. Wir planen jedoch so, daß diese letzte Stunde nicht angebrochen werden muß.

Um unterwegs festzustellen, wie gut wir mit unserem Tankinhalt über die Strecke kommen, sollten wir die Flugzeit in der Karte markieren. Dazu können wir alle Viertelstunde ab Start einen Bleistiftstrich quer über die Kurslinie ziehen. Bei der ersten vollen Stunde Flugzeit schreiben wir eine Eins neben den Querstrich, bei der nächsten eine Zwei und so weiter. Zusätzlich streichen wir beim Passieren die Wegpunkte oder andere markante Punkte in der Karte ab und notieren daneben die seit dem Start verstrichene Zeit. Für diese Art der Zeitnahme eignet sich eine Uhr mit separater Minuten- und Stundenzählung am besten – eben eine richtige Flugzeuguhr. So können wir die bereits zurückgelegte Strecke mit der noch vor uns liegenden vergleichen und so abschätzen, wie weit wir mit dem Tankinhalt noch kommen werden. Gleichzeitig sehen wir, wann bestimmte Wegpunkte, Kreuzungen oder Einmündungen anderer Leitlinien in Sicht kommen werden.

Man braucht natürlich nicht bei jedem Lokalflug nach der Uhr zu fliegen. Aber um sicher zu gehen, sollte man die verflogene Zeit notieren, wenn man voraussichtlich so lange unterwegs sein wird, daß die Tankanzeige dicht an die Spritreserve wandern könnte.

Der Windeinfluß

Fliegen UL-Piloten längere Strecken nach Kompaß, macht ihnen der Wind regelmäßig alle Vorausberechnungen zunichte. Die schönsten Winddreiecke wurden oft umsonst eingezeichnet. In der Leitliniennavigation dagegen spielt der Unterschied zwischen Kartenkurs und Kompaßsteuerkurs eine geringere Rolle. Solange man sich über einer Leitlinie befindet, ist es unwichtig, wie groß der Luvwinkel ist. Der Einfluß des Windes auf die *Geschwindigkeit über Grund* und damit auf die *Reichweite des Tankinhaltes* ist dafür umso wichtiger.

In Abschnitt III der ehemaligen Ultraleicht-Betriebsordnung, Nummer 15.5 der letzten Fassung vom 1.1.1992, wurde für Überlandflüge eine Treibstoffreserve von mindesten zwei Litern gefordert. Das entspricht bei zweisitzigen ULs einer Flugzeit von sechs bis zehn Minuten, je nach Verbrauch. Das reicht gerade für zwei Platzrunden. Diese Treibstoffreserve können wir vergessen! Von Flugschulen wird als Überlandreserve eine halbe Stunde ausfliegbarer Tankinhalt empfohlen. Das hört sich schon besser an, ist aber auch unrealistisch. Man orientiert sich da an der E-Klasse. Dort werden die Maßstäben aber von schweren, schnellen Reiseflugzeugen gesetzt. Die erreichen in einer halben Stunde fast immer einen Ausweichflugplatz. E-Flieger schätzen darum den Einfluß des Windes auf den Steuerkurs viel höher ein. Von der Windwirkung auf die Reichweite wird weniger gesprochen. Aber gerade darauf kommt es Ultraleichtfliegern an.

Zum Vergleich: Eine 180 km/h schnelle Reisemaschine (Marke »Blechflieger«) benötigt für ein 180 km entferntes Ziel

ohne Wind	1 Stunde,
bei 20 km/h Gegenwind	1.07 Stunden,
bei 20 km/h Rückenwind	0.54 Stunden.

Bei gleichbleibenden Windverhältnissen bedeutet das zwischen Hin- und Rückflug einen Gesamtunterschied in der Flugzeit von *13 Minuten*.

Ein 90km/h schnelles UL (zum Beispiel FOX-C22 oder KIEBITZ-B) benötigt für die gleiche Strecke

ohne Wind	2 Stunden,
bei 20 km/h Gegenwind	2.34 Stunden,
bei 20 km/h Rückenwind	1.38 Stunden.

Bei gleichbleibenden Windverhältnissen bedeutet das zwischen Hin- und Rückflug einen Unterschied von *56 Minuten*!

Zu diesen erheblichen Unterschieden addieren sich: Unsicherheiten in der Windvorhersage, Unsicherheiten der Tankanzeige, Unsicherheiten in der Ausfliegbarkeit des Tankinhaltes und Unsicherheiten im Benzinverbrauch.

Eines ist vollkommen klar: Für Ultraleichtflugzeuge reicht eine Tankreserve für eine halbe Flugstunde nicht aus. Schon um einen Ausweichflugplatz gegen stärkeren Wind zu erreichen, braucht man leicht mehr als eine halbe Stunde. Schlußfolgerung: Für eine Reiseplanung mit Sicherheitsspielraum sind für einen Langsamflieger *eine Stunde ausfliegbare Tankreserve* unbedingt wünschenswert. Wenn wir diese Tankreserve vom ausfliegbaren Tankinhalt abziehen, ken-

Beispiel für ein Winddreieck

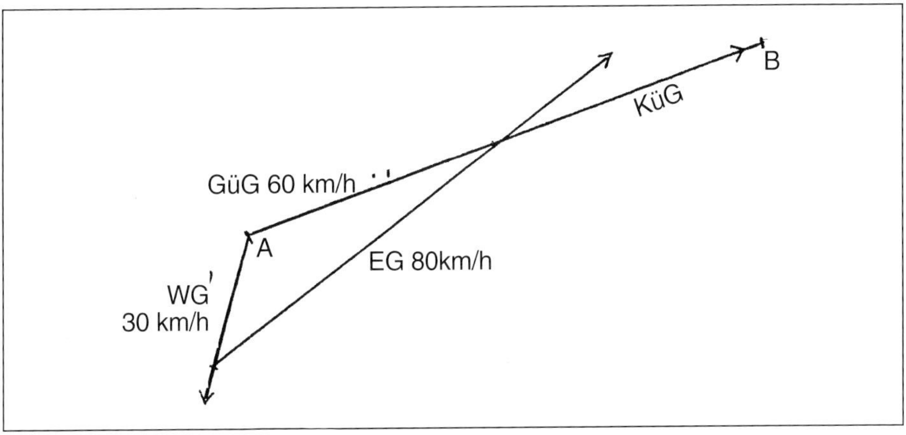

nen wir die Menge Sprit, die uns für den Überlandflug zur Verfügung steht (siehe Kapitel *Flugzeit und Tankinhalt)*.

Um die Reichweite des Tankinhaltes unter den aktuellen Windbedingungen abschätzen zu können, müssen wir unsere voraussichtliche Geschwindigkeit über Grund kennen. Deshalb zeichnen auch Leitlinienflieger gern ein Winddreieck nach dem Flugwetterbericht.

1. Als Kurs über Grund (KüG) wählen wir das ungefähre Mittel aus dem Kartenkurs unserer Leitlinie. Wir übertragen ihn auf ein Blatt Papier (oder auf die Karte).
2. Vom Anfangspunkt A setzen wir Windrichtung und *Windgeschwindigkeit (WG)* im Maßstab 10 km/h = 1 cm ab.
3. Vom Endpunkt von WG schlagen wir einen Kreisbogen auf den KüG mit unserer *Eigengeschwindigkeit (EG)* im gleichen Maßstab. (Das geht auch mit dem Kurslineal.)
4. Die Entfernung von A zum erhaltenen Schnittpunkt entspricht unserer *Geschwindigkeit über Grund (GüG)* (1 cm = 10 km/h. Der Winkel zwischen GüG und EG wäre der notwendige Windvorhalt.

Doch auch hier kann man sich das Leben vereinfachen und bleibt trotzdem »auf der sicheren Seite«. Bei der folgenden Faustregel werden auch leichte Unsi-

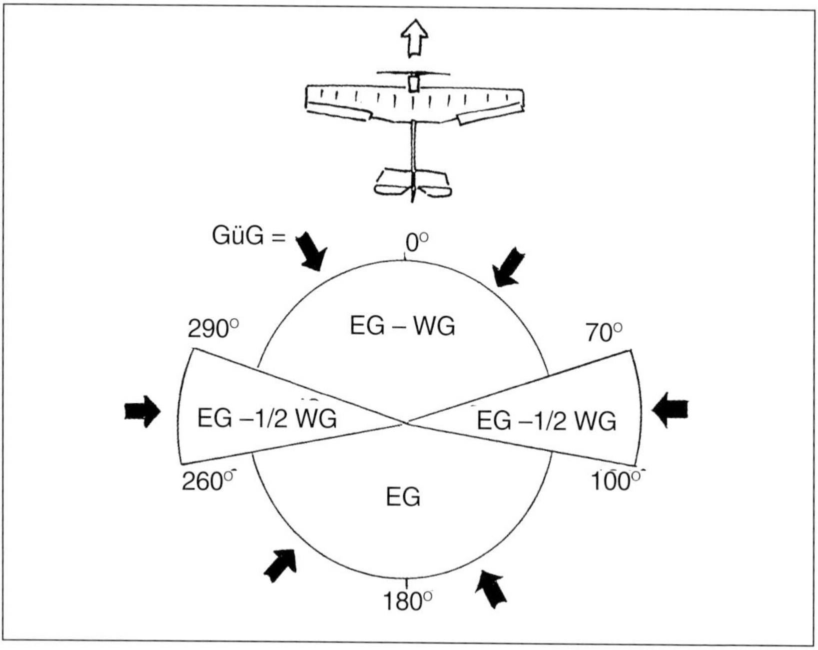

Einteilung der Windsektoren zur Berechnung Geschwindigkeit über Grund

cherheiten der Windrichtung und -stärke berücksichtigt. Man teilt die 360-Grad-Rose in vier Sektoren. Die Flugrichtung ist null Grad. Alle Gradangaben beziehen sich auf die Flugrichtung.

Kommt der Wind aus einer Richtung von 100° bis 260° von hinten, so rechnet man zur Sicherheit: Geschwindigkeit über Grund gleich Eigengeschwindigkeit. (GüG = EG)

Kommt der Wind querein zwischen 70° und 100° von der rechten Seite oder 260° und 290° von der linken Seite, so rechnet man: Geschwindigkeit über Grund gleich Eigengeschwindigkeit minus halber Windgeschwindigkeit. (GüG = EG – ½ WG)

Kommt der Wind zwischen 290° und 70° von vorn, so rechnet man zur Sicherheit mit vollem Gegenwind: Geschwindigkeit über Grund gleich Eigengeschwindigkeit minus Windgeschwindigkeit. (GüG = EG – WG)

Auf einer Darstellung sieht das noch einfacher aus. Vielleicht zeichnet man die Einteilung auf eine Pappscheibe und nimmt sie mit zum Kartenbesteck:
Unsere annähernde Reisegeschwindigkeit über Grund kennen wir nun. Den nötigen Windvorhalt erfliegen wir erst, wenn wir in der Luft sind.

Orientieren und Verfranzen

Auch bei konsequenter Leitliniennavigation kann man sich einmal »verfranzen« – niemand ist vollkommen! Ein Moment der Unaufmerksamkeit oder das Umfliegen von Wolken oder Wäldern können genügen, um eine schwache Leitlinie, beispielsweise einen Bahndamm, vorübergehend zu verlieren. Nach erneutem Aufnehmen bemerkt man zu spät, daß man die falsche Bahnlinie erwischt hat – und schon hat man sich »verfranzt«.

Wieso eigentlich »verfranzt«? Hier bietet sich ein kleiner Ausflug in die Fliegergeschichte an:

Erster Weltkrieg. Zweisitzige Beobachtungsflugzeuge flogen Aufkärung über der Front und im feindlichen Hinterland. Die gute Zusammenarbeit zwischen Pilot und Beobachter entschied über Leben oder Tod. So entwickelte sich zwischen beiden auch über Rangunterschiede hinweg ein salopper, kameradschaftlicher Umgangston. Da hieß der Flugzeugführer »Emil« und der Beobachter »Franz«. Franz war auch für die Kartenarbeit zuständig. Und hatte Franz die Orientierung verloren – was besonders über Feindesland peinlich war – hatte er sich eben »verfranzt«.

Bevor wir uns überlegen, was in diesem Fall zu tun ist, wollen wir zum Thema Orientierungsverlust einen wirklichen Weltkrieg-Eins-Flieger zu Wort kommen lassen. Wir tun das nicht aus Nostalgie – die sollte man bei kriegerischen Themen lieber beiseite lassen – sondern aufgrund der anschaulichen Beschreibung dessen, was beim Verfranzen eine Rolle spielte. Außerdem flog man damals, wie schon erwähnt, unter technischen Bedingungen, die unseren UL-Bedingungen nicht unähnlich waren: Offene, leichte Maschinen, in denen der Wind nur so pfiff, unzuverlässige Motoren und ein Kompaß, der... aber man lese selbst.

Der englische Flieger Cecil Lewis berichtet: *Es war nicht immer leicht, seinen Weg zu finden oder seine Karte zu lesen. Man konnte sich in der Luft genau so leicht verirren wie im Wald und sich immer im Kreis bewegen, genau so wie auf der Erde. Gewiß, man hatte einen Kompaß, der einem ungefähr die Richtung angab; aber damals hatten die Kompaßrosen noch die aufreizende Angewohnheit, sich infolge der Bewegungen der Maschine andauernd zu drehen. Hatte man erst einmal die Richtung verloren, so war man geneigt, in Panik zu geraten. Eine oder zwei steile Kurven, um einen Orientierungspunkt zu erspähen -, und man hatte jedes Gefühl für die Richtung endgültig verloren. Nord, Süd, Ost oder West – alles eins. Die steilen Kurven hatten die Kompaßrose ins Kreisen versetzt. Binnen einer Minute war man vollständig verwirrt. Es gab nur noch eine Möglichkeit: den Kopf nicht verlieren, einen entfernten Orientierungspunkt wählen und darauf zufliegen, dem Kompaß Zeit lassen, sich zu beruhigen und dann ein paar unverkennbare Merkzeichen ausfindig machen – Seen, Städte oder wichtige Eisenbahnknotenpunkte – und sie auf der Karte identifizieren. In größerer Höhe war dieses Manöver leichter auszuführen als tiefer unten; aber in jedem Falle mußte der Pilot, ganz gleich in welcher Höhe er sich befand, ein Schätzungsvermögen für Maßstäbe und Größenverhältnisse besitzen. Zehn Meilen auf der Karte sahen in der Wirklichkeit ganz verschieden aus, je nachdem ob man sich in tausend oder in zehntausend Fuß Höhe befand; infolgedessen mußte man bei der Positionsbestimmung seine Höhe mit in Betracht ziehen. Das erforderte Erfahrung, und es war der Mangel an solcher Erfahrung, der mitunter einen Piloten dazu verleitete, offensichtliche Dummheiten zu begehen, etwa die Stellungen zu überqueren und dann auf deutschem Gebiet zu landen. Es war natürlich der letzte Ausweg, daß man landete und sich erkundigte, wo man sei, aber das war ein höchst blamables Eingeständnis der eigenen Unfähigkeit, außer bei schlechtem Wetter. Und überdies: Es konnte einem passieren, daß man zur Antwort bekam: in Berlin!*

Man sieht: die Magnetkompasse haben sich nicht verändert. Die letzte Bemerkung ist übrigens eine scherzhafte Übertreibung. Von der Westfront bis Berlin langte die Reichweite der ein- und zweisitzigen Doppeldecker bei weitem nicht. Ihre Reichweite entsprach etwa der eines heutigen UL.

Also »verfranzt«! Was tun? Heute müssen wir nicht unbedingt mehr damit rechnen, abgeschossen zu werden oder nach einer Außenlandung in Kriegsgefangenschaft zu geraten. Da wir außerdem – nach unserer verbesserten Regel – noch für mindestens eine Stunde Sprit im Tank haben, besteht kein Grund zur Panik. Zunächst beruhigt man sich selbst. Dann beruhigt man den Kompaß wie Cecil Lewis durch sauberes Geradeausfliegen. Denn sehr wahrscheinlich hat er über der Entdeckung, daß man sich verflogen hat, angefangen, zu »spinnen«. Wenn wir nicht zufällig genau wissen, nach *welcher* Seite wir von unserer Leitlinie abgekommen sind, sollten wir sie zunächst vergessen. Wir suchen aus der Karte den Kurs, der möglichst rechtwinklig auf eine unübersehbare Auffanglinie führt. Es macht nichts, wenn sie etwas weiter entfernt liegt.

Man schätzt die Größe der Kursänderung ab und sucht in dieser Richtung einen sichtbaren Geländepunkt. Dort dreht man hin. Ist der Kompaß erneut eingeschwungen, nimmt man die »Feineinstellung« vor. Dann sucht man sich Geländepunkte, die mit dem Kurs übereinstimmen. Denen fliegt man nach, bis man die Auffanglinie erreicht hat. An dieser fliegt man entlang, bis man durch markante Punkte wie Kreuzungen, Querungen, Gebäude oder Geländeformationen wieder eine verläßliche Position erhalten hat. Dann wird man entscheiden, ob es sinnvoller ist, zur alten Leitlinie zurückzufliegen oder eine neue Reiseroute zu verfolgen. Vielleicht möchte man sich auch erst einmal einen Flugplatz suchen, um in aller Ruhe eine neue Flugplanung zu machen. Geeignete Auffanglinien sind vor allem Autobahnen, Flüsse und Bahnlinien. Eine einfache Landstraße kann man leichter verwechseln. Besser ist es, wenn sie neben einer anderen markanten Leitlinie, zum Beispiel einem Bahndamm, herläuft. Oft gibt es sogar Bündel mehrerer Leitlinien. In Flußtälern führen Fluß, Straße und Eisenbahn oft nebeneinader her.

Problematisch wird das Neuorientieren allerdings, wenn unerwartet Schlechtwetter aufzieht oder kurz vor Sonnenuntergang, wenn das Tageslicht bald schwindet. Dazu vielleicht folgende Situation aus dem Archiv des Autors:

Die Episode spielt auf einem Flug mit einem offenen zweisitzigen UL-Doppeldecker durch das herbstliche Italien. Abflug bei Florenz vor etwas über zwei Stunden, gewünschte Ankunft demnächst auf einem kleinen UL-Flugplatz am Flußufer des Po in der gleichnamigen Ebene.

Die Hänge der Apenninen neigten sich in die Poebene. Am Grunde des Dunstmeeres waren bereits die Mauern und Dächer von Bologna auszumachen. Marion übernahm das Steuer. Die Autostrada führte jetzt hinunter ins Tal des Reno. Noch vor Bologna bogen wir nach links und folgten der »Strada del Sole«, der endlos geraden Autobahn von Mailand nach Rimini. Parallel, etwas nördlich, verliefen die Eisenbahn und die berühmte Landstraße »Via Emilia«. Auf diesem dreifachen Wegweiser brummten wir am Rande der Apenninen nach Nordwesten. Die Abendsonne stand noch eine Handbreit über den Bergen. Die Höhenzüge schimmerten golden, blaue Abendschatten füllten die Talmündungen. Die Wolken hatten sich aufgelöst, die Thermik war gleichfalls verschwunden. Ruhig wie eine Schwebebahn flogen wir in fünfhundert Meter Höhe. Unter uns erstreckte sich plattes Land mit Mais- und Gemüsefeldern, Bauernhöfen und Pappelwäldern. Dörfliche Bebauung reihte sich entlang von Landstraßen, die wie mit dem Lineal durch die Ebene gezogenen waren und sich nach wenigen Kilometern im Dunst verloren. Die Sicht nahm jetzt deutlich ab. Wir wechselten wieder das Steuer. Flüsse querten unseren Kurs. Bei Modena wechselten Eisenbahn und »Via Emilia« mit der »Strada del Sole« die Seite. Wir flogen jetzt über der »Via Emilia«. Reggio nell'Emilia kam näher. Mir wurde klar, daß wir es bis Casalmaggiore nicht mehr schaffen konnten. Aber nördlich von Reggio lag ein ländlicher Flugplatz, ein Dorf gleich daneben. Wir drehten nach Norden und verließen die »Via Emilia«, überquerten die »Strada del Sole« und suchten aus dem Gewirr von Landstraßen diejenige heraus, die uns weiterführen sollte. Ich erkannte sie an einem parallellaufenden Bahndamm. Die Ebene lag jetzt im Schatten und erschien wie durch graues Milchglas. Für die Menschen da unten war die Sonne bereits hinter den Bergen untergegangen. Hier oben sahen wir sie noch, die Hälfte einer feurigen Orange, die zusehens hinter dem unsichtbaren Horizont verschwand. Der bodennahe Dunst nahm schnell zu. Die Erdsicht betrug kaum noch zwei Kilometer. Ich ging tiefer, um mich besser orientieren zu können. Da hörten die Schienen auf! Die Straße lief allein weiter, und jetzt wußte ich: wir haben uns verfranzt! In der Karte führte die Bahnlinie weiter. Da sah ich, daß auch am Kompaß der falsche Kurs anlag. Wie lange war ich schon in die falsche Richtung geflogen? Was jetzt? Ich kreiste um das Ende der Gleisanlage: Ein kleiner Prellbock mitten in der Landschaft. Die Sonne war ver-

schwunden, es wurde dunkel! In der nächsten Viertelstunde mußten wir landen! Nach Norden? Dort lag der Po, an seinem Ufer einer der Flugplätze. Aber zum Flugplatzsuchen war es zu spät. Es gab nur eines: runter! Ein großes, hindernisfreies Landefeld, nicht lange zögern und reinsetzen! Ich flog Kreise und suchte. Marion schien von unserer Not noch nichts gemerkt zu haben. Sie blickte seitlich in der Tiefe. Etwas schien ihre Aufmerksamkeit zu erregen. Ich folgte ihrem Blick – und sah eine doppelte Reihe rotweißer Dachreiter! Wir kurvten direkt über einem Flugplatz! Gelassen wie im Traum flog ich in niedriger Höhe die Bahn ab. Ein Hangar, ein schlaffer Windsack, eine kurze Grasbahn an pappelgesäumter Straße – das war alles. Kein Flugzeug, kein Auto, aber ein richtiger Flugplatz. Herrlich! Nur welcher? Ich drehte in den Endanflug wie es gerade kam, slipte steil über die Pappeln und setzte in der Nähe des Hangars auf. Wir rollten noch ein paar Meter, ich schaltete aus, der UL stand. Stille umgab uns, Stille, die ich noch nie so empfand. Noch hallten Motor und Propeller im Innenohr nach. Steifbeinig kletterte ich aus dem Cockpit. Keine Ahnung, wo wir waren. Es roch nach Tau und Wiese. Und da war noch etwas – wie faulende Algen und Uferschlamm. Das mußte der Po sein, irgendwo in der Nähe! Ich half Marion auf die Erde. »Der Flugplatz sollte doch am Flußufer liegen, mit einer Trattoria gleich daneben?« feixte sie. »Das glaubte ich auch.« Ich beichtete die letzten Minuten. »Du hast dich verfranzt! Und ich denke, wir sind da und wundere mich, warum du so lange über dem Flugplatz hin- und herkurvst. Dein totsicheres Leitliniensystem!« Ich schüttelte den Kopf. »Es gibt da offenbar eine ganz ähnliche Leitlinie: Bahndamm neben Landstraße. Ich hab' einfach den Kompaß vergessen.« »Und wo sind wir nun?« Ich zuckte mit den Achseln. Da war auch niemand, den wir hätten fragen können. Die Flugzeughalle war verschlossen, das Büro mit Läden verrammelt. Neben der Tür hing ein verwittertes Plastikschild: »Avio Club Poviglio«. Wir schauten in die Karte. Bei Poviglio war kein Flugplatz eingezeichnet.

»Kunstgriffe« zur Neuorientierung

Man sieht: trotz Leitlinien kann es Probleme geben. Vor menschlichen Fehlleistungen – auch den eigenen – ist man niemals sicher. Ratlosigkeit kommt hinzu, leichte Panikschübe. Man hatte eine Bahnlinie oder Landstraße und ließ sich dennoch in die Irre leiten. Mit fliegerischer Sicherheit und Erfahrung könnte man zur Neuorientierung jetzt den einen oder anderen »Kunstgriff« anwenden. Aber dabei ist Vorsicht geboten.

Orientierungshilfen – erste Methode

Die eindeutig beste Orientierungshilfe von oben stellen *Autobahnschilder* dar. Sie sind so groß und kontrastreich geschrieben, daß man sie aus der vorge-

München
Hanau
Basel
Frankfurt
45
Gießen
Linden
Butzbach
Langgöns

schriebenen Mindesthöhe von 150 m noch gut lesen kann. Die damit zusammenhängenden Autobahnabfahrten, -dreiecke und -kreuzungen sind verläßliche Hinweise, in welchen Richtungen sich die nächsten größeren Städte und Ortschaften befinden und um welches Autobahnkreuz oder welche Abzweigung es sich demnach handelt.

Bahnhofschilder eignen sich nur unter sehr günstigen Umständen zur Orientierung aus der Luft. Diese gelegentlich von »alten Adlern« geäußerte Empfehlung ist mit Vorsicht zu genießen. Sie stammt aus einer Zeit, als für Sportflugzeuge noch sehr geringe Sicherheitsmindesthöhen vorgeschrieben waren. Bahnhöfe liegen meist innerhalb von Ortschaften oder Städten, über denen man nicht niedriger als 300 m fliegen darf, wenn nicht gar 600 m vorgeschrieben sind. Außerdem bewegt man sich hier über Gelände, das als Notlandefläche kaum geeignet ist. Kleine Landbahnhöfe an Ortsrändern mögen angehen. Allerdings dürfen in Vorbeiflugrichtung weder Bebauung noch Hindernisse vorhanden sein. Leider gibt es oft gerade auf kleinen Landbahnhöfen gar keine Schilder. Der Ortsname steht dann nur am Bahnhofsgebäude. Oder der Name der Station ist auf der ICAO-Karte gar nicht eingetragen.

Auch vor den *gelben Ortsschildern* möchte ich warnen! Die Schrift so klein, daß sie nur im tiefen Überflug gelesen werden könnte. Ein derartiges Wagnis erfordert hohe fliegerische Aufmerksamkeit vom Piloten. Einen tiefen Überflug mit dem gleichzeitigem Versuch, ein Schild zu entziffern, kann keineswegs empfohlen werden. Hinzu kommt, daß der besiedelte Ortsrand für die dabei zwangsläufige Unterschreitung der Sicherheitshöhe nicht gerade der geeignete Ort ist; von gefährlichen Hindernissen wie Stromleitungen ganz abgesehen.

Eine Ausnahme mag angehen. Aber sie ist zu konstruiert, um als ernsthafte Alternative in Betracht zu kommen: wenn das Schild gut lesbar neben dem Endteil zu einem geeigneten Sicherheitslandeplatz steht. Dann teilt man sich die Landung ein und schwebt mit reichlich Fahrtreserve heran. Hat man das Schild gelesen, startet man einfach durch. Besser aber, man landet ordentlich und geht hin, liest das Schild und sucht den Ort in der Karte. Und nur dieses Verfahren läßt sich wirklich empfehlen.

Orientierungshilfen – zweite Methode

Bevor man sich in immer größere Aufregung fliegt und nur unnötig Sprit und Nerven verbraucht, sucht man sich in der Nähe einer Ortschaft in aller Ruhe ein gut geeignetes Landefeld (wie ein solches aussehen sollte, siehe Kapitel *Die Forderung nach einem erreichbaren Landefeld)*. Dort macht man ganz offiziell eine *Sicherheitslandung* (siehe auch Kapitel *Vorschriften bei Not- und Sicherheitslandungen)*. Dann marschiert man los (Karte nicht vergessen!). Entweder findet man ein Ortschild oder läßt sich von Einheimischen auf der Karte zeigen, wo man ist.

Dazu wieder ein paar passende Zeilen von Cecil Lewis:

Aus irgendeinem vergessenen Grunde flog ich mit einem alten BE2c über London. Nebel kam auf. Ich verirrte mich und landete auf einem Feld, um mich zu erkundigen, wo ich mich befand. Ein vorbeikommender Metzger sagte mir, es wäre Hounslow; ich ging wieder zur Maschine zurück, um sie anlaufen zu lassen ...

Orientierungshilfen – dritte Methode

Es ist immer wieder erfrischend, die unbekümmerten Berichte von Wolff Hirth, Elly Beinhorn oder anderen Flugpionieren zu lesen. Wenn man ihnen glauben darf, ließen sie sich in ihren offenen Sportflugzeugen gelegentlich auf recht originelle Weise wieder auf den rechten Kurs bringen. Wenn sie Menschen sahen, gingen sie tief hinunter und brüllten ihnen die Frage nach der Richtung ihres Zieles zu. Meist wurden sie sogar verstanden, und man winkte ihnen die Himmelsrichtung zu. Obwohl der Pilot die Antwort durch das Brausen von Motor und Propeller natürlich nicht hören kann, versteht ein Fußgänger durchaus, was aus dem Bereich des Flugzeuglärms herausgerufen wird. Diese Methode wäre aber nur über offenem, hindernisfreiem Gelände zu vertreten und auch nur dann, wenn ein geeignetes Landefeld nicht zu entdecken ist. Zweifellos würde hier die vorgeschriebene Mindesthöhe stark unterschritten, und es läßt sich trefflich streiten, ob ein tiefer Überflug hier ausnahmsweise zugunsten der Flugsicherheit zulässig wäre. Hohe fliegerische Sicherheit wäre unbedingt Voraussetzung. Als Möglichkeit der Neuorientierung kann man sie deshalb nicht empfehlen.

Verlust der Karte

Ein Fall, der nach Berichten von UL-Piloten häufiger auftritt, als man denken sollte, ist der Verlust der Karte im Flug. »Schwupp – war sie weg!« heißt es immer wieder, und die Runde am Fliegertisch freut sich. Die dann folgende Erzählung findet stets ein dankbares Publikum. Sie handelt von den einfallsreichen Methoden, mit denen sich der Pilot anschließend weiterhalf. Einer kurvte über seiner flatternden Karte, bis sie am Boden war, landete in der Nähe und sammelte sie wieder auf. Ein anderer versuchte gar vergeblich, sie durch luftkampfähnliche Flugfiguren wieder einzufangen. Andere fanden mit Glück auch ohne Karte den nächsten Flugplatz. Wieder andere landeten und fragten nach dem Weg. Ein verständiger Pilot landete in der Nähe einer Ortschaft, die groß genug erschien, um darin eine Buchhandlung zu vermuten. Dorthin machte er sich auf, um eine Landkarte zu kaufen.

Mir sind noch keine Karten weggeflogen, aber das kann Zufall sein. Im Cockpit herumgeflattert sind sie mir bereits. In diesem Zusammenhang könnten Autobahnraststätten recht nützlich sein, liegen sie doch auf einer markanten Auffanglinie. Auch ohne Karte wissen wir hoffentlich, in welcher Richtung wir auf die nächste Autobahn stoßen. Wenn man an einer Autobahn entlangfliegt, wird man spätestens nach 50 Kilometern eine Raststätte finden. Weiter liegen sie nicht auseinander. Dort in der Nähe sucht man sich ein Landefeld für eine Sicherheitslandung. Vielleicht muß man noch eine kleine Strecke zu Fuß gehen, aber hier kann man Landkarten kaufen, zur Vorsicht seinen Treibstoffvorrat ergänzen und sogar zum Luftamt telefonieren – oder zum nächsten Platz, wenn man die Telefonnummer herausfindet. Aber den »Taschenkalender« hat man ja wohl noch. Für solche Fälle wäre es sinnvoll, zumindest eine große Übersichtskarte mit eingetragenen Flugplätzen und Frequenzen in (greifbarer!) Reserve zu haben. Optimal erscheint mir deshalb für die Orientierung die Generalkarte mit Flugsicherungsaufdruck und als Planungs- und Reservekarte die ICAO-Karte im Maßstab 1:500000.

Vorschriften bei Not- und Sicherheitslandungen

Dieses Buch ist nicht nur für Ultraleichte bestimmt. Es gibt langsame Motorsegler und langsame E-Flugzeuge, sogar mit offenem Cockpit, es gibt alte Doppeldecker, es gibt Motordrachen als »Trike« oder »Minimum«, es gibt offene und geschlossene »Dreiachser«, es gibt Motorgleitschirme – und so weiter. Egal ob dem D im Kennzeichen ein E, ein K oder ein M folgt – all diese »Vögel« werden in der Neufassung des Paragraphen 1 des *Luftverkehrsgesetzes (Luft-VG)* vom Februar 1994 als *Luftfahrzeuge* definiert. Daher gelten bei *Not- und Sicherheitslandungen* außerhalb eines genehmigten Flugplatzes für alle Klassen dieselben Luftverkehrsregeln. Dabei ist für jeden Luftfahrzeugführer der Paragraph 25 ausschlaggebend. Die daraus hervorgehenden Befugnisse und Pflichten sind eindeutig formuliert und kaum auslegbar.

Was sich in den zitierten Textstellen auf Not- und Sicherheitslandungen bezieht, wird vollständig wiedergegeben. Auslassungen betreffen andere Sachverhalte.

Auszug aus dem Luftverkehrsgesetz (LuftVG):

Paragraph 25

(1) Luftfahrzeuge dürfen außerhalb der für sie genehmigten Plätze nur starten und landen, wenn der Grundstückseigentümer oder sonst Berechtigte zugestimmt und die Luftfahrtbehörde eine Erlaubnis erteilt hat. .....

(2) Absatz 1 gilt nicht, wenn

1. .....

2. die Landung aus Gründen der Sicherheit oder zur Hilfeleistung bei einer Gefahr für Leib und Leben einer Person erforderlich ist. Das gleiche gilt für den Wiederstart nach einer solchen Landung mit Ausnahme des Wiederstarts nach einer Notlandung. In diesem Falle ist die Besatzung des Luftfahrzeuges verpflichtet, dem Berechtigten Auskunft über Namen und Wohnsitz des Halters, des Luftfahrzeugführers sowie des Versicherers Auskunft zu geben; ... Nach Erhalt der Auskunft darf der Berechtigte den Abflug oder die Abbeförderung des Luftfahrzeuges nicht verhindern. (3) Der Berechtigte kann Ersatz des entstandenen Schadens ... beanspruchen.

Auf gut deutsch: Nach einer Landung, zu der Sie sich entschließen, weil sie Ihrer oder der allgemeinen Sicherheit dienen soll, dürfen Sie ungefragt auch wieder starten. Man geht davon aus, daß Sie vorher ausreichend Gelegenheit hatten, das Gelände aus der Luft auch auf die Möglichkeit des Wiederstarts hin zu beurteilen und auszuwählen. Diese Befähigung gesteht Ihnen der Gesetzgeber als ausgebildetem Luftfahrzeugführer zu. Deshalb brauchen Sie für einen Wiederstart weder Besitzer noch Behörden um Erlaubnis zu fragen. Sie müssen dem Besitzer des Grundes jedoch korrekte Angaben über sich, Ihr Flugzeug und Ihre Versicherung machen.

Wann eine derartige *Sicherheitslandung* notwendig wird, dürfen und müssen Sie selbst entscheiden. Das kann man von einem verantwortlichen Luftfahrzeugführer auch verlangen – auch wenn das dem einen oder anderen selbsternannten Luftfahrtkontrolleur nicht schmeckt.

Bei *Notlandungen* liegen die Dinge anders. In diesem Falle brauchen Sie für den Wiederstart die Erlaubnis der Landesluftfahrtbehörde und ebenso die des Besitzers des Geländes. Hier geht man davon aus, daß Sie möglicherweise nicht ausreichend Gelegenheit hatten, das Landefeld auch auf seine Möglichkeit für einen gefahrlosen Wiederstart hin auszuwählen.

Mäßige Sichtverhältnisse

Für UL-Piloten sind schlechte Sichtverhältnisse noch lange kein so großes Schreckgespenst wie für Flieger schneller Sportflugzeuge der E-Klasse. Das liegt nicht etwa daran, daß Ultraleichte langsamer auf dem Erdboden aufschlagen (obwohl bei Totalverlusten von Ultraleichtflugzeugen Todesfälle vielleicht gerade deshalb viel seltener sind). Das größere Sicherheitsgefühl in Ultraleichtflugzeugen kommt vielmehr von ihrem steilen Gleitwinkel, der geringen Landegeschwindigkeit und der kurzen Landestrecke. UL-Piloten können deshalb Landefelder unmittelbar anfliegen, die bereits steil, ja fast senkrecht unter ihnen liegen. Um ihre Landung richtig einzuteilen, müssen sie die Landefelder nicht aus größerer Entfernung sehen können. Die schweren, aerodynamisch oft besser geglätteten Flugzeuge der E-Klasse dagegen haben einen weitaus flacheren Gleitwinkel und landen mit viel höherer Geschwindigkeit. In entsprechend größerer Entfernung müssen sie ihr Landefeld ausmachen, um sich eine Landung einteilen zu können. Über ein Landefeld, in das sich ein UL problemlos hineinsetzen kann, würden sie weit hinausschießen und irgendwo im Ungewis-

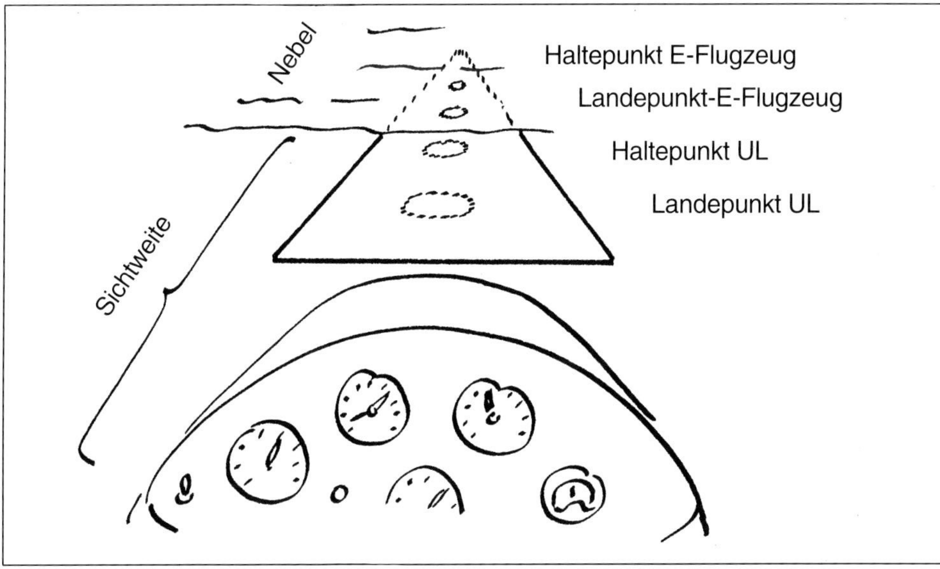

Sicht auf ein Landefeld bei schlechter Sicht – UL- und E-Klasse

sen herunterkommen. Sie brauchen deshalb ein Mehrfaches an Sichtweite, um noch sicher landen zu können.
Das absolute Minimum an notwendiger Erdsicht (Sicht aus dem Cockpit zur Erdoberfläche) ist die Strecke, die ein Flugzeug vom Beginn des Landeanfluges bis zum Ende der Ausrollstrecke benötigt. Diese Strecke ist natürlich für jeden Flugzeugtyp verschieden. Für »Blechflieger« entsprechen die gesetzlich geforderten anderthalb Kilometer Flugsicht oft auch der Grenze ihrer Landemöglichkeiten. Dem leichten Langsamflieger hingegen bietet sich hier noch reichlich Spielraum.

Damit soll keinesfalls angedeutet werden, daß langsame Leichte und Ultraleichte auch unterhalb dieser Kriterien fliegen dürften! Die Grenzen der Sichtweiten dienen auch dazu, sich im Fluge rechtzeitig sehen und einander ausweichen zu können. Doch ein UL kann bei unerwarteter Sichtverschlechterung unter VMC (Sichtflugwetterbedingungen) meist noch ohne Probleme einen Außenlandeplatz aufsuchen. Sobald die Sichtweite unter VMC absinkt, ist ein Abbruch der Fluges zwingend. Jedoch kommt es auf die Verhältnisse an – ob es sicherer erscheint, eine Außenlandung zu machen, oder ob man lieber einen überwachten Flugplatz ansteuert, der auf einer Leitlinie erreicht werden kann.

Hier stellt sich natürlich die Frage, wie der Flugzeugführer in derart schlechte Sichtverhältnisse hineingeraten konnte. Er muß ja immer damit rechnen, daß mäßige Sicht sich weiter verschlechtert. Je nach Wetterlage kann die Sicht auch plötzlich ganz bei Null liegen (aufliegende Wolken, Nebel). Besonders dem Taupunkt sollte man deshalb Aufmerksamkeit zu schenken (siehe Wetterteil, Kapitel *Nebel*). Außerdem besteht bei hoher Luftfeuchtigkeit und niedrigeren Temperaturen die Gefahr von Vergaservereisung (siehe Wetterteil, Kapitel *Vergaservereisung*).

Verfranzen bei schlechter Sicht

Bei schlechten Sichtverhältnissen kann man sich natürlich leichter verfranzen, als wenn die Landschaft sich unter den Tragflächen ausbreitet wie ein aufgeschlagener Atlas. Das geht oft so: Nach dem Start waren die Flugbedingungen noch angenehm. Stratusdecke, ruhige Luft, weite Sicht. Das Erdbild ließ sich mühelos mit dem Kartenbild vergleichen. Unbekümmert von Leitlinien steuerte man von einem Wegpunkt zum nächsten. Doch dann sank die Wolkendecke tiefer. Zwangsläufig mußte man mit hinab. Das Orientieren wurde anstrengend. Aus geringer Höhe war der Sichtausschnitt der Erdoberfläche viel kleiner. Dadurch wurde der Vergleich zwischen Erdbild und Karte immer schwieriger – bis man sich plötzlich verflogen hatte, ehe man wußte wie. Bei Anzeichen von Sichtverschlechterung sollte man deshalb sofort dichten Anschluß an die Leitlinien suchen.

Sichtausschnitt der Erdoberfläche bei größerer und niedrigerer Flughöhe

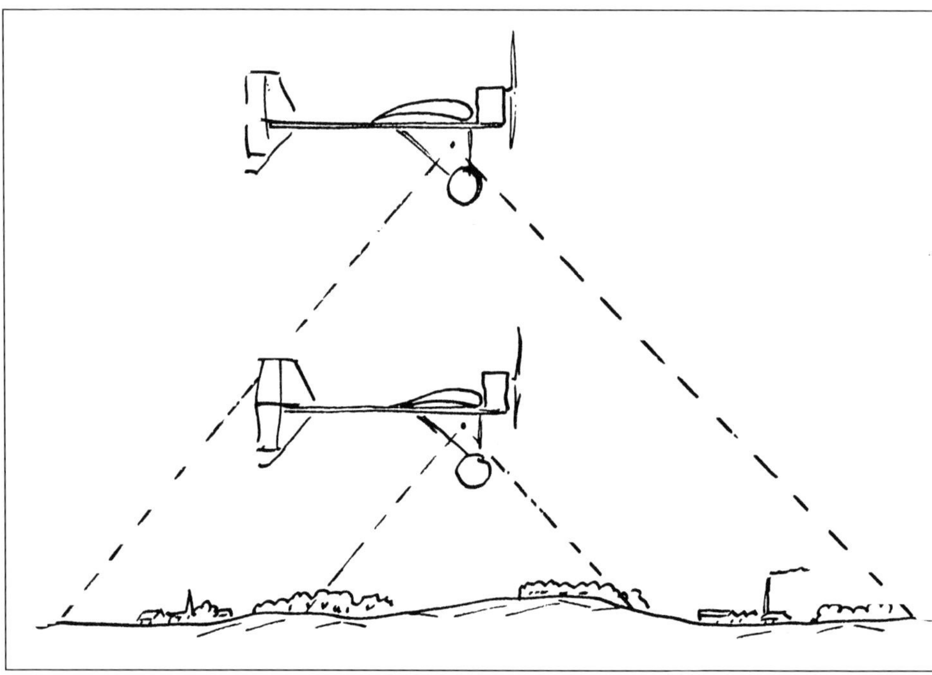

Landehilfe durch Leitlinie

Läßt man die Nothilfe von Fluglotsen einmal außer acht, bieten Leitlinien bei sehr schlechter Sicht vielleicht die letzte Möglichkeit, noch sicher zu landen. Dabei ist es unwichtig, ob man die richtige Leitlinie gefaßt hat. Hauptsache, sie ist gut sichtbar.

Ein Beispiel: Verfranzt im Nebel (»Nebel«: Sichtweite unter 1000 Meter). Darf nicht passieren! Aber nun ist es doch passiert. Man fliegt einen Kompaßkurs, egal welchen, aber möglichst dorthin, wo man Auffanglinien vermuten kann. Da – eine Bahnlinie! Nicht weitersuchen – an ihr entlangfliegen! Man fliegt über der Bahnlinie und sucht nach einem Feld, groß genug zum Landen. »Da – das könnte gehen.... Sch...! Jetzt ist es schon vorbei!« Macht nichts – Umkehrkurve und an der Leitlinie zurückfliegen! Nochmal angucken, schon wieder vorbei, wieder umdrehen, an der Bahn zurück, nochmal gucken! Man kann jetzt solange hin- und herfliegen, bis der Sprit alle ist, oder bis man sich zum Landen entschlossen hat. Dabei gewöhnt man sich an den Ort, merkt sich genau, wie das Feld sich schon vorher durch Bodenstrukturen ankündigt (Baumgruppen, Gehöft, Graben oder ähnlich). Hat man sich entschlossen, kurvt man ins »lange Endteil«, fliegt tief heran, immer parallel zur Bahnlinie. Da kommt die Baumgruppe, da ist der Hof, und da ist der Anfang der Wiese – Gas raus ... ausschweben ... rumpel!

Bevor man im Nebel 150 Kilometer zum nächsten Flughafen fliegt, um sich dort »heruntersprechen« zu lassen, sollte man es so versuchen. Denn es besteht immer die Gefahr, daß es inzwischen ganz dicht wird, oder daß auf dem Weg zum Flugplatz der Motor verreckt – mit nichts unter den Rädern als weißer Watte.

Um im Nebel zu landen, braucht man nichts weiter als eine Leitlinie, die immer wieder an das Landefeld heranführt.

Es ist nicht das schlechteste, dieses Hin- und Herfliegen über der Leitlinie mit anschließendem Endanflug auf ein Landefeld der eigenen Wahl ein paarmal bei schönem Wetter zu üben. Vielleicht wird man es dann niemals brauchen, so wie man den Regenschirm auch nie braucht, wenn man ihn nur dabeihat.

Die Leitliniennavigation bietet neben anderen Vorteilen vor allem Sicherheit. Nicht von ungefähr wird sie von allen Berufsfliegern als Ausweg in höchster Not genutzt. Doch eine Gefahr sollte erwähnt werden: Das Fliegen nach Leitlinien verleiht ein starkes Sicherheitsgefühl. So vieles, was Überlandfliegen in der Ausbildungsphase schwierig und problematisch machte, scheint gebannt. Genau das ist auch richtig. Doch aus diesem Gefühl der Sicherheit unterschätzt man leicht die Gefahr durch schlechter werdendende Sicht – sieht man doch die Autobahn als zuverlässige Leitlinie immer unter sich. Doch wenn man die Leitlinie schließlich verlassen muß, wird es gefährlich. Man läßt die Autobahn beispielsweise links liegen, um über einige Kilometer ohne besondere Bodenmerk-

Landen im Nebel mit Hilfe einer Leitlinie

male hinweg einen Flugplatz anzusteuern – und hängt unversehens ohne Orientierung mitten in der »Waschküche«.

Hier hilft nur eins: Sofort den *Umkehrkurs* bestimmen, senkrecht am Boden orientieren, 180-Grad-Merkmale einprägen und Umkehrkurve einleiten. Die Bodenorientierung ist zwingend, weil eine Umkehrkurve ohne Voraussicht und nur nach Magnetkompaß zur Katastrophe führt (siehe Kapitel *Der Kompaß*). Am Boden allein erkennt man die Fluglage und ob der Umkehrkurs anliegt. Der Kompaß »spinnt« derweil und braucht anschließend Zeit zum Einschwingen. Erst danach kann man kontrollieren, ob der Umkehrkurs wirklich anliegt. Die alte Leitlinie dient nun als Auffanglinie. Sobald man sie wieder erreicht hat, sucht man sich das nächstbeste geeignete Feld für eine Außenlandung – diesmal wahrscheinlich eine Notlandung. So etwas darf bei gewissenhafter Wetterplanung eigentlich nicht passieren.

Eine Schwachstelle jeder Sichtflugnavigation sind oft die letzten Kilometer bis zum Zielflugplatz; besonders wenn die Sichtweite an der Untergrenze der VMC liegt und der Platz unbekannt ist. Die Leitlinie hat einen zuverlässig bis in die Nähe des Platzes geführt, doch die letzten zehn Kilometer sind ohne markante Bodenmerkmale und die Topographie ist dem Piloten unbekannt. Es hilft nichts, Sie müssen nach Uhr und Kompaß fliegen. Erinnern Sie sich daran: ein Stern über dem Flugplatzsymbol in der Karte bedeutet nicht Landebahnbeleuchtung, sondern *Leuchtfeuer*. Bitten Sie den Flugleiter, das Feuer anzustellen! Und wenn kein Feuer da ist, vielleicht hört er Sie schon, weil Sie schon so nahe sind (und den Platz unter dem Rumpf nicht sehen können).

Orientierung im Hochgebirge

Sicheres Fliegen im Hochgebirge erfordert besondere Kenntnisse. Vollständig auf sie einzugehen, ist an dieser Stelle nicht möglich. Unser Thema sind vor allem die Gefahren, die Ultraleichtflugzeugen in den Bergen drohen. Dabei spielt das Wetter die Hauptrolle, auf die der Wetterteil, Kapitel *Flugwetter im Gebirge*) besonders eingehen wird.

Die malerischen Felsmassive können ganz unerwartete Probleme bereiten. Fliegt man unterhalb der Gipfel, so daß eine Orientierung am Horizont nicht mehr mmöglich ist, kann das Gleichgewichtsgefühl dem Piloten ähnliche Streiche spielen, wie in den Wolken. Lange geneigte Bergflanken oder Gletscher erscheinen dem Piloten unwillkürlich als Waagerechte, nach denen er sein Fluggerät ausrichtet – eine gefährliche Täuschung! Im Winter ist diese Gefahr noch größer, wenn die markanten Strukturen weich verschneit sind und der Pilot von der Helligkeit geblendet wird.

Gebirgsflüge sind Abenteuer, denen man sich als Ungeübter nur in kleinen Schritten nähern sollte. Viel Lesen, Lernen und Beobachten retten Fluggerät und Leben.

Navigatorisch bringen hohe Berge gegenüber dem Flachland eine Vereinfachung. Die unterschiedliche Höhe und Gestalt der Gipfelketten schafft unübersehbare Grenzlinien. Als große Leitstrukturen dienen die Täler mit ihren sehr unterschiedlichen Formationen, darin eingebettet Ortschaften, Seen und Leitlinien wie Straßen, Eisenbahnen und Flüsse. All diese markanten Strukturen machen eine Ortsbestimmung meist einfach. Dennoch ist das Panorama für den angehenden Alpenflieger gewöhnungsbedürftig. Zunächst werden ihm die vielfältigen Bergformationen unübersichtlich und verwirrend erscheinen. Dem, der sich schon häufig als Autoreisender oder Wanderer in den Alpen bewegt hat, wird die Orientierung leichter fallen. Ihm helfen vor allem die Hauptrichtungen der großen Täler sowie Lage und Gestalt der beherrschenden Gipfelmassive. Er erkennt schnell, ob sich ein Tal oder eine Bergkette in die richtige Richtung erstreckt.

Um deutlich zu machen, daß man sich in den Bergen trotzdem auch bei guten Wetterverhältnissen verfranzen kann, sei ein Erlebnis der berühmten Weltfliegerin Elly Beinhorn erwähnt. Daß es vor über 60 Jahren im Jahr 1930 geschah, tut der Sache keinen Abbruch. Viel wichtiger ist, daß sie eine leichte stoffbespannte Sportmaschine mit offenem Cockpit flog. Die Leistung und Zuverlässigkeit des kleinen fünfzylindrigen Sternmotors entsprach ziemlich genau jener der heutigen UL-Doppelsitzer-Motoren.

Elly hatte einen ausgesprochen originellen Flugauftrag erhalten. Für einen wichtigen Regierungsempfang sollte sie den Frack eines schwedischen Industriellen nach Rom fliegen. Aber um ihre Flugleidenschaft zu finanzieren, nahm sie jeden Auftrag an. Am ersten Abend erreichte sie Wien. Früh am nächsten Morgen herrschte Bodennebel, aber gegen acht Uhr klarte es auf. Die Leser, die schon im Wetterkundeteil geblättert haben, schließen daher auf eine – zumindest vorübergehend – ruhige Hoch- oder Zwischenhochlage. Die Tatsache, daß Elly später Gelegenheit erhielt, in aller Ruhe die großartige Alpennatur zu bewundern, spricht ebenfalls dafür. Wir wären also sicher auch geflogen.

Elly startete Richtung Venedig. Es war ihr erster Alpenflug. Schon bald hinter Wiener-Neustadt passierte es dann. Sie flog fröhlich der Leitlinie der Eisenbahn hinterher, die nach ihrer Karte über Semmering, durch das Mürztal und dann weiter durch das Murtal führte. Plötzlich waren die Gleise hinter einer Kurve verschwunden.

Wir haben auf der Karte verglichen. Es hat sich nichts verändert. Auch heute noch windet sich die Bahnlinie dort auf denselben Serpentinen und durch zahlreiche Tunnels, bis sie das Mürztal erreicht und wieder geradeaus weiterläuft.

Die Bahnlinie war einfach weg. In ihrer Unerfahrenheit dachte Elly nicht an Tunnels und suchte in der alten Kompaßrichtung weiter. Und schon war sie in ein Sacktal geraten. Nach der nächsten Kurve ragte vor ihr eine 2000 Meter hohe Felswand auf. Sie selbst flog gerade 1200 Meter hoch. Die ausgebildete Kunstfliegerin »stellte die Maschine auf den Flügel«, wie sie beschreibt. Viel Platz zur Seite sei nicht gewesen. Und sie meinte zu Recht, mit wenig fliegerischer Erfahrung verschätze man sich leicht in der Breite einer Schlucht, und dann sprach sie noch von ihren Schutzengeln. Danach flog sie wieder an den Punkt zurück, an dem sie die Bahn verloren hatte. Doch sie blieb verschwunden. Also quälte sie das Flugzeug höher, um nach Kompaß zu fliegen. Leider schien der Propeller nicht optimal abgestimmt zu sein. Der Motor brachte nicht die volle Leistung, denn die kleine Maschine schaffte nur mühsam 2500 Meter. Aber die Sicht- und Wetterverhältnisse schienen gut zu sein, denn Elly genoß die großartige Natur. Offenbar bereitete ihr die Orientierung nach den Gebirgsstrukturen jetzt keine Schwierigkeiten mehr, denn bald schwebte sie über dem Murtal. Erst ab Neumarkt folgte sie wieder der Bahnlinie, die hier nach Süden abbiegt, über Klagenfurt und Villach zur italienischen Grenze. Daß sie kurz hinter der Grenze noch einmal all ihre Schutzengel für eine Notlandung bemühen mußte, weil einer der Zylinder aussetzte (verölte Kerzen), gehört nicht mehr ins Kapitel Navigation. Sie wechselte die Zündkerzen, warf den Motor von Hand wieder an und flog weiter nach Venedig.

Auch beim Fliegen im Gebirge sind reliefstarke Karten im Maßstab 1:200000 oder 1:250000 Karten kleineren Maßstabs vorzuziehen. Sämtliche Höhenangaben (auch der Täler, der kleineren Pässe und Nebengipfel) sind darin enthalten. Auch die Struktur der Täler hinsichtlich möglicher Landefelder geht aus den großmaßstäblichen Darstellungen deutlicher hervor. Die für die Flugsicherheit notwendigen Angaben müssen natürlich enthalten sein. Für die Reiseplanung und als Reserve wird man die ICAO-Karte 1:500000 verwenden.

Die Forderung nach geeigneten *Notlandefeldern* stellt das UL-Fliegen im Felsengebirge teilweise in Frage. Man sollte sich auch überlegen, wieweit man sich von den besiedelten Tälern, aus denen man im Notfall auf Hilfe rechnen kann, entfernen will. Auf jeden Fall sollte man seine Ausrüstung soweit ergänzen, daß eine Übernachtung im Freien keine größere Probleme bereitet. Vielleicht wurde man auch nur von einem plötzlichem Wettersturz zur Außenlandung gezwungen. Ohne ein komplettes »Survivalkit« zusammenstellen zu wollen, möchte ich auf jeden Fall empfehlen, an warme Kleidung, warmen Schlafsack, Thermofolie, Taschenlampe, Notsignale und Notproviant zu denken. Ein Verbandskasten gehört bei jedem Reiseflug sowieso an Bord.

In den Felsmassiven der Hochalpen wird es schwierig, aber in den zahlreichen großen Tälern findet man häufig gute Landemöglichkeiten. Die Wiesen und Felder sind freilich kürzer und schmaler als im Flachland. Häufig sind die Täler auch dicht mit Strom- und Telefonleitungen verdrahtet. Darum wird man um so mehr darauf achten, gegen den Wind zu landen. Eine Rückenwindlandung verlängert Anflug, Ausschweben und Ausrollstrecke erheblich. Da man bei Rückenwind mit viel größerer Geschwindigkeit aufsetzt, ist auch die Bruchgefahr viel größer. Es kann sein, daß weder Rauch noch Blätter oder sonstige Anhaltpunkte auf die Richtung des Bodenwindes schließen lassen. Bei sonnigen Wetterlagen kann man zwischen Vormittag und Nachmittag mit talaufwärts gerichteten Winden rechnen (siehe Wetterteil, Kapitel *Flugwetter im Gebirge*).

Enge, verwinkelte Täler sind oft voller Arven-, Lärchen- oder Fichtenbestände, die freien Flächen uneben und voller Geröll. Dort bestehen meist nur schlechte Landemöglichkeiten. Dann hat man auf den höhergelegenen Almen oft bessere Chancen, die Maschine ohne Bruch aufzusetzen. An die weiten Wege zur nächsten Ortschaft oder zum Abtransport darf man im Notfall erst zuletzt denken. Wem nützt ein verkehrsgünstig gelegener Totalschaden?

Falls man sich im Notfall mit einer abschüssigen Almwiese begnügen muß, gilt: *Unabhängig von der Windrichtung immer hangauf landen*! Dabei muß man mit Überfahrt anschweben und dicht über dem Boden sauber *ausrunden*. Da

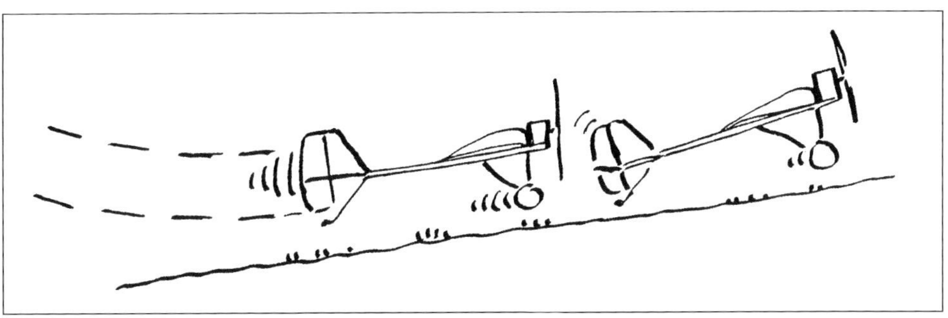

Hanglandung

man den Hangwinkel zur üblichen Dreipunktlage noch addieren muß, benötigt man zum Abfangen Überfahrt. Sonst riskiert man, kurz vor dem Aufsetzen durchzusacken. Bei Spornradflugzeugen wird möglicherweise eine Zweiradlandung daraus. Bei Bugrädern Vorsicht vor Abscheren! An steilen Hängen beim Ausrollen Maschine quer zum Hang stellen, damit sie nicht zurückrollt. Schon beim Ausrollen abschnallen. Bevor die Maschine rückwärtsrollen könnte, herausspringen. Eine Rückwärtsrollende Maschine am Leitwerk quer zum Hang drücken, dann mit Häringen und Verankerungen sichern.

Die Forderung nach dem erreichbaren Landefeld

Die Forderung nach dem allgegenwärtigen Landefeld ist bei den Motorflugpiloten der E-Klasse nahezu in Vergessenheit geraten. Das liegt an den robusten, zuverlässigen Flugmotoren. Entsprechend wird allerdings auch oft geflogen. Deshalb kommt es gelegentlich zu bedauerlichen Unglücksfällen. Viele Piloten würden noch leben, hätten sie sich an die Forderung nach in Sicht befindlichen Notlandemöglichkeiten gehalten.

Für die neu erfundene UL-Fliegerei stellt sich die Sache anders dar. Anfänglich war man froh, wenn die (notwendigerweise ebenfalls ultraleichten) Zweitaktmotore mehrere Stunden ohne Aussetzer liefen. Auch heute schätzen sich UL-Piloten immer noch glücklich, wenn ihr Motor hundert Stunden ohne Probleme lief. Mit diesen Motoren fliegt es sich tatsächlich so wie in der Pionierzeit der Zwanziger. Wer mit einem UL über See oder Gebirge fliegen will, muß sich eines hohen Risikos bewußt sein.

Dennoch kommt es zu erstaunlich wenig schweren Unfällen. Wenn der Motor »das Kotzen« bekommt, liegt meist ein einigermaßen ebener Acker unter dem Fluggerät. Außerdem landen Ultraleichte mit der Geschwindigkeit eines Motorrollers. Es macht einen großen Unterschied, ob ein Luftfahrzeug mit 60 Stundenkilometer in die Büsche fliegt oder mit 60 Knoten. Die beim Aufschlag zu vernichtende Bewegungsenergie wächst mit der Geschwindigkeit im Quadrat. Im ersten Fall kommt der Pilot oft mit blauen Flecken und einem verbogenen Flugapparat davon. Im zweiten Fall wird sich jede Maschine zerlegen. Der schlechte Gleitwinkel und die niedrige Landegeschwindigkeit sorgen zudem dafür, daß die meisten UL auf Äckern im Handtuchformat landen können und nach 30 Metern bereits stehen.

Beim Aussetzen des Motors verringert der schlechte Gleitwinkel zwar die Auswahlmöglichkeiten an Landefeldern. Doch läßt sich der Flieger in fast jedes kurze Feld problemlos hineinsetzen. Und kurze Felder sind häufiger als lange, jedenfalls in den alten Bundesländern. Es ist deshalb wichtig, den Gleitwinkel des eigenen Flugzeuges unter verschiedenen Bedingungen (schwer oder leicht beladen, laufender oder stehender Propeller, und so weiter) zu kennen. Der Pilot muß sich immer wieder fragen: »Wo komme ich noch hin?« beziehungsweise »Wie kurz kann ich landen?« Die Antworten darauf lassen sich nur erfliegen. Erfahrene alte Hasen erkennt man daran, daß sie immer wieder mal Ziellandungen üben.

Wie muß ein Landefeld beschaffen sein?

Um die Forderung nach einem erreichbaren Landefeld zu erfüllen, sollte man wissen, wie es aus der Luft aussieht.

Ein Sicherheitslandefeld sollte möglichst Flugplatzqualität haben: trocken, eben, kurzer Bewuchs; keine Steine, tiefe Rillen oder andere Hindernisse, die die Räder nicht überrollen können (alles ab Radnabenhöhe gibt Bruch!). Das Feld sollte groß genug für einen Wiederstart sein und sich möglichst in Windrichtung erstrecken. Anflug und Abflug müssen frei von Hindernissen sein. Man achte auf Leewirbel hinter hohen Bäumen oder Waldkanten. Wünschenswert sind: Die Nähe einer Ortschaft oder einer Straße, ein Schutz gegen die Blicke Neugieriger und Wind (Hecke, Feldscheune) hinter dem der Pilot seinen Flieger zurücklassen kann, falls er in den Ort gehen will. Doch wird man um Kompromisse kaum herumkommen.

Zur Verdeutlichung einer echten, freiwilligen Außenlandesituation möchte ich folgendes Erlebnis zum besten geben.

Auf jenem schon erwähnten Herbstflug über Italien ging es auch über die Toskana. Ziel dieses Nachmittages war ein kleiner UL-Platz unweit von Florenz. Dazu muß noch gesagt werden, daß in Italien beim UL-Fliegen vieles möglich ist, was bei uns den deutlichen Unwillen der Behörden hervorrufen würde.

Wir sanken tiefer und orientierten uns an den Serpentinen der Eisenbahn. Das Hochland dehnte sich in steinernen Wogen. Über die Höhenkämme zackten Reihen von Zypressen. Gelbe Staubstraßen wanden sich von natursteingeschichteten Wehrdörfern durch Weinberge, Äcker, Waldstücke. Die Flüsse waren bis aufs Kiesbett ausgetrocknet. Nur in den Kolken schimmerten smaragdgrüne Teiche, in denen sicher Forellen standen. Wolkenschatten wanderten über das Bergland (Schönwetter-Cumuli). Die Wolken bekamen im Nachmittagslicht einen Schimmer von Elfenbein. Ich flog konzentriert. Nur noch vereinzelt schienen Flächen für Notlandungen geeignet. Dort zum Beispiel zog sich auf einem Hochplateau ein langes Stoppelfeld hin. Daneben hockte ein rundes Gehöft mit flachen Ziegeldächern. Auf der Zufahrt blinkten parkende Autos in der Sonne. Ein Ausflugslokal? Neugierig drehten wir einen Kreis und schauten von oben in den Innenhof. Auf den Reklametafeln stand so etwas wie »Trattoria«. Eine Gesellschaft saß an Tischen und Bänken im Schatten der Platanen. Plötzlich wieselten festlich gekleidete Menschen unter dem Blätterdach hervor. Helle Gesichter blickten nach oben. Junge Mädchen in blütenweißen Kleidern, schwarzgekleidete Frauen und Männer, ein Padre in Soutane. Eine ländliche Hochzeit. Alle winkten. Marion hatte ihre Einstiegsklappe aufgehakt, lehnte sich heraus und winkte zurück. Sie drehte sich um und sah mich an. – Das Stoppelfeld dehnte sich in langen Wellen und reichte fast bis zur Toreinfahrt – Ich zeigte fragend nach unten. Marion antwortete mit dem Daumen nach oben. Ich hatte verstanden. Ich sammelte mich. Die Pelzmontur wurde mir plötzlich sehr warm.

In geringer Höhe schwebten wir das Feld ab und spähten nach Hindernissen. Ich teilte mir den Landeanflug ein. Über unsicherem Gelände orientiert man sich am besten zuerst im tiefen Überflug, um dann mit Schleppgas in niedriger Höhe heranzuschweben und kurz vor dem geplanten Aufsetzpunkt das Gas wegzunehmen. So geschah es. Gut hundert Meter vor der Einfahrt setzten wir auf und rollten aus. Mit dem Gas zog ich uns näher an den Gasthof heran. Dann schaltete ich die Zündung aus, und der Propeller blieb stehen. Im Nu waren wir von Hochzeitsgästen umringt.

Von einer danebengelegenen Trattoria ganz zu schweigen, kann ich die eben beschriebenen Landeplatzqualitäten von einem Notlandefeld natürlich nicht erwarten. Ein Notlandefeld muß groß genug sein zum Anschweben, Aufsetzen und Ausrollen, und es sollte so eben und hindernisfrei sein, daß möglichst geringe Bruchgefahr besteht. Alles andere sind Wunschvorstellungen.

Ist des ausgesuchte Landefeld breit, aber unangenehm kurz, landet man nicht in der Mitte, sondern an einer Seite. Erkennt man nach dem Aufsetzen, daß das Feld tatsächlich zu kurz zum Ausrollen ist, kann man die überschüssige Landeenergie durch einen »Ringelpietz« zur Feldmitte hin abbauen. Dabei gibt man beim Ausrollem voll Seitenruder und Querruder. Das Flugzeug dreht sich fast auf der Stelle um sich selbst. (Querruder in gleiche Richtung drücken wie Seitenruder, damit die herumschwenkende äußere Fläche oben bleibt). Mit einem »Ringelpietz« verhindert man schweren Bruch oder gar Überschlag am Ende des Feldes. Beschädigungen halten sich meist in Grenzen. Im schlimmsten Fall werden das Außenfahrwerk und die äußere Tragfläche dran glauben müssen.

Zu kurzes Feld: Ringelpietz

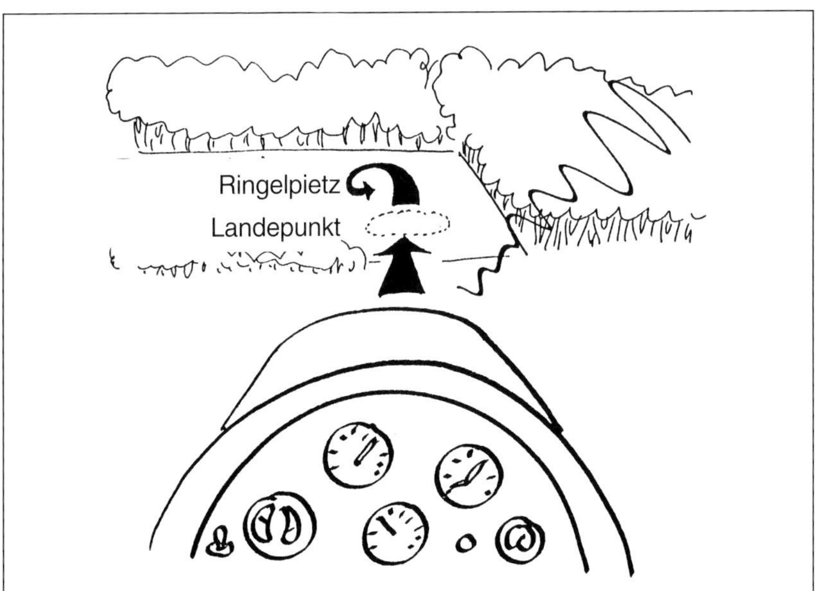

In hügeligem Gelände immer nur bergauf landen, egal, woher der Wind weht. Mit Überfahrt anschweben, da man stark ziehen muß, um am Hang noch Dreipunktlage zu erreichen (siehe Kapitel *Orientierung im Hochgebirge*

Für Außenlandungen geeignet sind:

Ebene Stoppelfelder. Möglichst parallel zu den Furchen landen, auf tiefe Traktorspuren und große Steine achten!

Abgeerntete Maisfelder. Wenn die Strünke nicht zu hoch stehen.

Wiesen, die gemäht sind oder nicht zu hoch stehen. Auf dunkle Stellen achten (Sumpf), auf schmale Gräben, auf fast unsichtbare Elektrozäune. Grau, Gelb oder Hellgrün deuten auf eher trockenen Untergrund. Weidevieh sollte man meiden. Man will es nicht verletzen – und ein gereizter Bulle (eine Tonne Lebendgewicht) vernichtet jedes kleine Sportflugzeug.

Geeggte Flächen und Saatfelder. Dort sind die grobgepflügten Erdschollen bereits zerkleinert. Die Erde sieht aus wie fein geharkt. Parallel zu den Furchen landen!

Strände. Hier deuten dunklere Flächen auf nassen Sand oder Schlick. Der weiche und zähe Schlick (Gefahr von Überschlag) ist dunkel und glänzt fettig. Nasser Sand erscheint stumpfer und heller. Etwas oberhalb des Brandungsstreifens ist der Sand noch feucht und eben und trägt meistens gut. Hier gibt es selten Schlick. Auf angeschwemmte Tangbüschel achten! Harter Sand ist zum Landen gut geeignet. Trocken ist er schwer von weichem Sand zu unterscheiden. In weichem, trockenem Sand, der von vielen Fußspuren gefurcht ist, besteht bei kleinen Rädern Überschlaggefahr. Problematisch an Stränden sind vor allem die Badegäste. Deshalb empfielt es sich – wenn noch möglich – die Menschen durch einen oder mehrere tiefe Überflüge zu warnen. Oft findet man auch einsame Abschnitte. Sonst lieber ins flache Wasser gehen, anstatt Menschen zu gefährden!

Autobahnen. Auf einer Autobahn zu landen wird man sich mit Recht nur im Notfall getrauen. Schon der mögliche Ärger mit Polizei und Behörden dürfte abschrecken. Brücken sollte man natürlich meiden und selbstverständlich mit dem Verkehr landen. Ein Ultraleichtflugzeug ist beim Landen viel langsamer als die Fahrzeuge. Man darf hoffen, daß die Autofahrer sofort auf die Bremse steigen, sobald sich das Flugzeug der Fahrbahn von oben nähert. Die schnelleren Fahrzeuge vor dem UL werden nach vorne davonziehen. Eine Landung kommt daher nur bei zügigem Verkehr in Frage, der deutlich schneller fließt als die eigene Landegeschwindigkeit. Sonst könnte man einen originellen, aber wenig schönen »Aufflugunfall« verursachen.

Für Außenlandungen nicht geeignet sind:

Frischgepflügte Äcker. Große Erdschollen können zum Überschlag führen.

Getreidefelder, Maisfelder, Raps, Rüben, Kartoffeln – alle hochstehenden

Landung im Getreide

Feldfrüchte. Hier kann es leicht zum Überschlag kommen. Hat man keine Wahl, nimmt man die scheinbare Oberfläche der Halme oder Pflanzenspitzen als Landefläche. Mit geringstmöglicher Fahrt hungert man das Flugzeug etwa einen Meter darüber aus und läßt es mit voll gezogenem Höhenruder und minimaler Fahrt hineinfallen. Das Fahrgestell wird dabei abrasiert und der Propeller geht zu Bruch, aber vielleicht bleibt der Flieger aufrecht.
Hopfenfelder mit Hunderten haushoher Stangen sind lebensgefährlich und sollten unbedingt gemieden werden. Sie kommen vor allem in Niederbayern vor. Dann lieber im *Wald* landen. Dichter Nadelwald ist Laubwald immer vorzuziehen, Schonungen sind besser als hoher Stangenwald. Man verfährt wie beim Getreide und nimmt die Ebene der Wipfel als Landefläche, in die man das voll überzogene Flugzeug mit geringster Fahrt hineinfallen läßt. Ein UL-Pilot löst über Wald am besten das Rettungssystem aus.
Wasser: Möglichst nahe am Ufer. Von oben erscheint die Entfernung zum Strand/Ufer gering, doch unten wird man ihn/es schwimmend nicht mehr erreichen. So überzogen wie möglich landen. Das Leitwerk sollte zuerst eintauchen, damit es nicht zum Überschlag kommt. Möglicherweise zieht man das Ret-

Landung im Wald

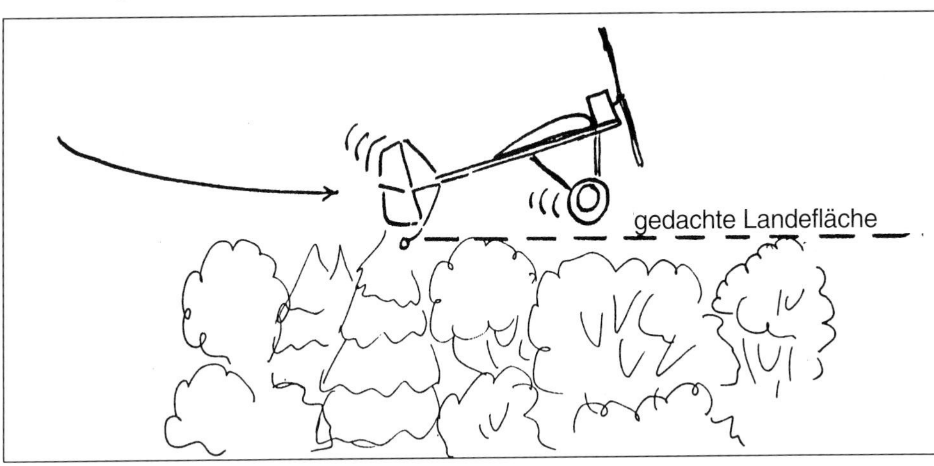

tungssystem vor. Dann in geringer Höhe auslösen und darauf achten, daß der Wind das Gerät am Fallschirm weder auf das Gewässer hinaus noch in die Klippen am Ufer treibt. Die Windrichtung erkennt man an den Schaumkronen weiter draußen, bei starkem Wind an den Schaumstreifen. Die Brandung allein ist *kein* Windrichtungsanzeiger. Durch Beugungseffekte drückt sie immer fast rechtwinklig auf den Strand.

Zu Notlandungen wäre noch wesentlich mehr zu sagen. Ebenso wie die äußeren Bedingungen nie gleich sind, haben auch die vielen grundverschiedenen UL-Typen ganz unterschiedliche Landeeigenschaften. Darauf näher einzugehen, würde den Rahmen des Buches sprengen.

Luftfahrthindernisse

Es gibt Flieger, die den Erdboden nur als Abstellfläche für ihr Flugzeug und als notwendige Quelle von Treibstoff und Ersatzteilen betrachten. Aus der Luft sehen sie die Erdoberfläche als einziges, teils lästiges, teils gefährliches Luftfahrthindernis an. Rein technisch liegen sie damit gar nicht so falsch. Luftfahrthindernisse können alle festen Gegenstände sein, die Luftfahrzeuge in ihrem Verkehrsbereich gefährden. Wir brauchen uns nicht mit Definitionen aufzuhalten. Wir wissen, wer bei einer Begegnung mit den armdicken Stützseilen von Sendemasten den kürzeren zieht. Genauso wissen wir, daß der Unterschied zwischen einem Täubchen im Speckmantel und einer Taube im Propeller ein gewaltiger ist. Was gibt es noch für Luftfahrthindernisse?

Da sind zuallererst die sich allerorts ausbreitenden *Überlandleitungen*. Es gibt keine Landschaft, über der man vor ihnen sicher ist. Der »Elektrosmog« zeigt sich dem Flieger hier in einer – im wahrsten Sinne des Wortes – sehr handgreiflichen Variante. Daran sollte man bei der Orientierung in schlechtem Wetter denken. Auch unter normalen Wetterverhältnissen sind die wie Spinnweben erscheinenden Leitungen oft kaum zu erkennen. Bei trüber Witterung oder ungünstigem Lichteinfall verschwinden die Drähte ganz. Dann deutet nur die Stellung der Leitungsmasten auf die zwischen ihnen lauernde tödliche Gefahr. In Telefonleitungen zwischen den guten alten hölzernen Telegraphenmasten mit Porzellanisolatoren wäre ein Flieger noch relativ gut aufgehoben. In Archiven finden sich zahlreiche Aufnahmen von gut erhaltenen Flugzeugen, die in Telefonleitungen hängen. Inzwischen verlaufen die Glasfaserkabel der Telekom unter der Erde. Jetzt spannen sich nur noch Starkstromleitungen über Land. Wer darin hängenbleibt, wird samt Apparat im Elektrobrand verschmoren. Einem erfahrenen Fluglehrer mit seinem hübschen UL-Doppeldecker ist es so ergangen. Wenn sich Überlandleitungen besser als Leitlinien eigneten, würden ihnen Piloten mildernde Umstände einräumen. Aber leider sind sie dazu kaum zu gebrauchen. Zwar gibt es Karten, in denen die großen Hauptleitungen eingezeichnet sind, aber daneben verlaufen andere, die in der Karte nicht erscheinen. Ein unü-

Luftfahrthindernis Stromleitung. Die Drähte sind nur bei Sonnenschein gut zu erkennen

bersehbares Drahtgespinst überzieht das Land.

Auch im Hochgebirge muß mit *Freileitungen* gerechnet werden. Sie ziehen sich nicht nur die Hänge hinauf, sondern überspannen auch ganze Täler von einem Höhenzug zum anderen. Das gilt auch für *Drahtseilbahnen*. Ihre Drähte laufen oft weitab von der Felswand. Gegen den Himmel sind sie kaum zu sehen. Auch an Stellen, an denen sich keine ausgedehnten Talstationen mit Parkplätzen erstrecken, muß mit Lastenseilbahnen zu hochgelegenen Almen oder Wetterstationen gerechnet werden. Seilbahndrähte verursachten schon schwere Flugunfälle.

In den letzten Jahren wurden viele neue *Fernsehtürme* gebaut und zahllose hohe Masten für drahtlose Telefondienste errichtet. Leider beschränken sich diese Bauwerke nicht auf Ballungsräume. Sie erscheinen überall in der Landschaft, bevorzugt auf Berg- und Hügelkuppen.

In den windigen Küstenländern, aber auch in den Höhenlagen der Binnenländer, muß mit *Windgeneratoren* gerechnet werden. Sie stehen frei von wind-

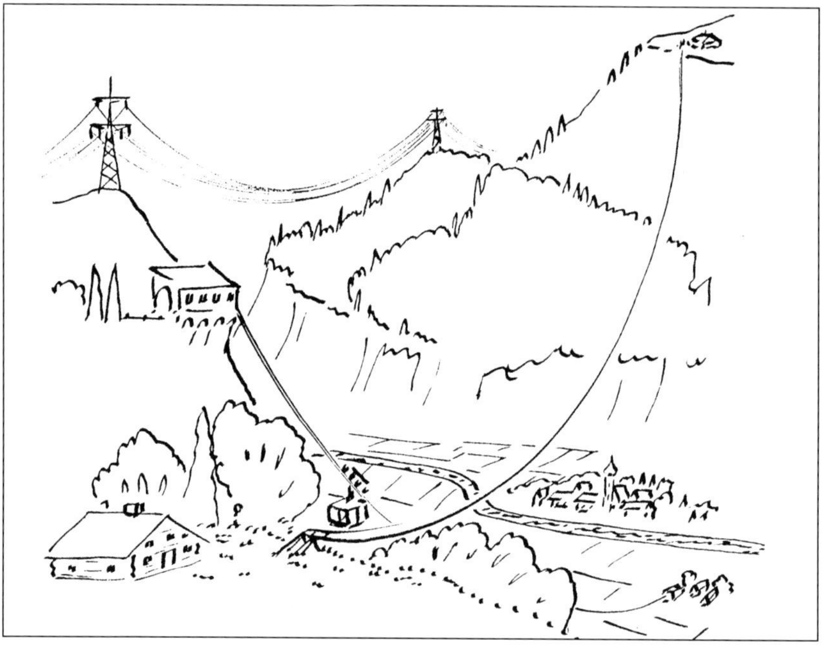

Seilbahndrähte und Freileitungen im Gebirge

störenden Hindernissen und können gut und gern 50 Meter Höhe erreichen. Zwar werden sie dem Flieger unter normalen Bedingungen kaum im Wege stehen. Doch auch über Hindernissen muß die Sicherheitsmindesthöhe eingehalten werden.

Windgenerator und angehobene Sicherheitsmindesthöhe

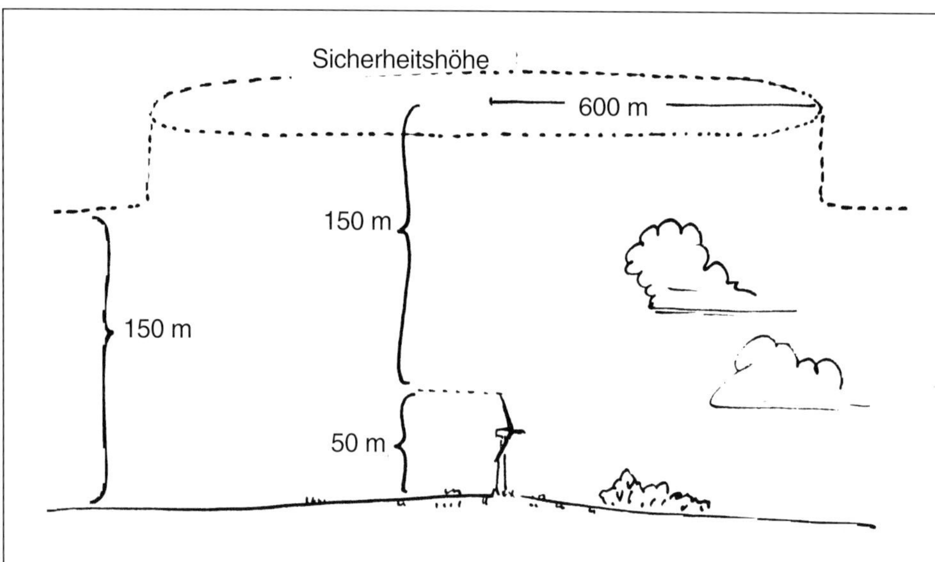

Die Zahl dieser technischen »Akupunkturen« des Luftraumes nimmt nicht ab, im Gegenteil. Früher folgten die Flieger bei miserabler Sicht gern einer Leitlinie im Tiefflug. Heute ist das Unterschreiten der gesetzlichen Mindesthöhe nicht zuletzt aufgrund dieser Hindernisse zu einem gefährlichen Unterfangen geworden. Aber wie wir bereits feststellten, erwarten Ultraleichtflieger bei Außenlandungen unter schlechten Sichtverhältnissen weniger Schwierigkeiten als andere Piloten. Wenn die Sicht so schlecht wird, daß schon die Mindesthöhe Probleme macht, sollten sie deshalb eine Sicherheitslandung vorziehen, anstatt sich im Tiefflug in Lebensgefahr zu bringen.

In diesem Zusammenhang soll Wolf Hirth zu Wort kommen. Hirth war ein Flugpionier und ein wahres Fliegeras, dem besonders der Segelflug viel zu verdanken hat.

Wir stellen ihn uns in einem offenen Klemm-Leichtflugzeug vor , das ein Salmson-Sternmotor mit 9 Zylindern und 40 PS antreibt (heute beinahe ein UL). Hirth befindet sich in Norditalien, hat gerade bei schlechtestem Wetter die Alpen überquert und fliegt nun gelassen weiter. Und zwar auf eine Art und Weise und unter Bedingungen, die heutigen Fliegern (zu Recht) die Nackenhaare zu Berge stehen lassen würden:

... Nachher fand ich zufällig die Autostrada, die Spezial-Autostraße (Autobahn), die vom Lago Maggiore nach Mailand führt. Da wieder Regen, diesmal ein trüber gleichmäßiger Landregen, eingesetzt hatte, war ich froh, einen so schnurgeraden Wegweiser zu haben und flog der Straße in 20 bis 30 Metern Höhe nach. Zur Sicherheit fragte ich einen reparierenden Automobilisten, ob es hier nach »Milano« gehe, und bekam sofort die erwartete Richtung zugewinkt [siehe Kapitel ›Kunstgriffe zur Neuorientierung‹]. Mein Motor lief mustergültig, sein Ton war beinahe einschläfernd – seit sieben Stunden schon bruttelte er unverdrossen seine 2000 Schläge pro Minute in die Höhenluft. Und kurz vor Mailand ereignete sich noch ein Zwischenfall, der wohl den meisten Menschen wie im Roman »das Blut in den Adern hätte erstarren lassen«. Weiß nicht mehr, ob das bei mir auch der Fall war. Die Gegend war spiegeleben, die Autostraße kurvenlos, die Sicht voraus ungefähr 500 Meter. Da man im Flugzeug nicht senkrecht nach unten sehen kann, flog ich rechts neben der Straße, um bequem meine Richtung halten zu können. [Die Klemm ist ein Tiefdecker, oben offen, ähnlich dem UL SUNRISE von Dallach.] Des Regens wegen blinzelte ich mit einem Auge hinter der Windschutzscheibe vor, sonst ganz in den Rumpf geduckt. So ging es viele Kilometer weit. Da sah ich zur Abwechslung einmal mit dem anderen Auge nach rechts hinaus und dachte im selben Augenblick: jetzt ist alles aus! Riesengroß ragte vor mir ein nach allen Seiten verspannter Radiomast in die Höhe. Sein oberes Ende verschwand fast in Dunst und Wolken. Seile und Drähte konnte ich nicht sehen, doch wußte ich nach der Bauart, daß sie da sein mußten. Weiter rechts war ein kleines Monstrum dieser Art gerade noch zu sehen. Mit dem hingeworfenen Blick hatten die Hände schon reagiert. Während

die Linke den Gashebel auf Vollgas stieß, riß die Rechte den Steuerknüppel zurück – dann voll links Seitensteuer, und ein Turn war fertig. Das ging so selbstverständlich, daß mir erst in den nächsten 30 Sekunden die Gefahr restlos klar wurde, in der ich geschwebt hatte. Ich konnte keine 50 Meter mehr von den Stahltauen entfernt gewesen sein, die den schlanken Turm aus Eisen aufrecht hielten. Nur eine halbe Sekunde auf der alten Bahn weiter, und meine treue Maschine wäre ein Trümmerhaufen gewesen. Denn Seiltanzen kann man schließlich auch von einer Klemm nicht verlangen.

Der nächste Absatz ist ebenfalls sehr interessant:

Die nächsten Minuten schaute ich fleißig links und rechts aus der Maschine, wie mein Fluglehrer es mich einst gelehrt hatte. [Ein vernünftiger Mann!] Nach kurzer Zeit war ich mitten über Mailand, knapp 30 Meter über den Häusern. [Hier winken wir nun endgültig ab.] Der Regen war noch stärker geworden. Mein treuer künstlicher Vogel flog am Dom mit dem dicken Turm vorbei. Aufgeregt suchte ich nach der anderen Seite, ob das Bauwerk nicht noch einen schlanken Nebenturm habe. Glücklicherweise nicht. Andere Kirchtürme und Schornsteine zogen in nächster Nähe vorbei, dann wieder Felder und Wiesen. Wo war der Flugplatz? Nach der Karte mußte es am jetzt erreichten Punkt einen geben. Ich suchte hin und her, flog zurück und der Eisenbahn entlang. Dann kam eine Kreuzung. Ich verglich die Richtung der Fahrbahnen anhand des Kompasses mit den Richtungen auf der Karte und flog dabei Kreise. Endlich war mir klargeworden, wo ich weitersuchen mußte. Ich konnte nicht weit weg sein, sah auf und war jetzt tatsächlich über dem Flughafengebäude. Immerhin hatte ich infolge der schlechten Sicht eine halbe Stunde verloren.

Fazit: Hirths Bericht kam/kommt sicher nicht nur den heutigen Fliegern haarsträubend vor. Man vergleiche ihn mit Rühmanns Bericht im Kapitel *Nebel*. Der Mann hatte wahrlich Nerven. Dafür war er bekannt. Aber Hirth war ein Kunstfliegeras, er hatte das »Feeling« wie nur wenige. Jeder durchschnittliche Flieger hätte als blutige Leiche geendet. Und: Das Sicherheitsdenken, wie es uns heute selbstverständlich ist, war in einer Zeit, in der die Luftkämpfe des Ersten Weltkrieges noch höchst lebendig waren, nahezu unbekannt. Jede Woche kamen Piloten bei dem Versuch um, die Grenzen der Fliegerei weiter hinauszudehnen. Damit lebte man, und es wurde weitergeflogen.

Heute gilt für alle Luftfahrzeuge mit Recht eine Sicherheitsmindesthöhe. Die Sicherheitsmindesthöhe gilt nach der LuftVO, Paragraph 6 über allen vom Boden aufragenden Hindernissen. Tiefer darf in einem Umkreis von 600 Metern nicht geflogen werden.

Ohnehin sollte man von Luftfahrthindernissen reichlich Abstand halten. Es ist erstaunlich, wie »magnetisch« beispielsweise hohe Sendemasten sind. Man glaubte, den Abstand zu halten, und ist unversehens viel zu dicht herangekommen. Deshalb ist es ratsam, Sendemasten, Schornsteine und so weiter stets in Lee zu passieren.

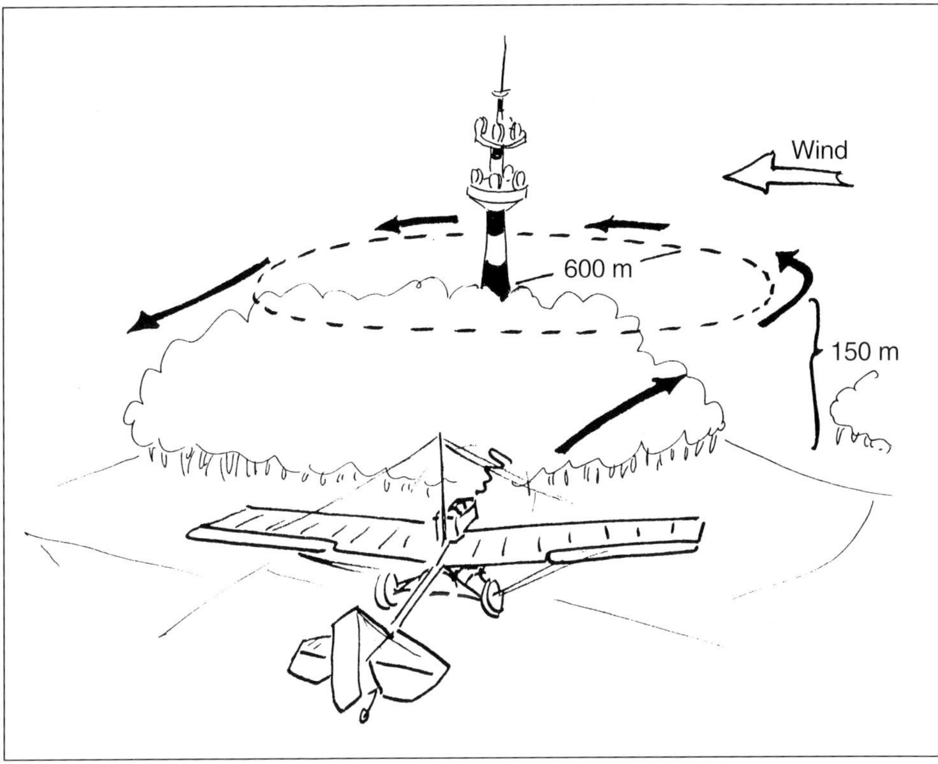

Umrundung eines Luftfahrthindernisses

Wer allerdings beabsichtigt, ein Luftfahrhindernis wie eine Wendemarke zu umrunden (beispielsweise einen Fernsehturm), der sollte mit reichlich Sicherheitsabstand von Luv her anfliegen. Dabei muß unter Umständen gut nach Luv korrigiert werden, bis der Mast deutlich passiert ist. Dann erst wird die Kurve eingeleitet, und man läßt sich von der Abtrift nach Lee um den Mast herumtragen. Mindestabstand natürlich 600 Meter. Bei einer Umrundung von Lee nach Luv könnte der Wind beim Einkurven den UL-Flieger gefährlich nahe an das Hindernis herantragen.
Auch *Vogelkolonien* fallen unter das Thema Luftfahrthindernisse. In den ICAO-Karten sind größere Vogelschutzgebiete mit entsprechende Symbolen gekennzeichnet. Sie sollten weiträumig umflogen werden. UL-Flieger haben nicht die Absicht, brütende Vögel zu stören und wollen sich ebensowenig der Gefahr des Vogelschlags aussetzen.

Auch *Fesseldrachen* gehören in dieses Kapitel. Der Drachen-an-der-Schnur, besonders die steuerbare Ausführung, hat ja auch unter den Erwachsenen zahlreiche Liebhaber gefunden. Meist bewegen sich Drachen deutlich unterhalb der Mindestflughöhe. Ihre dünnen Schnüre können Flugzeugen kaum gefährlich werden. Doch wenn Drachen – beispielsweise bei einer Außenlandung – in den Propeller geraten, können auch sie beträchtlichen Schaden anrichten. Die Anfangsszene des berühmten Udet-Filmes *Wunder des Fliegens* ist gar nicht so unrealistisch.

Gefährlicher wären sicher *Fesselballons* (keine *Freiballons*). Als Beobachterballons oder Sperrballons finden sie jedoch schon lange keine militärische Verwendung mehr. Mit unbemannten Fesselballons zu Werbezwecken – oft in Zepelinform – dürfen wir aber heute wieder rechnen. Ballons dürfen nicht bis in Mindestflughöhe hinaufgelassen werden. Sie stellen aber ein Luftfahrthindernis dar, mit dem gegebenenfalls zu rechnen ist.

Unbemannte Freiballons treten am ehesten als Wetterballons auf. Von Wetterstationen aus läßt man sie frei aufsteigen, um in der Höhe Lufttemperatur, Feuchtigkeit und andere Werte zu messen und zur Station zu funken. Sie durchsteigen relativ schnell den Höhenbereich, in dem sich UL-Flieger normalerweise aufhalten. Wenn der Ballon irgendwann in großer Höhe platzt, schwebt der Kasten mit den Meßgeräten am Fallschirm wieder zur Erde. Die Chance, Wetterballons zu begegnen, ist gering.

Bemannte Luftfahrzeuge kann man höflicherweise schlecht als Luftfahrthindernisse einstufen. Aber da sich manche Typen aufgrund ihrer Eigenschaften gelegentlich so verhalten, wollen wir sie erwähnen.

Vor allem *Freiballons* gehören dazu. Aus der Sicht des Piloten hängen sie nahezu bewegungslos im Raum. In den Luftfahrerkarten sind Ballonplätze eingezeichnet. Ballons kann man problemlos ausweichen, da sie innerhalb der sie umgebenden Luftmasse nur Vertikalbewegungen ausführen können. Gefährlich könnten sie in dem seltenen Fall werden, wenn sie genau in Flugrichtung schnell emporsteigen. Piloten von UL-Fliegern klassischer Bauweise, bei denen ja die Sicht voraus nach unten stark eingeschränkt ist, könnten sich unter Umständen plötzlich »sehr gehoben« fühlen (der Ballon verdeckt ja auch die Sicht der Ballonfahrer nach oben).

Hubschrauber sind unberechenbar. Sie schweben scheinbar harmlos auf der Stelle und plötzlich bewegen sie sich unvorhergesehen in irgendeine Richtung. Wenn sie normal im Reiseflug dahinziehen, liegen die Dinge wieder anders. Nicht alle Hubschrauberplätze sind in der Karte eingezeichnet.

Bewegungen von *Segelflugzeugen* sind ebenfalls schwer vorhersehbar. Eben kreisen sie noch unter einer Wolke, dann schießen sie pfeilschnell durch den Äther, möglicherweise dorthin, wo der Pilot das nächste Aufwindfeld vermutet. Wenn man ein wenig vom Segelflug und den Gesetzen der Thermik versteht, hilft es, die momentanen Absichten der Segelflugpiloten zu erahnen.

Auch *Drachenflieger* stoßen immer weiter in den offenen Luftraum vor. Meist entfernen sie sich jedoch nicht weit von ihren Plätzen. Entsprechende Symbole sind besonders in den bergigen Abschnitten der Luftfahrerkarten zu finden. Ähnlich steht es mit *Gleitschirmfliegern.*

Ohne die Kameraden vom »feldgrauen Flugsportverein« brüskieren zu wollen, steht doch außer Zweifel, daß ein *strahlgetriebenes Kampfflugzeug* ein ernstzunehmendes Luftfahrthindernis für ein UL darstellt. Strahlflugzeuge bewegen sich mit derart hoher Geschwindigkeit, daß ein Ausweichen nahezu zwecklos erscheint. Der Düsenjäger ist da, kaum daß wir ihn gesichtet haben. Dahinter folgen oft noch ein oder zwei Rottenflieger. UL-Flieger können nur hoffen, von den Kampfflugzeugen rechtzeitig geortet zu werden. Dies scheint angesichts einiger schon vorgekommener »Treffer« ein frommer Wunsch zu sein. Glücklicherweise gehören die einst häufigen, extremen Tiefflüge über deutschem Boden inzwischen der Vergangenheit an. Begegnungen in der üblichen Reiseflughöhe sind jedoch nicht selten. Die Luftwaffe trainiert überwiegend an Werktagen im *Tiefflughöhenband* zwischen 1000 und 1500 Fuß (300 und 450 Meter). In geringem Umfang werden auch Flüge unter 1000 Fuß durchgeführt. Das mögliche Wann und Wo kann man dem *Luftfahrthandbuch VFR* entnehmen, dem *Fliegertaschenkalender*; die aktuellen Informationen den *Nachrichten für Luftfahrern (NfL)* und den *VFR-Bulletins*.

Segelflugzeug unter Cu

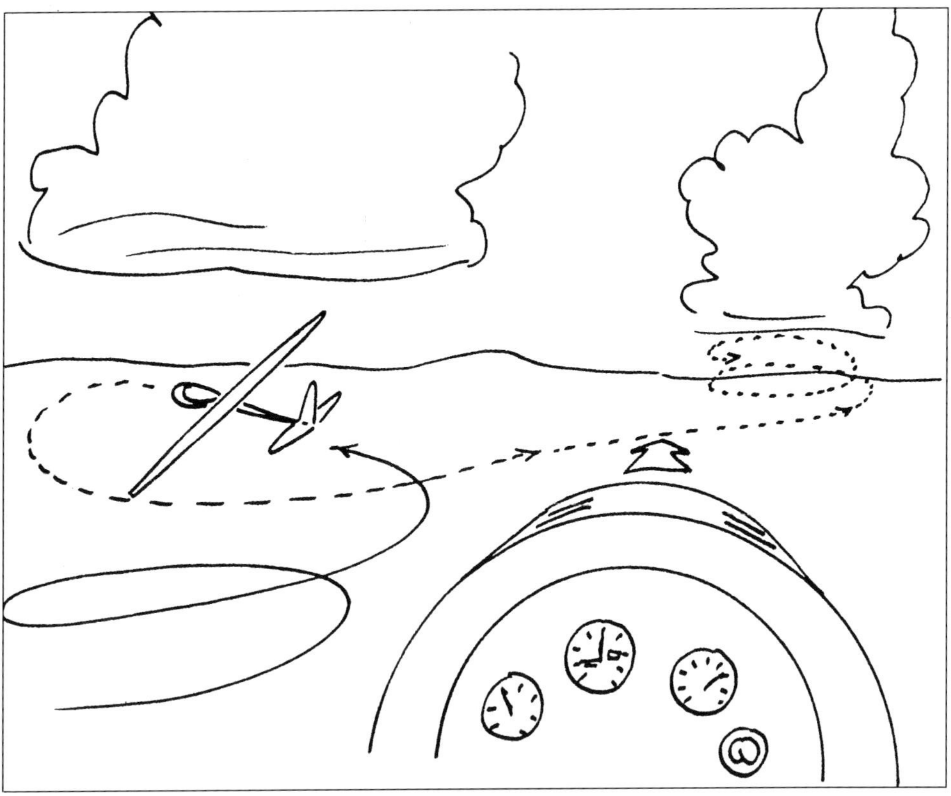

Die Flugvorbereitung

Eines gleich vorweg: In der Luftverkehrsordnung, Paragraph 3a wird eine Flugvorbereitung vorgeschrieben. Doch auch ohne diese Ordnung kommt kein denkender Pilot an ihr vorbei. Einfach deshalb, weil man mit einem Flugzeug nicht anhalten kann, um sich zu überlegen, wie es weitergehen soll. Wie der Flug ablaufen soll und unter welchen Bedingungen er stattfinden wird, muß bereits vor dem Start klar sein. Die Art und Weise der Flugvorbereitung ist jedem verantwortlichen Flugzeugführer freigestellt. Es sieht oft so aus, als ob alte Asse mit Tausenden von Flugstunden scheinbar ohne Flugvorbereitung auskommen. Aber auch sie holen ihr Streckenwetter und ihre Flugplatzinformationen. Und die Dinge, denen sie keine Aufmerksamkeit zu schenken scheinen, sind schon als vertraute Größen in ihrem »zentralen Navigationscomputer« gespeichert. Umso genauer wissen sie, was sie nicht wissen und was sie an Information benötigen.

Ein routinierter Flieger ist noch kein guter Flieger. Den guten Flieger erkennt man an seiner Voraussicht und der realistischen Einschätzung seines Könnens. Ein Flieger, der mit 100 Flugstunden nach dem »Schein« immer noch und immer wieder *Ziellandungen* übt, ist ein besserer Flieger als einer, der 500 Flugstunden hat und seit jeher nur mit Schleppgas hereinkommt. Das As wird auch nach 1000 Stunden immer wieder Ziellandungen üben. Ebenso wird sich ein guter Flieger, gerade mit großer Erfahrung, immer die Zeit nehmen, sich in Ruhe auf den Flug vorzubereiten.

Wir wollen in Stichworten die wichtigsten Dinge zusammenfassen, an die jeder UL-Pilot vor dem Flug denken sollte. Die Liste erhebt nicht den Anspruch auf Vollständigkeit. Sie will das Prinzip herausschälen, um das es hier geht. Was das Flugzeug angeht, stattet ohnehin jeder Hersteller seine Geräte mit einer extra Prüfliste aus.

Reiseplanung (siehe Kapitel *Planung der Flugroute*.) Die navigatorische Vorbereitung erfolgt meist schon zu Hause: Infos vom Zielflugplatz: Landebahnrichtungen, Lage der Platzrunde, Frequenzen u.a. – Flugroute in die Karte eintragen, Kursänderungspunkte, Leitlinienwechsel...

Wetter (siehe auch Wetterteil des Handbuches.) Da wir die Wetterlage bereits kennen, wissen wir, wie die Chancen für unseren Flug stehen. Frühmorgens, beim Rasieren (...entschuldigt, liebe Kameradinnen – beim Zähneputzen), hören wir den ersten Flugwetterbericht. Jetzt wissen wir, ob wir wirklich fliegen können und was uns erwartet. Den zweiten Wetterbericht hören wir kurz vor dem Start (GAFOR oder Flugwetterwarte). Letzte Routenänderungen wegen Windeinfluß können jetzt vorgenommen werden (zum Beispiel Zwischenlandeplatz zum Tanken oder Luv- oder Leemethode beim Anfliegen von Auffanglinien).

Eigencheck: Bin ich fit? Fühle ich mich gelassen, ausgeruht, leistungsfähig? Kann ich noch fliegen?

Gerätecheck: Zündschalter aus, äußere Sichtprüfung (keine verdächtigen Falten in der Bespannung, Staurohr frei u.a.), Anschlüsse der Flügel und Leitwerke in Ordnung, Ruder und Trimmklappen frei gängig, Ruderausschlag normal, Kabelverspannung der Flächen und anderer Bauteile in Ordnung, Sicherungsbolzen und -splinte vollständig, Reifen, Fahrwerk in Ordnung... Innenansicht des Rumpfes, Seilzüge, Umlenkrollen frei gängig, lose Gegenstände gesichert...

Antriebssystem – Tankinhalt, Tanklüftung frei – Luftschraube ohne Risse, fester Sitz (Holzpropeller können schrumpfen) – Motorkontrolle: Ölstand, Keilriemen, Drainage, Vergasernapf, Kühlwasser, Treibstoffleitungen, Sitz der Zündkabel, Schwingelemente, Schlauchschellen, Auspuffkrümmer (Risse), Schwinggummis ...

Gewichtsverteilung: Im Zweifel nach Flughandbuch kontrollieren.

Unmittelbar vor dem Start: Langsamer Gang ums Flugzeug. Er zwingt zur Ruhe, stimmt ein; gibt Zeit, sich an Vergessenes zu erinnern – und an das Wichtigste: dieser Flug, der jetzt vor uns liegt, dient vor allem unserem Vergnügen.

Und hier noch eine abschließende Bemerkung zum Kapitel Navigation: Lassen Sie sich von den neuesten Errungenschaften und Methoden nicht verunsichern. Das Maximum an Positionssicherheit liegt in der einfachen Karte aus Papier auf ihrem Knie und Ihren Augen, die die Übereinstimmung der Kartensymbole mit der überflogenen Landschaft feststellen. Mehr läßt sich durch kein Mittel und keinen noch so hohen Aufwand erreichen.

Angewandte Wetterkunde für Ultraleichte und andere langsame Luftfahrzeuge

Mit den nachstehenden Erläuterungen soll dem Ultraleichtflieger eine praxisnahe Wetterkunde an die Hand gegeben werden. Auf theoretisierende Ableitungen und wissenschaftliches Kauderwelsch wurde verzichtet. Die Wetterkunde folgt den gleichen Prinzipien wie der Navigationsteil: Einfachheit, Anwendbarkeit, kein Ballast. Dadurch ergänzt die Wetterkunde die Navigation zu dem unteilbaren »aviatischen Rüstzeug«, das für jeden Überlandflug notwendig ist.

Neben der navigatorischen Streckenplanung kann der Flieger seine eigene Wetterstrategie entwickeln. Dabei sollen ihm seine Kenntnisse nicht nur helfen, Gefahren zu vermeiden, sondern die Wetterentwicklung auch zu seinem Fortkommen auszunutzen. Beispielsweise wird er bei einem geplanten Flug nach Süden den Start verschieben und den Durchzug der herannahenden Kaltfront abwarten, um dann auf der Rückseite des Tiefs bei guter Sicht und Rückenwind aus Nordwest umso angenehmer und treibstoffsparender voranzukommen.

Im Navigationsteil sind wir davon ausgegangen, daß der Flieger über die nötigen Grundkenntnisse verfügt. Auch für die Wetterkunde nehmen wir an, daß er sich die Grundlagen der Meteorologie angeeignet hat. Aber auch wenn er das meiste davon wieder vergessen hat, wird es ihm nicht schwerfallen, die folgenden Ausführungen in der Praxis anzuwenden. Notwendiges Grundwissen wird noch einmal erläutert. Auf theoretische Wetterphysik, die nicht unmittelbar der praktischen Wettervorhersage dient, wurde verzichtet.

Mehr Hintergrundwissen kann das eigene Urteil nur sicherer machen. Die vollkommene Sicherheit in der Vorhersage wird es freilich niemals geben. Doch wird man lernen, die verschiedenen Entwicklungsmöglichkeiten, die in einer Wettersituation stecken, gut abzuschätzen.

Wetterkunde und Wetterdienste

Ultraleichtflieger sind noch abhängiger vom Wetter als Eisverkäufer oder Rheumakranke. Dennoch hört man auch unter ihnen Bemerkungen wie: »Die Wettervorhersagen sind so zuverlässig geworden – wozu soll ich mir jetzt noch umständlich eigene Wetterkenntnisse aneignen? Man muß nur den Wetterbericht hören.« Dabei vergessen diese Sportsleute, daß sie oft genug am Platz stehen und sich wundern, daß die Wettersituation so gar nicht zu der Vorhersage passen will. Jetzt möchten sie doch beurteilen können, ob es nur sich nur um die merkwürdig ausgeprägten Vorboten des versprochenen, guten Wetters handelt, oder ob sich vielleicht eine nicht angesagte Wetterverschlechterung ankündigt. Die Meteorologen können heute die Entwicklung der allgemeinen Wetterlage genau vorhersagen. Dennoch bleibt auch ihnen oft zweifelhaft, welche Wettererscheinungen eine Wetterlage in den verschiedenen Vorhersagebereichen tatsächlich bringen wird. Letztlich müssen sie sich dann für eine naheliegende Vorhersage entscheiden. Wer jetzt über praktische Wetter- kenntnisse verfügt, kann anhand der eigenen Beobachtungen durchaus abschätzen, ob diese Vorhersage eintreffen oder ob sich eine andere Witterung durchsetzen wird.

Vor allen Dingen muß ein Pilot wissen, wie sich die augenblickliche Wettersituation beim Fliegen auswirkt, und auf welche möglichen Gefahren er sich einstellen muß. Ein Flieger kommt deshalb um Grundkenntnisse der Meteorologie nicht herum! Das Wissen um Wettervorgänge gehört unbedingt zur aktiven fliegerischen Sicherheit.

Doch nur die Meteorologen der Wetterstationen kennen die genaue Wetterlage. Nur sie wissen um das augenblickliche Wettergeschehen überall in Europa Bescheid und verfolgen dessen Verlagerung auf andere Gebiete. Deshalb gehört der Anruf beim Flugwetterdienst zu den unverzichtbaren Schritten jeder Flugvorbereitung.

Die Flugwetterdienste

Dem Flieger stehen verschiedene Vorhersagedienste zur Verfügung. Diese Dienste haben das Schema ihrer Ansage, die Ansagezeit und die Art ihrer Erreichbarkeit über die Jahre immer wieder geändert. Deshalb wird hier auf aktuelle Telefonnummern, Frequenzen, Zeiten und Systeminformationen verzichtet. All diese Angaben finden sich unter anderem im offiziellen *Luftfahrthandbuch VFR*, Teil MET, außerdem im *Fliegertaschenkalender*.

Für Ultraleichtflieger sind die folgenden beiden Wetterdienste am wichtigsten:

1. Sie können die Flugwetterwarten Deutschlands unmittelbar anrufen (zum Beispiel Hamburg, Frankfurt, München etc.) und um eine mündliche Wetterberatung bitten. Diese persönlichen Beratungen bleiben nur über einen Zeitraum von zwei Stunden aktuell. Innerhalb dieses Zeitraumes sollte die geplante Startzeit liegen.

2. Ähnlich wertvoll ist die Automatische Flugwetteransage (AFWA) – üblicher ist die englische Bezeichnung *GAFOR* (General Aviation Forecast). Sie wird über Telefon abgefragt. GAFOR sollte man mitschreiben. Die Ansagen der Vorhersagegebiete und die dazugehörigen Wettercodegruppen erfolgen sehr schnell hintereinander. Zum fehlerfreien Mitschreiben und Verstehen gehört einige Übung. Da man jedoch nicht sämtliche durchgegebenen Informationen benötigt, kann man sich die Sache etwas erleichtern: Zunächst notiert man sich das Schema, nach dem die automatische Ansage erfolgt, so daß man nachher,

Wetterinformation am ______________

um ______________

für Flug von __________ nach ____________

GAFOR - Telefonnummer ____________

Vorhersage-Gebiete [ ] [ ] [ ]

Gültigkeitsdauer __________

Wetterlage ____________________________

____

____

Höhenwinde in

1500 3000 5000 10000 Ft 0°Grenze

_____/ _____/ _____/ _____/ _____

Vorhersage in 3 x 2 h - Perioden:

(C>10km, O>8km, D>3km, M>1,5km, X=0)

Gebiet [ ] 1 ____ 2 ____ 3 ____

Gebiet [ ] 1 ____ 2 ____ 3 ____

Gebiet [ ] 1 ____ 2 ____ 3 ____

nächste GAFOR-Ansage um __________

nächster Flugplatz ____________________

Frequenz ______ PPR-Telefon ____________

Landebahnen ______ Platzrunde __________

Leitlinien, Kontrollkurse, Wegpunkte

____

____

____

____

____

Schema GAFOR

ohne lange zu überlegen, mitschreiben kann. Dann notiert man sich die Nummern der Gebiete, die für den geplanten Flug in Frage kommen (siehe auch *Luftfahrthandbuch VFR* oder *Fliegertaschenkalender*). Die anderen Gebiete kann man während der Ansage vergessen. Ebenso benötigen UL-Piloten selten alle vier Höhenstufen der Windvorhersage. Zumeist ist nur die unterste Stufe für 1500 Fuß über Grund (450 Meter) interessant. So entstehen während der Ansage willkommene Schreibpausen. Zum Mitschreiben von GAFOR hier ein Beispielschema auf der linken Seite.

3. Für VFR-Flüge bieten die Flugwetterwarten auch einen Telefax-Dienst an, der Flugwetterbericht, Wetterkarte und GAFOR-Bericht enthält. Die Telefax-Nummer entnimmt man ebenfalls den genannten Handbüchern.

Die übrigen Wetterinformationsdienste sind für Ultraleichtflieger von untergeordeter Bedeutung. Doch können sie gegebenenfalls gute Dienste leisten.

4. Über Flugfunk werden ständig Wetterinformationen für Luftfahrzeuge ausgestrahlt (*VOLMET*). Es handelt sich dabei um das *Platzwetter mit Trend* auf den in der Ansage genannten Großflughäfen. Ein Ultraleichtflieger wird meist kaum dorthin fliegen wollen. VOLMET kann jedoch ein guter Anhaltspunkt für das Wetter der Region sein. Wenn man von Süden kommt, wird beispielsweise das Wetter am Zielflugplatz Wahlstedt selten grundverschieden vom Platzwetter des 40 Kilometer südlich gelegenen Flughafens Hamburg sein. Dieser Wetterdienst könnte bei unerwartetem Auftreten von schlechtem Wetter im Fluge einmal entscheidend sein. Dann wird man sehen, ob das Wetter in Richtung des besagten Flughafens besser ist und sich dort ein Ausweg bietet. Wir hoffen allerdings, hier vermitteln zu können, wie eine derartige Situation von vorneherein vermieden werden kann. Informationen über *VOLMET*-Gebiete und -Frequenzen stehen unter anderem im *Luftfahrthandbuch VFR, MET* oder im *Fliegertaschenkalender*.

5. Tagsüber werden im Rahmen des Fluginformationsdienstes *SIGMET*-Meldungen als Flugrundfunksendung in englischer Sprache ausgestrahlt. Dabei handelt es sich um vorkommende oder erwartete SIGnifikante METeorologische Erscheinungen wie Gewitter, Böen, Hagel, Vereisung, Wellenbildung an Gebirgen etc. SigMets enthält auch die oben genannte Telefax-Mitteilung. Näheres über Gebiete, Frequenzen und Verfahren in den genannten Handbüchern.

6. Außerdem gibt es den *METAR* (METeorological Aerodrome Routine Report) und den TAF (Terminal Aerodrome Forecast). Beide Wetterdienste kommen verschlüsselt über den Flugfunk, der Schlüssel ist aber unkompliziert. Näheres über Gebiete, Frequenzen, Schlüssel und Verfahren ebenfalls in den genannnten Handbüchern.

7. Nicht zuletzt wollen wir die *Segelflugwetterberichte* erwähnen, die auch für UL-Flieger sehr aufschlußreich sind. In allen Bundesländern stehen telefonische Ansagedienste für diese Regionen zur Verfügung. Außerdem senden einige re-

gionale Rundfunksender zu verschiedenen Zeiten Segelflugwetterberichte. Telefonnummern, Sender und Sendezeiten siehe oben.

Die Wetterkarte

Vor längeren Überlandflügen empfiehlt sich ein Studium der Wetterkarte, die am Flugplatz oft aushängt. Hier übersieht man die gesamte Wetterlage. Der allererste Blick sollte aber dem Datum und der Uhrzeit auf der Wetterkarte gelten. Besonders auf kleineren Plätzen und im südlichen Ausland ist das Aushängen einer Wetterkarte oft eher eine gelegentlich stattfindende Geste des guten Willens. Die schönste Hochdrucklage nützt nichts, wenn sie sich am vorletzten Wochenende ereignete. Dann ist die Wetterkarte aus der Tageszeitung oder den Fernsehnachrichten aufschlußreicher.

Vieles zur Interpretation von Wetterkarten ergibt sich aus den folgenden Kapiteln. Ansonsten ist für die Vorhersage die Verlagerungsrichtung der dargestellten Druckgebilde wesentlich. Tiefs ziehen in Mitteleuropa meist von West nach Ost, können sich aber auch in andere Richtungen bewegen. Meist ist die Verlagerungsrichtung des Druckgebildes durch einen Pfeil in der Nähe seines Zentrums angezeigt. Die Zacken oder Rundungen der Fronten zeigen immer in ihre Bewegungsrichtung. Der Höhenwind weht annähernd parallel zu den Isobaren. Er weht um das Hoch rechts herum (im Uhrzeigersinn), um das Tief links herum. Der Bodenwind über Landmassen weht im Unterschied zum Höhenwind etwa 30 Grad linksgedreht. Beispielsweise Höhenwind 270 Grad – Bodenwind 240 Grad. Die Stationsschlüssel und Wettersymbole siehe Luftfahrthandbuch VFR, MET oder Fliegertaschenkalender.

Die eigene Wetterbeurteilung

Grundlage jeder eigenen Wetterbeurteilung ist die Kenntnis der Wetterlage. Das heißt, der Pilot muß über die augenblickliche Positionen und die Bewegung der Hoch- und Tiefdruckgebiete Bescheid wissen. Ich glaube, daß einem wirklichen Flieger die Wetterlage immer bewußt ist, auch wenn er gerade nicht fliegen will.

Durch die Beobachtung von Wolken, Wind, Luftdruck, Luftfeuchte und anderen Faktoren lassen sich auch ohne Wetterbericht Rückschlüsse auf die Wetterlage ziehen. Dies erlaubt jedoch nur einen groben Überblick. Zuverlässiger informieren die Wetterdienste. Deshalb wird man sich frühzeitig vor einem Überlandflug durch Radio, Telefon oder andere Medien mit der Wetterlage vertraut machen und deren Entwicklung bis zum Start verfolgen. Kurz vor dem Start holt man sich dann einen Flugwetterbericht samt Wetterlage. Zu dem Zweck ruft man die Flugwetterwarte an oder hört GAFOR ab.

Doch auch mit dem neuesten Wetterbericht muß das Wetter am Platz mit der erhaltenen Information in Beziehung gebracht werden. Nur mit eigenen

Kenntnissen kann der Pilot beurteilen, wie zuverlässig die Voraussage für den angesagten Zeitraum ist. Nur so erkennt er, ob beispielsweise die angesagte Kaltfront, die gute Sicht und den erhofften Rückenwind bringen soll, bereits in abgeschwächter Form durchgezogen ist, oder ob sie noch auf sich warten läßt und Gewitter und Hagelböen zu befürchten sind.

Hoch- und Tiefdruckgebiete

Vorgänge im Tiefdruckgebiet

Mit die wichtigste Grundlage für die Wettervorhersage ist die *Zyklonentheorie* (Zyklon: klassische Bezeichnung für Tiefdruckgebiet). Die in den nächsten Kapiteln beschriebenen Vorgänge innerhalb der Tiefdruckgebiete entsprechen der damit verbundenen *Fronten-Theorie*. Sie gehört zu den Eckpfeilern der modernen Wetterprognose. Bei unserem Beispiel-Tief handelt es sich um ein klassisches *Modell-Tief*. Tiefdruckgebiete verhalten sich grundsätzlich ähnlich. Deshalb muß die Fronten-Theorie als unverzichtbares fliegerisches Handwerkszeug gelten.

Entstehung eines Tiefs

Zwischen den Polarzonen und den gemäßigten Breiten liegt die *Polarfront*. Dort im Atlantik entstehen die meisten europäischen Tiefdruckgebiete. Feuchtwarme, subtropische Luftmassen strömen von Westen nach Osten. Sie reiben sich an kalter, in Gegenrichtung (nach Westen) strömender Polarluft. Infolge der Reibung bilden sich *Wellenstörungen*. Die Luftmassen beginnen langsam umeinander zu kreisen, wobei die agressivere Kaltluft wie mit einer Zunge nach Süden leckt. Sobald ein Wirbel ringförmig geschlossene Isobarenverläufe aufweist, ist ein Tiefdruckgebiet entstanden.

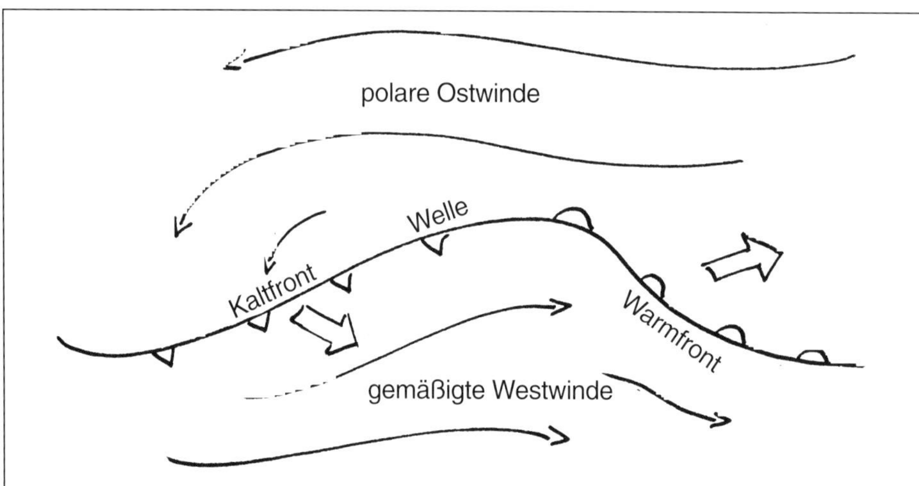

Wellenstörung

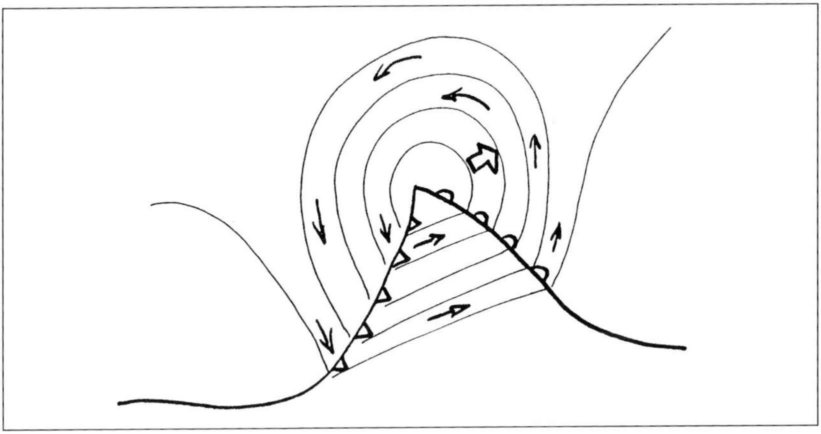

Junges Tief

Durchzug eines Tiefs

Die kalte, schwere Polarluft schiebt sich an der *Kaltfront* von Westen her unter die leichtere Warmluft. Dabei hebt sie die Warmluft von der Erdoberfläche ab und drückt sie mit Gewalt nach oben. Durch das Aufsteigen kühlt die Warmluft ab, und die enthaltene Feuchtigkeit kondensiert zu Wolken. Durch die schnelle Kondensation über der Kaltfront entstehen Schauer und Gewitter. Das Wetterkartensymbol der Kaltfront ist die scharfe Eckzahnung an der Frontenlinie.

Die vor der Kaltfront lagernde Warmluft wandert ebenfalls von Westen nach Osten. An der *Warmfront* schiebt sich die Warmluft an den (vor ihr liegenden) kühleren Luftmassen langsam empor. Dabei kühlt die Warmluft ab, und die Feuchtigkeit kondensiert zu Wolken. Bei weiterer Zufuhr feuchter, warmer Luft entstehen Niederschläge, die als Niesel und Dauerregen niedergehen. Das Symbol für eine Warmfront sind Rundungen an der Frontenlinie.

Da die Kaltfront schneller zieht als die Warmfront, holt sie die Warmfront allmählich ein und überlagert sie. An der *Okklusionsfront* hat die Kaltfront die Warmfront erreicht. Dort wird die Warmluft vom Erdboden abgehoben. Die Fronten *okkludieren* zuerst im Inneren des Tiefs, dann immer weiter außen. So wird der Warmluftsektor nach Norden hin immer schmaler. An der Okklusionsfront verschmelzen die typischen Wettererscheinungen der Fronten. Die Fronten sind häufig schon in diesem Zustand, wenn sie die europäischen Küsten erreichen. Typisch für Okklusionsfronten sind unstetige Winde, starke Bewölkung mit Stratus- und eingelagerten Cumuluswolken und heftige Niederschläge. Dauerregen wird von Schauern verstärkt. Häufig gibt es Gewitter. Da sich die Wettererscheinungen von Warm- und Kaltfront in Okklusionen addieren, sind sie für Flieger besonders unangenehm. Bei angesagter Okklusionsfront kann

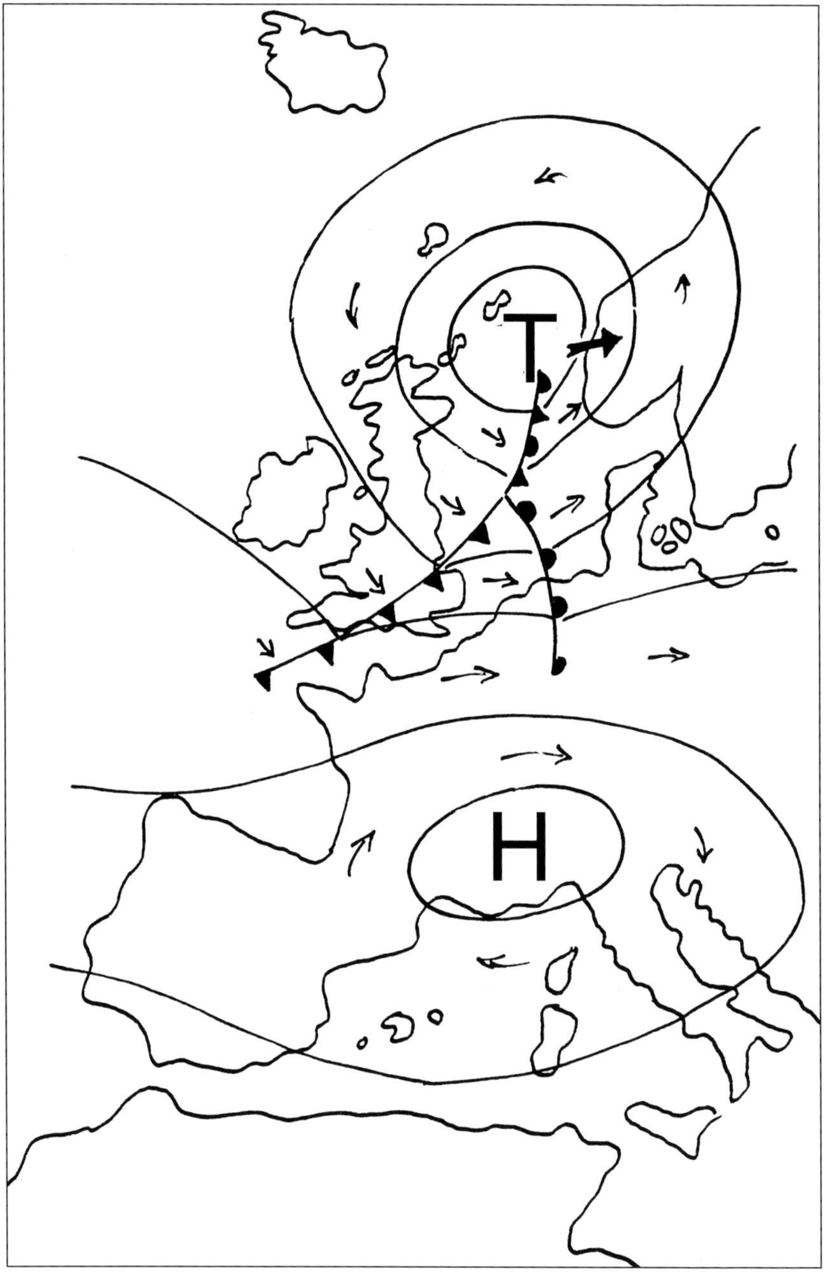

Draufsicht – Hoch und Tief mit Fronten über Europa

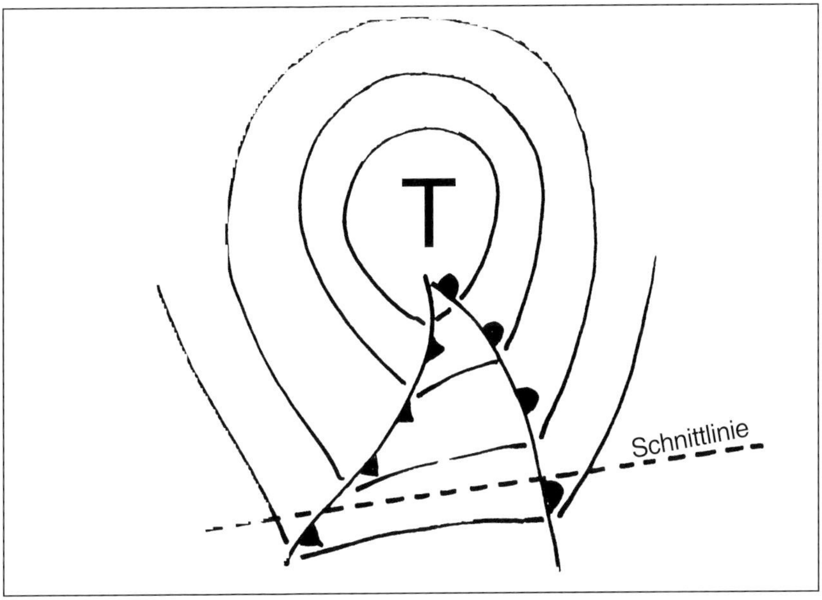

Darstellung: Tief in der Draufsicht mit Schnittlinie

man seine Reisepläne getrost aufschieben. Das Symbol für Okklusionsfront sind abwechselnde Ecken und Rundungen an der Frontenlinie.

Leider werden die genauen Bezeichnungen der Fronten in den Wetterberichten oft nicht erwähnt. Stattdessen hört man allgemeine Formulierungen wie

Tief in der Seitenansicht entsprechend der Schnittlinie der vorstehenden Darstellung

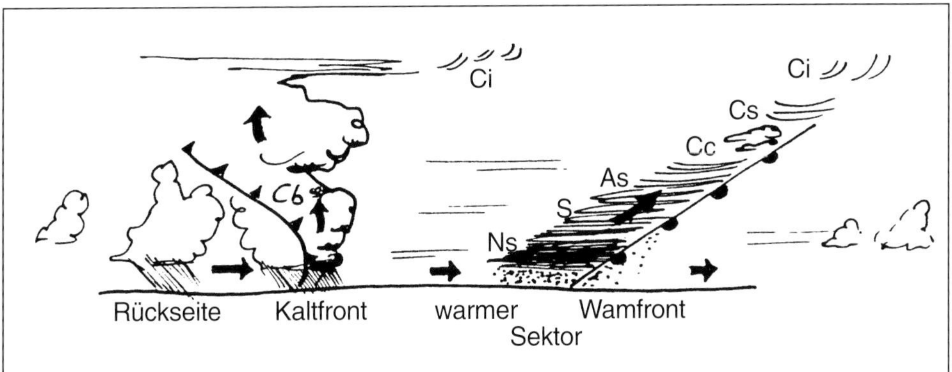

Schnitt von der Seite gesehen

Okkludierte Front, Seitenansicht

Störung, *Front* oder *Ausläufer*. Hier hilft ein Anruf bei der Flugwetterwarte. Dort wird man auch gern erläutern, wie wetterwirksam die Fronten sind. Nicht immer müssen Fronten so erscheinen wie beschrieben wurde. Sie können auch sehr abgeschwächt, beispielsweise ganz ohne Niederschlag, auftreten.

Bei der Abschätzung der Zuggeschwindigkeit von Tiefdruckgebieten kann man von einer durchschnittlichen Geschwindigkeit von 25 bis 35 Stundenkilometern ausgehen. Es gibt allerdings auch *Schnelläufertiefs*, die 80 Stundenkilometer erreichen. Die Fronten innerhalb der Tiefs machen eine zusätzliche Drehbewegung linksherum. Dabei dreht die Warmfront langsamer als die Kaltfront. Die Kenntnis der Zuggeschwindigkeit eines Tiefs ist wichtig. Dann läßt sich abschätzen, wann die damit verbundenen Wettererscheinungen eintreffen.

Der Flieger im Tief

Was erwartet den Piloten eines Ultraleichtflugzeuges in den verschiedenen Wetterzonen des Modell-Tiefs? Woran kann er erkennen, wo innerhalb des Tiefs er sich befindet und mit welchem Wetter er demnach auf seiner weiteren Flugroute rechnen muß? Mit diesen Fragen werden wir uns im Folgenden befassen. Es werden die Wettererscheinungen bei Durchzug des klassischen Modell-Tiefs beschrieben. Das Tief wird von Westen nach Osten ziehen und der Kern den Beobachter nördlich passieren. So treten Tiefs in Mitteleuropa am häufigsten auf.

Annäherung der Warmfront

Die Zeichen für die Annäherung einer Warmfront sollte der Pilot immer ernstnehmen.

Zunächst wird er an einer hohen Cirrusbewölkung die Annäherung einer Warmfront feststellen. Das Barometer beginnt zu fallen. Der Höhenmesser des Flugzeuges (am Boden) beginnt, höhere Werte anzuzeigen; der Pilot muß ihn

Schneller Aufzug einer Warmfront – Alto-stratus

Eine Stunde später – Stratus wird zu Nimbo-stratus. Bald beginnt es zu regnen

nachstellen. Der Wind dreht jetzt langsam auf südwestliche Richtung. Dabei frischt er immer mehr auf, je näher die Front rückt. Die Luftfeuchtigkeit steigt, es wird wärmer. Die Cirrusbewölkung verdichtet sich zu Cirro-stratus. Sie senkt sich immer weiter ab, wird zu Alto-stratus und zu Stratus. Die Sicht verschlechtert sich immer mehr. Schließlich beginnt es aus Nimbo-stratus zu nieseln, dann setzt Dauerregen ein. Der Durchzug der Warmfront steht jetzt unmittelbar bevor.

In einigem Abstand vor der Warmfront, bei mittelhohen Wolken und ausreichender Sicht, besteht noch kein Grund, den Flieger im Hangar zu lassen. Wer allerdings über Land will, sollte der Warmfront nicht gerade entgegenfliegen. Sonst erlebt er die weitere Annäherung der Front im Zeitraffer und steckt unversehens mitten in der »Brühe«: Niedriger, teils aufliegender Nimbo-stratus, minimale Sicht unterhalb *VMC* (Sichtflugbedingungen), gleichmäßiger, dichter Regen, der den Propeller »annagt«, hohe Luftfeuchtigkeit, zunehmende Windgeschwindigkeit. Bei niedrigen Temperaturen entsteht die Gefahr von Vergaservereisung (darüber später mehr) und Vereisung der Flächen und Leitwerke. Außerdem fliegt man dem tieferen Luftdruck entgegen. Dadurch zeigt der Höhenmesser zu hoch an. In Wirklichkeit fliegt man wesentlich tiefer als die Anzeige. Die Vertikal-Isobare, auf der man bei gleichbleibender Anzeige des Höhermessers fliegt, neigt sich immer mehr dem Erdboden zu. Deshalb sind bei schlechter Sicht schon zahlreiche Flugzeuge gegen die Berge geflogen. Merkspruch: »Vom Hoch ins Tief geht's schief.« In den unteren Luftschichten der Atmosphäre, wo sich die Ultraleichten bewegen, beträgt der Höhenunterschied in der Anzeige acht Meter pro 1 Hectopascal.

Fliegt man hingegen von der Warmfront weg, steigt der Luftdruck. Die Wolken werden sich heben und die Sicht verbessert sich wieder. Allerdings sollte man am Zielflugplatz einen Hallenplatz erhoffen dürfen. Wenn man nicht ganz aus dem Zugbereich der Warmfront herausfliegt, wird sie einen früher oder später einholen. Zumeist bewegen sich Warmfronten mit der Geschwindigkeit eines Mofas oder eines schnellen Radfahrers.

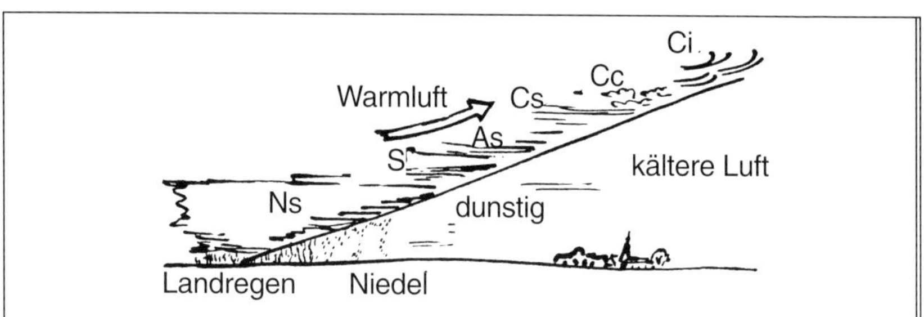

Warmfront

Durchzug der Warmfront

Bei Durchzug einer Warmfront dürften sich kaum noch Sichtflieger in der Luft befinden. Eher werden sie noch aus der Fliegerkneipe oder dem offenen Hallentor nach draußen in den Regen starren. Es regnet anhaltend und gleichmäßig, alles ist grau, die Wolken reichen oft bis zur Erdoberfläche, schon niedrige Höhenzüge verschwinden in den Wolken. Bei Durchzug der Warmfront steigt die Temperatur etwas an, und der Wind dreht deutlich nach rechts, etwa von Südwest auf West. Der Regen läßt nach und hört im Sommer ganz auf. Im Sommer reißt auch die Bewölkung auf, aber es bleibt dunstig. Die Luftfeuchtigkeit bleibt hoch, das Barometer stagniert. Man befindet sich im *warmen Sektor*.

Im warmen Sektor

Entfernte Strukturen verschwinden im Dunst. Die Sonne scheint. Der Wind weht gleichmäßig aus westlicher Richtung. Wer jetzt einen Überlandflug in Richtung des Sonnenstandes plant, sollte damit rechnen, daß er im grellen Dunst kaum noch Sicht voraus haben wird. Mit der Sonne im Rücken fliegt man dagegen problemlos. Jedoch werden dafür die entgegenkommenden Piloten kaum sehen können. Man sollte sich außerdem darüber klar sein, daß inzwischen die Kaltfront heranzieht – und zwar schneller als zuvor die Warmfront.

In der kalten Jahreszeit bleibt es im warmen Sektor oft bedeckt. Es nieselt oder schneit etwas. Bei feuchter Luft und einigen Graden über dem Gefrierpunkt besteht auch für kleinere UL-Motoren mit geringem Ansaugvolumen die Gefahr von Vergaservereisung (siehe Kapitel *Vergaservereisung*).

Annäherung der Kaltfront

Bei guter Sicht kündet sich die Kaltfront mit Hakencirrus und danach einer Reihe von Cumulus-Türmen an. Zumeist ist die Sicht aber schlechter. Dann wird man die quellenden Cumulo-nimbus-Wolken der Kaltfront erst kurz vor ihrem Eintreffen bemerken. Unversehens verdunkelt sich der Himmel im Westen, nachts gibt es Wetterleuchten, Donner grollen. Im Sommer (oft auch in den kühleren Jahreszeiten) treten an der Kaltfront Gewitter auf. Aufgereiht steht ein Gewitterturm neben dem anderen. In diesem Falle spricht man von einer *aktiven Kaltfront* oder *Gewitterfront*. Diese Front bewegt sich in mehreren hundert Kilometern Breite vorwärts (siehe Kapitel *Frontengewitter*).

Der Pilot einer langsamen leichten oder ultraleichten Maschine sollte bei Annäherung einer aktiven Kaltfront unverzüglich den Boden gewinnen. Noch ehe die *Böenwalze* herangekommen ist, sollte der Flieger in der Halle stehen. Steht keine Halle zur Verfügung, muß der Vogel so fest wie möglich mit Häringen oder Erdankern verzurrt werden – mit dem gesicherten Leitwerk gegen den Wind! Neben starken Böen muß mit heftigen Schauern und auch mit Hagel gerechnet werden. Mehr darüber im Kapitel *Gewitter*.

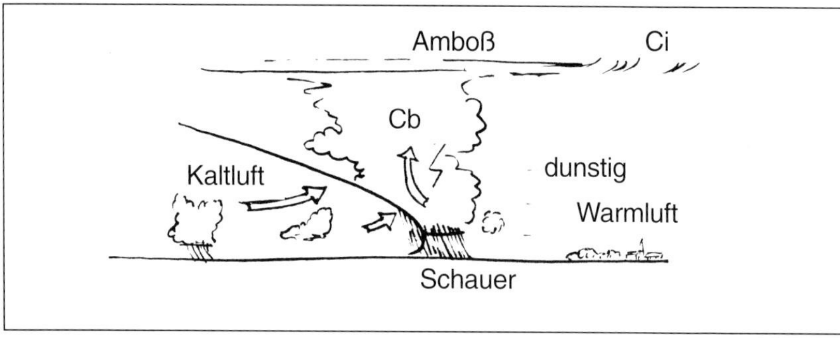

Seitenansicht einer aktiven Kaltfront

Durchzug der Kaltfront

Bei Durchzug einer Kaltfront wehen oft heftige Schauerböen. Dabei dreht der Wind schlagartig nach rechts, etwa von West auf Nordwest. Die Lufttemperatur sinkt, und das Barometer steigt unmittelbar. Oft treten Gewitter auf, die viele Kilometer tief sein können. Nach Passieren der Front klart es plötzlich auf. Man befindet sich auf der *Rückseite*.

Auf der Rückseite des Tiefs

Nun erlebt man das typische *Rückseitenwetter*: Die Sonne scheint über eine weite, windige Landschaft, die wie frisch gewaschen aussieht. Die Sicht ist klar, in den Sonnenfeldern leuchten pralle Farben. Von Nordwesten her wandern dicke Cumuluswolken. Aus ihren dunklen Unterseiten gehen Schauerböen nieder. Dann flaut der Wind langsam ab. Zwischen den Schauerwolken läßt es sich jetzt wieder fliegen, es ist aber noch sehr »bockig«. Je weiter sich die Front entfernt, desto geringer wird die Schauertätigkeit. Man sieht die Schauer von weitem und kann sie umfliegen. Der Luftdruck steigt schnell, so daß der Höhenmesser – wenn man ihn nicht nachstellt – niedriger als die tatsächliche Flug- oder Platzhöhe anzeigt. Das ist, im Gegensatz zu der zu hohen Anzeige bei fallendem Luftdruck, unproblematisch. Durch den höheren Luftdruck und die kühle, trockene Luft hat das Flugzeug jetzt gute Steigeigenschaften. Die Luftdichte ist größer, die Flächen tragen gut, der Motor läuft satt und rund.

Jetzt kann es passieren, daß ein Regenschauer über dem Zielflugplatz die Landung versperrt. Wir drehen Kreise und warten, bis der Schauer weitergezogen ist. Landet man unmittelbar hinter einem heftigen Schauer auf einer Grasbahn, muß man mit schlüpfrigem, aufgeweichtem Untergrund rechnen. In tiefen Wasserpfützen besteht die Gefahr von Überschlag. Auch auf älteren Betonbahnen, deren Platten sich schon stellenweise abgesenkt haben, können tiefe Pfützen stehen.

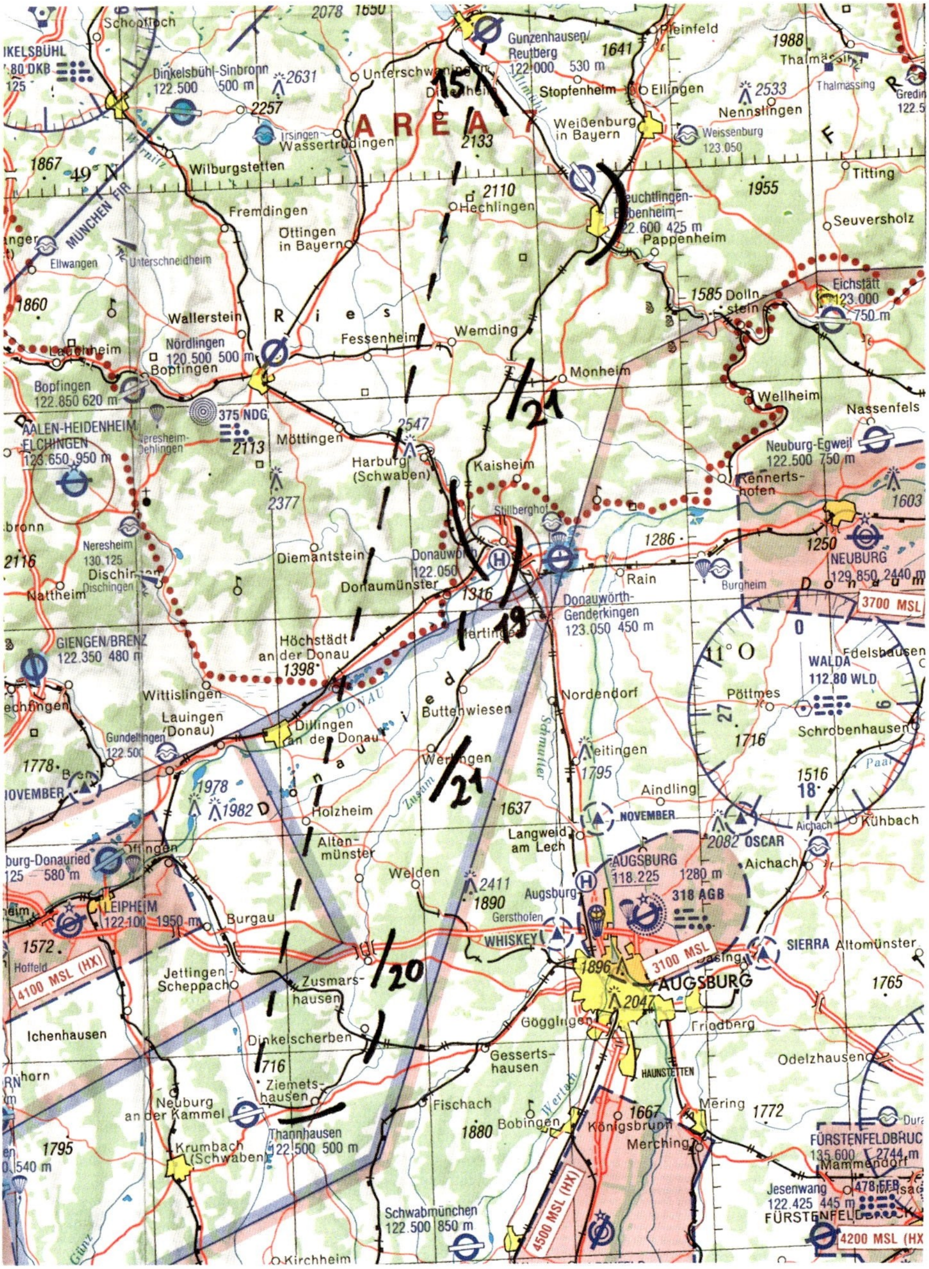

Ideallinie und Markierung der Leitlinien

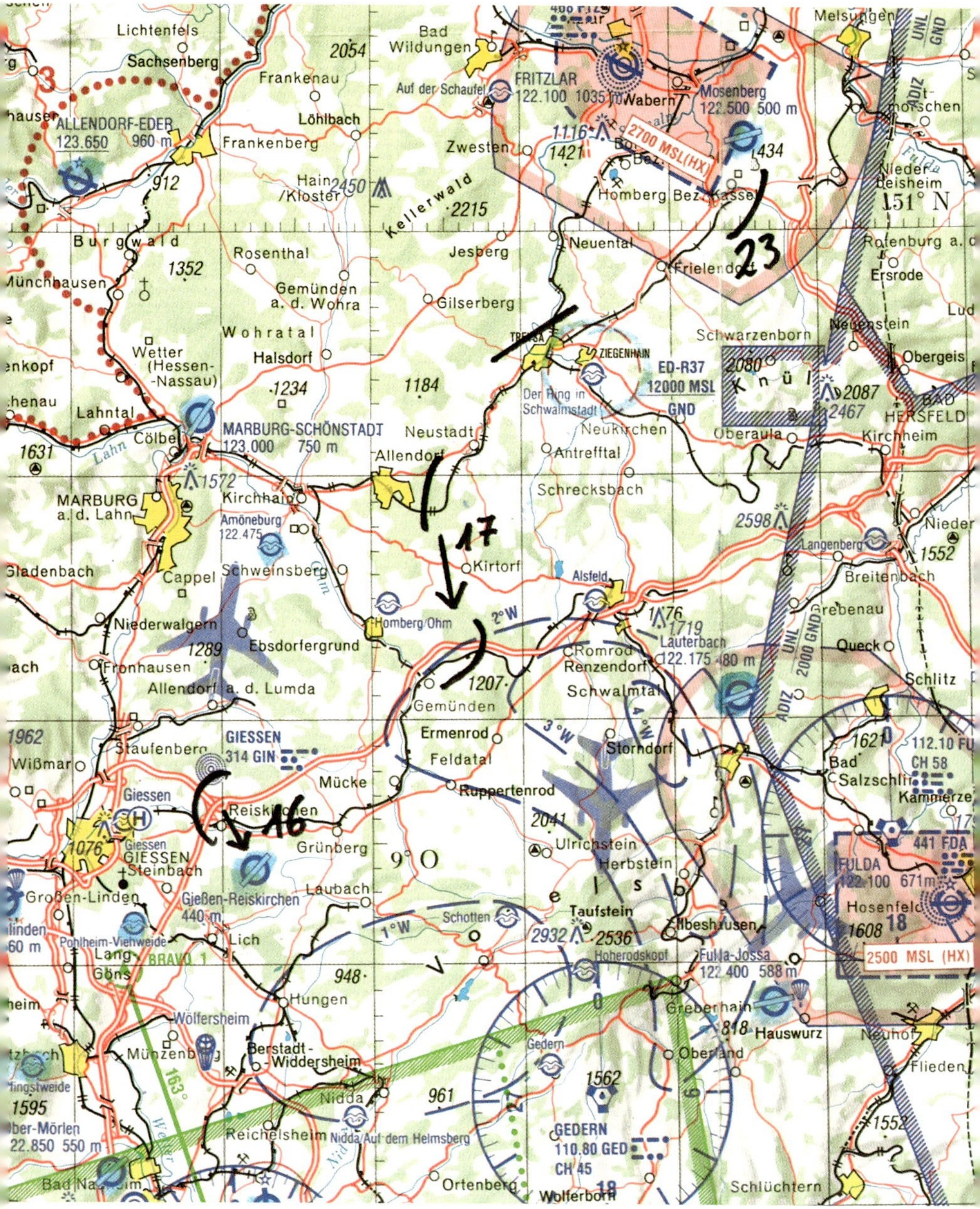

Springen zwischen Leitlinien

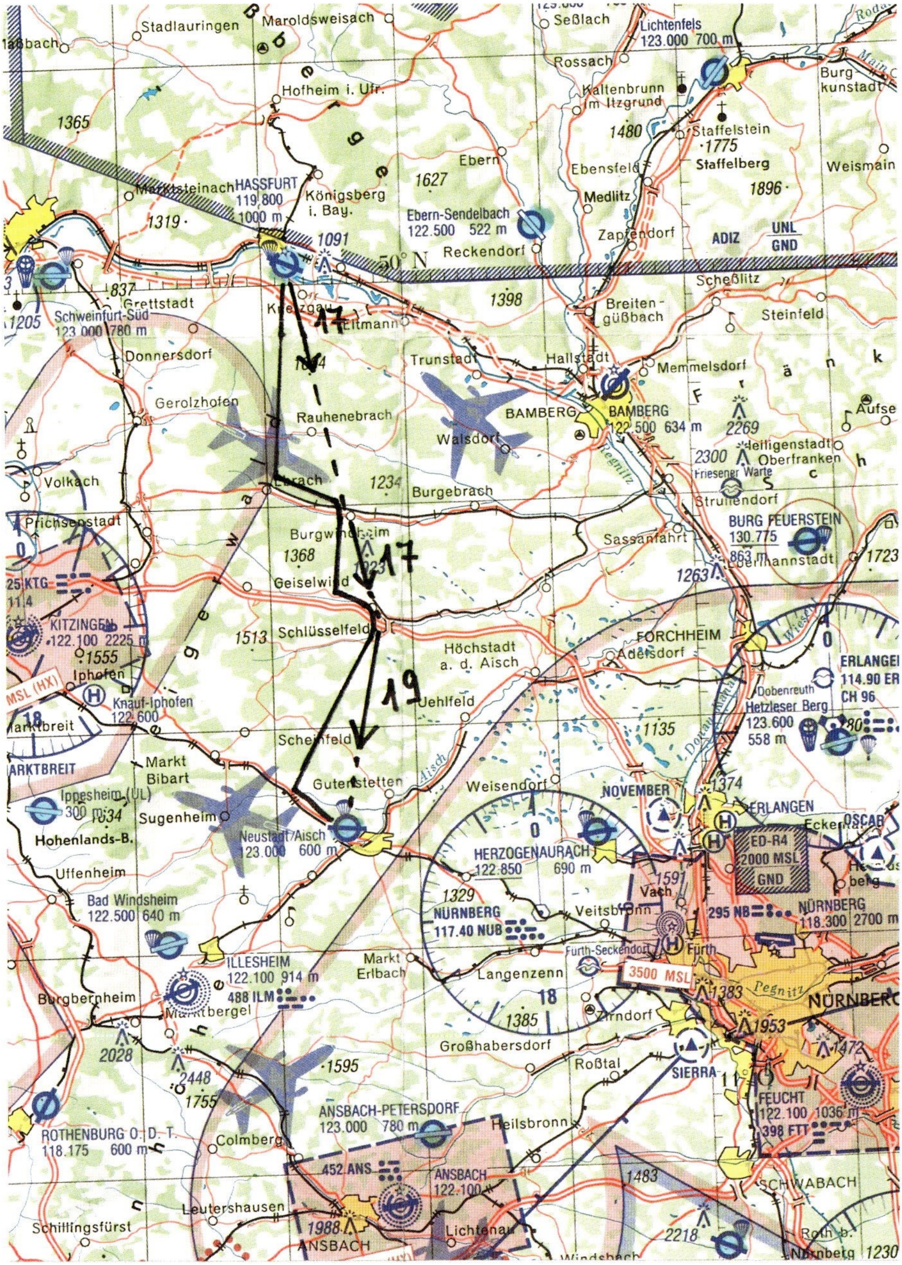

Von Auffanglinie zu Auffanglinie – je nachdem als Luv- oder Lee-Methode

Flug im warmen Sektor. Durch den Dunst ist die Cumulus-Mauer der Kaltfront bereits deutlich zu erkennen

Flug im warmen Sektor. Wir sind bereits im Wolkenschatten der Kaltfront. Wenige Minuten später wird gelandet und verzurrt

Typische Rückseite: Sonne, Wind, Cu, Cb

…ende Warmfront: Cirrus wird zu Cirro-stratus

Gefährlicher Trog

Fallen im Wetterbericht die Begriffe *Trog, Trogtief, Teiltief* oder *Randtief,* sollte der Flieger aufhorchen. Es handelt sich zumeist um gefährliche, stürmische Gebilde. Sie ziehen bis zu 80 Stundenkilometer schnell. In ihrem Inneren herrscht meist das schlechteste Wetter innerhalb des gesamten Tiefs. Besonders Tröge haben die Eigenschaft, nach scheinbarer Wetterbesserung unvermittelt mit heftigen Schauern und schweren Sturmböen loszubrechen. Tröge sind oft schwer vorherzusagen und fehlen bisweilen in den Wetterprognosen, obwohl sie da sind. Oftmals kündigen sie sich erst an, wenn das Wetter anstatt des typischen Durchganges der Kaltfront ganz anders reagiert:

Man erwartet, daß es aufklart, daß der Wind böig nach rechts dreht, Cumuluswolken mit Schauern über Land ziehen und der Luftdruck deutlich steigt. Stattdessen kommt zwar die Sonne durch, die Sicht bleibt aber mäßig und der Wind läßt nach. Es handelt sich um eine *Flautefront*. Dabei dreht der Wind zurück (nach links), und der Luftdruck fällt. Die letzten beiden Beobachtungen sollten immer alarmieren! Die größte Gefahr ist, daß diese Zeichen über der scheinbaren Wetterbesserung übersehen werden. Bei derartigen Anzeichen sollte man das Flugzeug in die Halle schieben oder fest am Boden verankern – möglichst im Windschutz von Gebäuden, Knicks oder Waldkanten. Auch sollte man berücksichtigen, daß ein hereinbrechender Trogsturm möglicherweise 90 Grad rechtsdrehen wird.

Trogtief

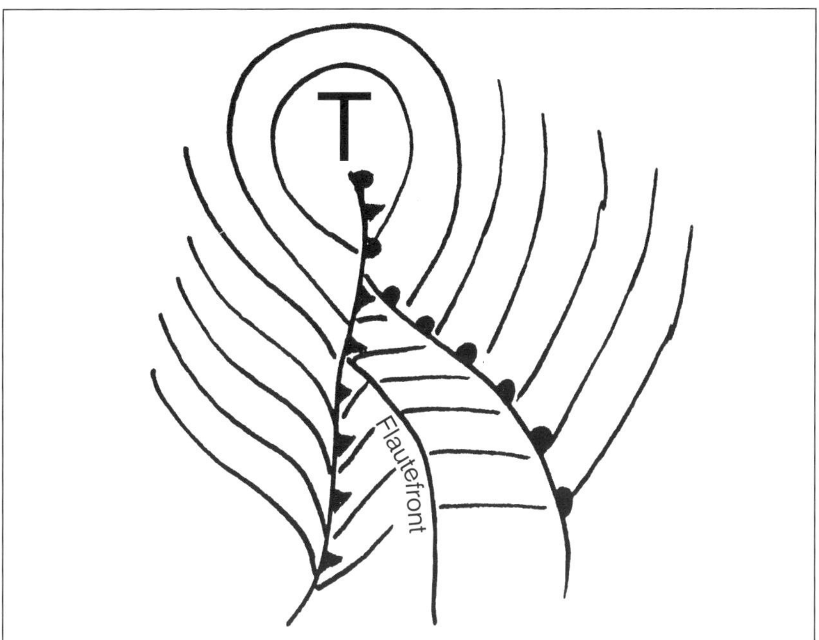

Im Hoch oder Zwischenhoch

Leider kündigt sich häufig nach Durchzug der Kaltfront schon die nächste Warmfront mit hohen Schichtwolken an.

Im anderen Fall allerdings setzt sich langsam Hoch- oder Zwischenhocheinfluß durch. Vorherrschend sind dann meistens leichter Wind und sonniges Wetter.

Hält die Hochdrucklage über mehrere Tage an, kann das Wetter zuweilen auch weniger »schön« werden. Anfangs herrschte strahlend blauer Himmel mit locker quellenden Cumuli, doch die großräumig absinkende Hochdruckluft verursacht eine *Inversionsschicht*. Dort sinkt die Lufttemperatur mit zunehmender Höhe nicht im gleichen Maße wie unterhalb der Schicht oder wird sogar wieder wärmer (siehe Kapitel *Hochnebel*). Die Entwicklung der Cumuluswolken wird an dieser »Sperrschicht« abgeblockt. Darunter wird der aufsteigende Dunst immer dichter. Schließlich liegt alles unter weiß-grauer Schichtbewölkung, in der diffuse Haufenwolken eingelagert sein können. Die Sonne ist nur noch als fahle weiße Scheibe zu erkennen. In der kalten Jahreszeit gibt es *Hochnebel*. Gegen den Sonnenstand herrscht kaum noch Flugsicht, vor allem wenn die Sonne morgens oder abends niedrig steht. Das Wetter erscheint ähnlich wie im Warmluftsektor. So können sich auch in Hochdruckzonen Bedingungen unterhalb VMC entwickeln.

Thermik

Sonne, weiße Wolken und klare Sicht bedeuten gutes Flugwetter – doch nicht für jeden. Für Segelflieger, aber auch für Ultraleichtflieger sind die *adiabatischen Temperaturgradienten* interessant. Beide vertreten dabei ganz entgegengesetzte Interessen. Bei adiabatischen Vorgängen handelt es sich um die Temperaturab- oder -zunahme in aufsteigenden oder absinkenden Luftmassen ohne Wärmeeinfluß von außen. Denn allein durch die Ausdehnung kühlt sich ein Luftpaket beim Aufsteigen in dünnere Luftschichten bereits ab. Ebenso erwärmt es sich beim Absinken in dichtere Luftschichten durch Zusammendrücken. Wir wollen das Thema nicht in der für Segelflieger notwendigen Gründlichkeit durchleuchten. Uns geht es nur um die Frage: *Thermik* oder nicht? Dabei ist entscheidend, ob die Luftschichtung *labil, stabil* oder *indifferent* ist. Dem UL-Flieger ist eher an stabiler oder indifferenter Luftschichtung gelegen.

Bei stabiler Luftschichtung kühlt sich eine aufsteigende Luftblase schneller ab als die Luft ihrer Umgebung. Sie wird deshalb bald wieder absinken. Die Luftmassen bleiben ruhig. Bei indifferenter Luftschichtung haben alle Luftteilchen einer Luftblase immer die gleiche Temperatur und Dichte wie die umgebende Luft. Deshalb werden keine Vertikalbewegungen der Luft stattfinden. Die Luftmassen bleiben ebenfalls ruhig.

Schönwetter-Cumuli bei geringer Luftfeuchte

Der Segelflieger hingegen wünscht sich *instabile*, beziehungsweise labile Luftschichtung. Dabei bleibt eine aufsteigende Luftblase stetig wärmer und von geringerer Dichte als die sie umgebende Luft. Dadurch wird sie immer weiter steigen und schließlich am *Kondensationsniveau* quellende Cumuluswolken bilden. Die Bedingung für *Thermik* ist gegeben. Thermik kann bei entsprechend hoch liegendem Kondensationsniveau auch unsichtbar, also ohne Wolken, auftreten – die sogenannte *Blauthermik*. Darüber freuen sich die Segelflieger.

Für motorgetriebene Leichtflugzeuge bedeutet Thermik dagegen unruhiges Fliegen mit heftigen Auf- und Abwinden, die das Luftfahrzeug und den Piloten stark beanspruchen können. Die idealen Tageszeiten für Ultraleichte sind jetzt der Morgen bis in den Vormittag und die späten Nachmittagsstunden bis Sonnenuntergang. Morgens hat die Sonne die »Thermikmaschine« noch nicht angeworfen, nachmittags und abends steht die Sonne schon tief, die Thermik läßt nach, und die Cumuluswolken fallen zusammen.

Ist der UL-Flieger gezwungen, bei starker Thermik zu fliegen, kann er sich wie der Segelflieger die Aufwinde zunutze machen, um Höhe zu erreichen. Ebenso kann er Abwindfelder ausnutzen, um Höhe abzubauen. Das ist beson-

Abendwolken: Die Cumuli vom Nachmittag sinken zu Strato-cumulus zusammen

Häufige Wettererscheinung: Die Cumuli der Rückseite werden bereits vom Stratus der nächsten Warmfront überlagert

ders für die Besitzer von Zweitankmotoren interessant. Beim Sinkflug kühlen die Motoren schnell stark ab. Zudem ist die Schmierung im Leerlauf durch die geringe Zufuhr des Benzin/Ölgemisches sehr schlecht. Deshalb lassen viele UL-Flieger auch im Sinkflug etwas Gas stehen. So kommen sie natürlich nicht ganz so schnell herunter. Jetzt ist es von Vorteil zu wissen, wo Abwindfelder stehen.

Ein Sommertag im Hoch

Bei einigermaßen ausgeglichener Wetterlage mit instabilen Luftmassen entstehen am Vormittag die ersten Haufenwolken (Cumulus). Durch ihren Vertikalaufbau »verzahnen« sie die morgens noch ruhigen unteren Luftschichten mit den schneller strömenden oberen Luftschichten. Mit zunehmender Bildung bringen die Wolken so den Höhenwind von oben nach unten. Wenn man morgens noch mit »null Wind auf der Bahn« seine Platzrunden drehen konnte, so weht es mittags bereits mäßig. Am frühen Nachmittag sind die Cumuli zu mächtigen Gebilden herangewachsen, und es weht stark und böig. Dann werden die meisten Ultraleichtflieger lieber auf dem Rücken im Gras liegen, den Segelfliegern hinterherschauen und vom Abend träumen.

Wenn am späten Nachmittag die Wolken zusammensinken, flaut der Wind wieder ab. Abends liegen dann meist langgestreckte dunkle Wolkenbänder vor der untergehenden Sonne. Es sind die Reste der zusammengefallenen Cumuluswolken vom Nachmittag. Sie sehen manchmal bedrohlich aus, haben aber für die Wettervorhersage keine Bedeutung. Jetzt ist die Luft vollkommen ruhig, und das Flugzeug hängt reglos in der Luft wie an einen unsichtbaren Faden. Wer seiner Großmutter einen Rundflug versprochen hat, sollte bei sommerlichem Hochdruckwetter die Stunde vor Sonnenuntergang wählen.

Das Flugzeug bei Wind

Wind ist nichts weiter als Luft, die aus einem Bereich von höherem Druck in einen Bereich von tieferem Druck strömt. Um die Sicherheit der augenblicklichen Flugsituation abzuschätzen, muß der Wind immer berücksichtigt werden.

Unterschiedliche Windgeschwindigkeiten, Bodenböen und Windscherungen

Luftmassen sind nie homogen. Beim Durchfliegen verschieden schnell bewegter Luftmassen wird der Flieger immer wieder aus einer Schicht schnell dahinfließender Luftmasse in eine Schicht viel langsamer fließender Luftmasse hineinstoßen. Fliegt er dabei gegen den Wind, kommt es zu einem plötzlichen relativen Fahrtverlust. Die Anströmgeschwindigkeit an den Flügelprofilen kann sich soweit verringern, daß die tragende Luftströmung abreißt: Der Flieger sackt durch oder schmiert seitlich ab.

Bei Start und Landung soll der Wind von vorn kommen. Beim Start ist die Gefahr geringer, weil der Wind in zunehmender Höhe meistens stärker weht. Es kann aber auch umgekehrt sein. Das ist sehr gefährlich, sofern das Flugzeug nicht mit reichlich Fahrtreserve steigt.

Durch starke Sonneneinstrahlung kommt es in bodennahen Luftschichten gelegentlich zu thermischen *Bodenböen*. Bodenböen können aber auch andere Ursachen haben. Angenommen, die Luftschicht am Boden weht böig von vorn, und die Luft darüber ist relativ unbewegt. Dann wird die Fahrt beim Steigflug plötzlich stark abnehmen und die Strömung möglicherweise abreißen. Bei unsteter Böigkeit sollte man deshalb immer mit reichlich Fahrtreserve steigen, bis man genügend Sicherheitshöhe erreicht hat. Auch durch Ablösung und Aufsteigen von erwärmten Luftpaketen über der Startbahn kann es zu gefährlichen

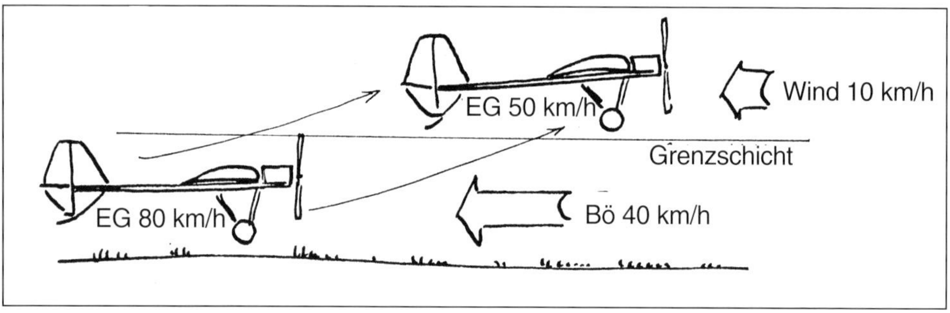

Flugzeug startet bei Bodenbö

Böen kommen. Dann strömt von allen Seiten Luft in das am Boden entstandene Kleintief. So kann bei Start oder Landung plötzlich aus dem Gegenwind eine heftige Seiten- oder Rückenbö werden.
Eine andere Gefahr besteht, wenn man nach einem Start bei Seitenwind nach Lee in den Querabflug einkurvt und dabei aus der bodennahen, langsam strömenden Luftschicht in eine darüber liegende, schnell strömende Luftschicht steigt. Dadurch verringert sich plötzlich die Geschwindigkeit des Flugzeuges durch die Luft. Es kann bei zu wenig Fahrtreserve durchsacken.

Wenn der Wind auf der Startbahn zuvor Hindernisse (wie Hallen oder Wald) passieren mußte, kann der Pilot im Lee dieser Hindernisse mit stationären *Leewalzen* rechnen. Leewalzen oder *Rotoren* sind waagerecht routierende, turbulente Luftschläuche mit einer Aufwind- und einer Abwindzone (siehe auch Kapitel *Rotoren* im Abschnitt über das Wetter im Gebirge). In Leewalzen wird der Flieger nach dem Start mit plötzlichem Rütteln und starkem Sinken rechnen müssen.

Hindernis mit Leewalze

Auch im Landeanflug muß bei böigem Wetter mit erhöhter Fahrt angeflogen werden. Denn wenn eine Bö von vorn schlagartig nachläßt, verringert sich ebenso schlagartig die Anströmgeschwindigkeit der Luft an den Tragflächen. Wenn das Flugzeug jetzt zu langsam ist, reißt die Strömung ab, der Flieger sackt durch und schlägt auf die Bahn.

Bei Böen muß auch immer mit *Windscherung* gerechnet werden. In der Höhe strömt die Luft aufgrund der fehlenden Bodenreibung schneller als an der Erdoberfläche. Dabei fließt die in der Höhe strömende Luft gegenüber der Bodenströmung aus einer bis etwa 30 Grad nach rechts geänderten Richtung. Die Grenzschicht zwischen den strömenden Luftschichten kann dabei gelegentlich sehr dünn und der Unterschied in der Windgeschwindigkeit groß sein. Abgesehen vom unvermittelten Seiten- oder Rückenwind liegt das Problem auch bei Windscherungen in der plötzlich geringeren Geschwindigkeit des Flugzeuges. Ob und wie hoch Windscherungen liegen, kann schlecht vorhergesagt werden.

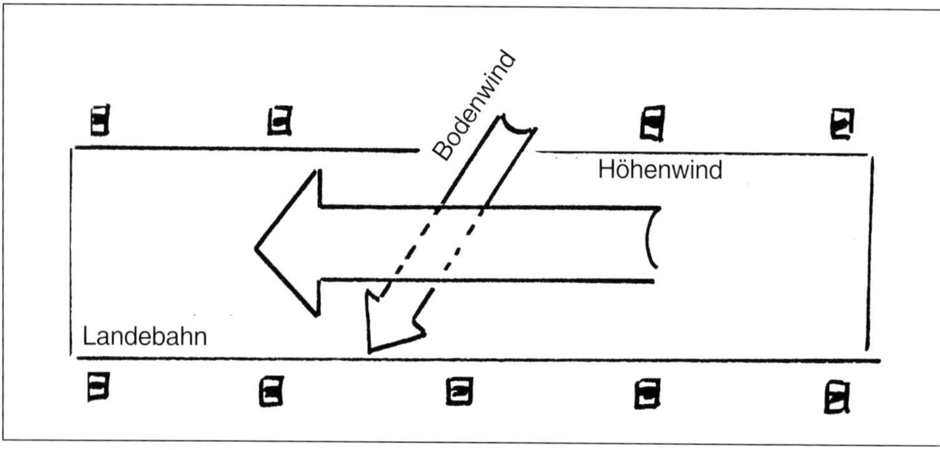

Windscherung

Manchmal liegen sie nur wenige Meter über dem Boden. Windrichtung, -stärke und andere Wetterfaktoren haben darauf Einfluß, vor allem aber die Geländestruktur. Tückische Windscherungen entstehen bei rechtwinklig zueinander oder gar gegeneinander strömenden Luftschichten. Um unvorhergesehenen Luftbewegungen zuvorzukommen, nähern sich umsichtige Piloten daher bei böigem Wetter immer mit Fahrtüberschuß dem Boden. Erst dicht über der Bahn lassen sie den Flieger langsamer werden und ausschweben.

Auch bei gleichmäßigem Wind benötigt das Flugzeug bei der Landung Überfahrt. Wenn es aus dem hochliegenden Bereich starken Gegenwindes in die bodennahe Schicht schwächeren Gegenwindes eintaucht, tritt der gleiche Effekt wie bei plötzlich abnehmenden Böen oder Windscherungen auf: Die Anströmgeschwindigkeit an den Flächen verringert sich. Bei geringer Fahrt reißt sie ganz ab. Das Flugzeug sackt durch oder kippt über eine Fläche ab – dicht über der Bahn, mit fatalen Folgen.

Flugzeug landet bei unterschiedlich starken Windströmungen

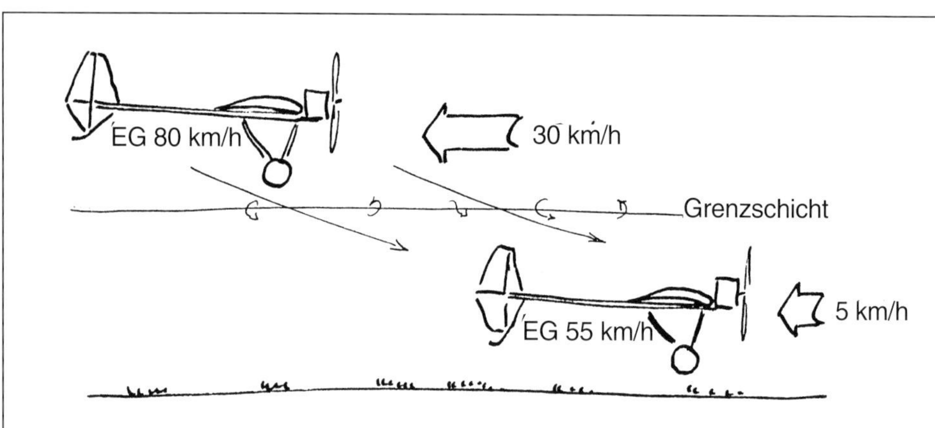

Leichte Flugzeuge bei Sturm und Starkwind

Ultraleichtflugzeuge werden am Boden, beim Start, im Reiseflug und bei der Landung ganz erheblich vom Wind beeinflußt. Bei Starkwind oder gar Sturm können sie in unkontrollierbare Flugzustände geraten. Leichte und ultraleiche Flugzeuge haben in schweren Turbulenzen nicht selten unfreiwillig Kunstflugfiguren vollführen müssen. Plötzliche Stürme sind für UL-Flugzeuge sehr gefährlich.

Man unterscheidet:

Sturmböen, die zusammen mit Gewittern oder schweren Schauerwolken auftreten. Sie dauern meist nicht länger als eine halbe Stunde.

Tiefdruckstürme, die mit Tiefdruckgebieten vorüberziehen. Sie dauern meist einen halben bis einen Tag. Manchmal folgen mehrere Sturmtiefs hintereinander. Dazu gehören auch *Trogstürme*. Oft folgen sie unmittelbar einer Flautefront (siehe Kapitel *Gefährlicher Trog*), oder sie folgen in Abständen von wenigen Stunden dem ersten Sturm nach. Sie flauen nach wenigen Stunden ab.

Hochdruckstürme, die durch anhaltendes starkes Luftdruckgefälle am Rande eines stabilen Hochs ausgelöst werden. Sie treten am häufigsten im Winter auf – meist als NO-Stürme bei einem Hoch über Skandinavien. Hochdruckstürme treten aber auch im Sommer auf. Dann wehen sie meist aus Südwest bis Nordwest am nördlichen Rand eines stabilen Hochs über Südeuropa. Dabei kann der Sturm ohne Richtungsänderung und bei gleichbleibendem Luftdruck über 24 Stunden andauern.

Tage mit mehr Wind als
6 Beaufort 20 kn 45 km/h 13 m/s

April	Mai	Juni	Juli	Aug.	Sept.	Okt.
6	4	4	5	7	10	13

Sturmhäufigkeit in der warmen Jahreszeit

Sturmhäufigkeit

Das Frühjahrswetter in Deutschland wird vom Atlantik noch am wenigsten beeinflußt. April und Mai pflegen bei uns die ruhigsten Monate zu sein. Auch der Juni zeigt nicht mehr als ein Prozent Sturm. Ab Mitte Juli nimmt die Sturmhäufigkeit zu, und im August kann man bereits mit drei Prozent Sturm rechnen. Eine weitere Zunahme der Sturmhäufigkeit tritt in der zweiten Septemberhälfte ein. Dann greifen die Atlantiktiefs bereits stark auf Mitteleuropa über. Von November bis März muß häufig mit heftigen Stürmen gerechnet werden.

Sturm und Starkwind bei der Landung und am Boden

Die zahlreichen Anekdoten von abgestellten oder rollenden Ultraleichtflugzeugen, die von Windböen einfach auf den Rücken geworfen wurden, beruhen auf Tatsachen. Besonders in den Küstenländern wird niemand ein UL längere Zeit unverankert auf dem Vorfeld stehen lassen. Bei windigem Wetter betrachtet man hier ein UL erst dann als sicher gelandet, wenn es windgeschützt in der Halle steht oder am Boden verankert worden ist. Ausführliche Erläuterungen über das Verhalten von Ultraleichtflugzeugen bei starkem Wind sollen anderen Handbüchern vorbehalten bleiben. Folgende Anmerkungen mögen aber als Erinnerung dienen:

Bei Starkwind mit Überfahrt landen – mit Spornrad unter Umständen Zweiradlandung! Bei Seitenwind mit gegen den Wind hängender Fläche landen – unter Umständen *Einradlandung*! Oder mit Windvorhalt und Überfahrt in den Bodenbereich und erst kurz vor dem Aufsetzen Flugzeug mit Seitenruder geradenehmen! Rollen immer mit Querruderausschlag gegen den Wind.

Ist man gezwungen, bei Sturm zu landen, kann es die Maschine retten, wenn man über Funk um Hilfskräfte bittet. Sie sollen sich in der Nähe des Aufsetzpunktes bereithalten, um das Flugzeug unmittelbar nach dem Aufsetzen an den Tragflächen festzuhalten. Bis die Helfer am Landepunkt sind, dreht man Warteschleifen. Mitdenkende Fliegerkameraden eilen von sich aus einem sturmgebeutelten Kameraden entgegen. Aber immer nach dessen Anweisungen handeln!

Bei schweren Böen sollten die Männer das Flugzeug immer *mit dem Leitwerk gegen den Wind* rollen, auch wenn das Ziel dabei nur in einem merkwürdigen Zickzackkurs angesteuert werden kann. Bugradflugzeuge drückt man am Schwanz in Dreipunktlage, damit der Wind die Tragflächen besser an den Boden drückt (siehe auch das Erlebnis der beiden KIEBITZ-Flieger im Kapitel *Gewitter*).

Man sieht gelegentlich Wasserkanister oder Zementplatten, die zum Verankern von Ultraleichtflugzeugen verwendet werden. Bei einem richtigem Sturm werden sie kaum ausreichen. Das leuchtet ein, wenn man sich klarmacht, daß ein zweisitziges UL bei 50 Stundenkilometer Fahrt bereits abheben kann (nicht soll!). 180 kg Nutzlast werden dabei ganz selbstverständlich mit in die Luft genommen. Dasselbe geschieht mit den meist viel leichteren Kanistern oder Zementplatten, wenn das Flugzeug auf der Wiese steht und von 50 Stundenkilometer Wind angeblasen wird. Diese Windgeschwindigkeit entspricht 27 Knoten beziehungsweise etwa 14 Meter pro Sekunde oder guten 6 Windstärken nach Beaufort, also nichts seltenes. Besser als Zementplatten halten in der Regel *Erdanker* in Form von tief in den Boden gedrehten Stahlspiralen oder kräftigen,

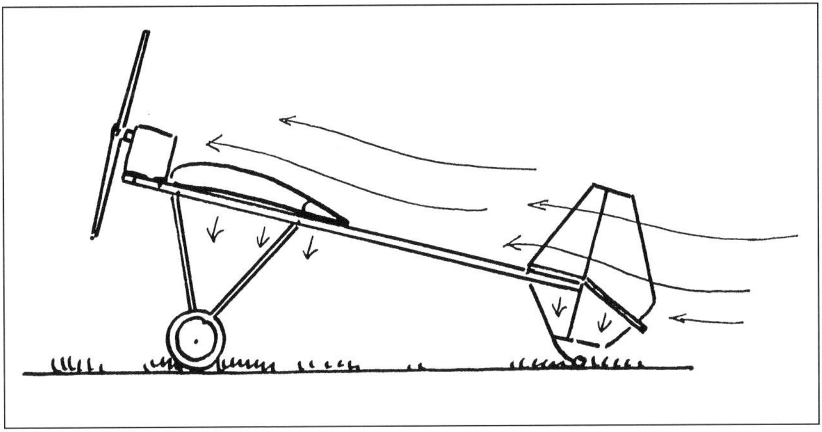

Windströmung von hinten über Leitwerk und Flächen

tief eingeschlagenen Häringen. Und vor allen Dingen muß das Flugzeug richtig zur Windrichtung stehen! Bei normaler Schönwetterböigkeit stehen die meisten Dreiachser einfach schräg gegen den Wind. Doch bei Gefahr von Sturmböen sieht es anders aus. Alle normalen Spornradflugzeuge und die allermeisten Bugradflugzeuge stehen dann am sichersten mit dem Leitwerk in Windrichtung – also: Wind von hinten. Dabei müssen die empfindlichen Leitwerkflossen und Querruder gegen Hin- und Herschlagen mit Extraverzurrungen gesichert werden.

Eine Ausnahme machen Motorsegler und UL, deren Hauptfahrwerk aus einem mittleren Rad besteht und deren Flächen durch seitliche kleine Stützräder vom Boden freigehalten werden. Diese Flugzeuge stellt man genau wie Segelflugzeuge ins »Winddreieck«: der Wind kommt schräg von hinten oder auch von vorn, so daß der Rumpf und die zum Boden herabgezogene Luv-Fläche im Winkel von 45 Grad angeblasen werden. Ähnlich werden auch Trikes und Minimums gesichert. Hier darf der Wind nahezu quer einfallen. Dabei wird die Fläche an der Luvseite direkt auf dem Boden verzurrt. Bei leichterem Wind genügt es, die Fläche mit einem Gewicht – wie beispielsweise einem Autoreifen – auf die Erde zu drücken.

Segler im »Winddreieck« mit beschwerten Tragflächen

Gewitter

Ein Gewitter stellt für die meisten Flieger zweifellos die großartigste und faszinierendste meteorologische Erscheinung dar. Doch Gewitter bergen erhebliche Gefahren. Da sie meist unmittelbar neben durchaus fliegbaren Wetterbedingungen auftreten, hat der Flieger immer Chancen, ihrem Gefahrenpotential zu begegnen. Deshalb wollen wir Gewittern hier etwas mehr Aufmerksamkeit widmen. Wir werden die Vorgänge bei Entstehung, Reife und Verfall einer typischen Gewitterwolke betrachten und dabei auf die Gefahren zu sprechen kommen.

Voraussetzung zur Bildung von Gewitterwolken sind starke Aufwärtsbewegungen großer, feuchter Luftmassen und instabile Schichtung der Atmosphäre. Man unterscheidet drei Arten von Gewittern:

Wärmegewitter entstehen, wenn sich feuchtwarme Luftmassen durch starke Sonneneinstrahlung erwärmen und in die Höhe steigen. Am häufigsten sind Wärmegewitter im Hochsommer.

Frontengewitter entstehen an aktiven Kaltfronten. Dort schiebt sich die wandernde Kaltluft unter feuchtwarme Luftmassen und drückt sie mit großer Geschwindigkeit in die Höhe. Frontengewitter können auch im Winter auftreten. Am häufigsten und heftigsten sind sie jedoch im Sommer.

Orographische Gewitter entstehen, wenn feuchtwarme Luftmassen durch die vorherrschende Windrichtung an einem natürlichen Hindernis, zum Beispiel einer Bergkette, in die Höhe gedrückt werden. Auch sie treten am häufigsten im Sommer auf.

Auf diese drei Haupttypen von Gewittern wollen wir näher eingehen.

Wärmegewitter

Das kurze, aber heftige Leben einer Gewitterwolke

Die Vorgänge vom Entstehen bis zum Vergehen einer Gewitterwolke sind bei allen Arten von Gewitter im Prinzip gleich. Wir betrachten diese Vorgänge am Beispiel eines sommerlichen Wärmegewitters.

Entstehung der Gewitterwolke

Sobald die starken Aufwinde die *Kondensationsgrenze* erreicht haben, bildet sich eine rasch emporwachsende *Cumuluswolke*. Die bei der Kondensation freiwerdende Wärmeenergie führt zu noch schnellerem Aufsteigen der Luftmassen in noch kältere Höhen und damit zu weiterer Kondensation. Dabei wird noch mehr Wärme frei – und so weiter. Eine Art Kettenreaktion setzt ein. In diesem Stadium herrscht innerhalb der gesamten *Gewitterzelle* nur Aufwind. Die Aufwinde können dabei Geschwindigkeiten von 100 Stundenkilometer erreichen. Der Durchmesser einer Gewitterzelle beträgt zwischen einem und mehreren Kilometern. Die emporgerissenen Luftmassen werden von der *Wolkenbasis* her durch heftigen Zustrom ersetzt. Dabei handelt es sich nicht um eine gleichmäßig fließende Luftsäule, sondern um einzelne große, emporschießende Luftblasen. Durch das gewaltige Luftvolumen, das die Wolke in die Höhe saugt, strömt Luft von allen Seiten auf die Wolkenbasis zu. Deshalb weht der Wind auf die herannahende Gewitterwolke zu. Am Erdboden entsteht der Eindruck, das Gewitter zöge gegen den Wind. Aber auch in der Höhe strömen große Luftmassen von der Seite her in die Wolke ein. Dies muß bedacht werden, wenn sich ein leichtes Flugzeug quellenden Gewitterzellen nähert. Es besteht die Gefahr, unversehens in die Wolke hineingesogen zu werden. In diesem Stadium bezeichnet man die junge Gewitterwolke als *Cumulo-congestus*. Sie bildet ein-

Cumulo-congestus

drucksvoll quellende Wolkentürme und wächst auf viele tausend Meter Höhe. Aber noch produziert sie keinen Niederschlag und elektrische Entladungen.

Reife der Gewitterwolke

Die Gewitterwolke ist voll ausgewachsen, wenn sie in 9000 bis 10000 Meter Höhe gegen die Tropopause stößt, die Grenzschicht zur Stratosphäre. Die Wolkenmassen können diese Inversionsschicht meist nicht durchstoßen. So werden die Wolken oben abgeplattet und fließen zu den Seiten hin auseinander. Man nennt diese Erscheinung *Amboß*, das typische Merkmal der *reifen* Gewitterwolke. Die nach oben quellenden kondensierten Wassermassen stauen sich an der Tropopause. Dort beginnen sie, durch ihr Gewicht wieder nach unten zu fallen. Neben den zahlreichen Aufwindfeldern entstehen so Abwindfelder. Dicht nebeneinander stehen nun *Schlote* oder *Kamine* von Aufwinden und Abwinden. Ihre Geschwindigkeitsunterschiede betragen leicht mehrere hundert Stundenkilometer! Zwischen den Schloten herrschen schwerste Wirbel und Windscherungen. Man braucht wenig Fantasie, um sich auszumalen, wie es einem Ultraleichtflugzeug in einer Gewitterwolke ergehen kann. Auch außerhalb der Wolke wird es außerordentlich turbulent. Im fortgeschrittenen Reifestadium der Gewitterwolke wird der Aufwindstrom an den Wolkenrändern in heftige Abwärtsrichtung versetzt. In der Grenzschicht zwischen aufquellenden Wolken und abströ-

Schnitt durch eine Cb im Reifestadium

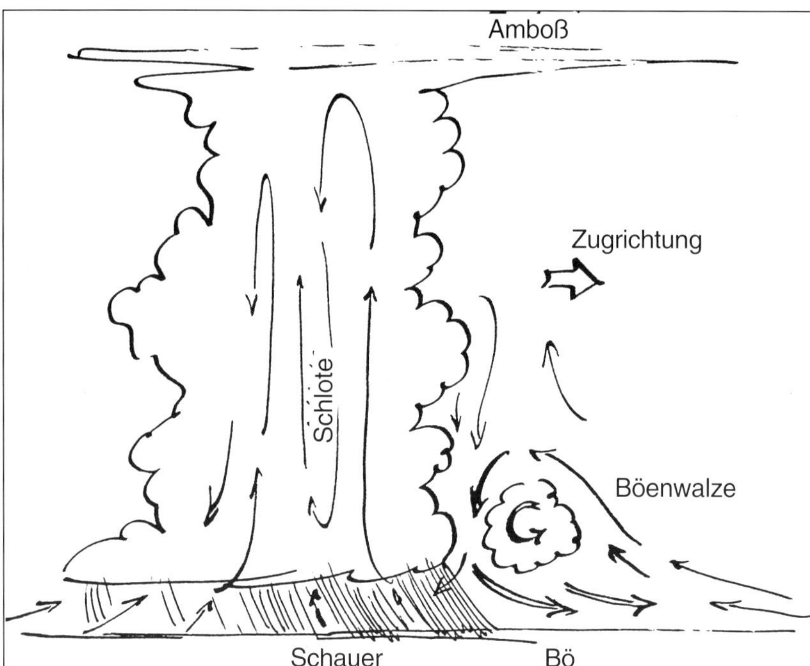

mender klarer Luft herrscht schwere Turbulenz. Ein Ergebnis der heftigen Abwärtsströmung vor der Wolke ist die in geringer Entfernung vor dem Gewitter einherziehende *Böenwalze.* An der Vorderseite von Böenwalzen herrschen wiederum starke Aufwinde. Die ersten weiten Überlandflüge von Segelflugzeugen gelangen in den dreißiger Jahren an der Vorderseite von Frontengewittern. Das zeigt, daß eine Gewitterwolke kein unberechenbares Ungetüm sein muß. Kennt man ihre Gesetzmäßigkeiten, kann man sich in angemessenem Abstand von ihr mit kalkulierbarem Risiko bewegen.
»Da drinnen aber ist`s fürchterlich!« Davon konnten die Segelflugpioniere erzählen, wenn sie in die Gewitterzelle hineinflogen – falls sie ihr Abenteuer überlebten. Nicht alle hatten dieses Glück. Manche fand man erfroren neben ihrem geöffneten Fallschirm, teils furchtbar entstellt vom Hagel, oft zig-Kilometer von den Wrackteilen ihres Fliegers entfernt. Damals zog die Verlockung ungeahnt weiter Streckenflüge viele Segelflieger in ihren Bann, ohne daß sie sich des vollen Ausmaßes der Gefahr bewußt waren.

Es war im Juli 1931 auf der Rhön. Wolf Hirth erzählt: *...An die Front glaubte kein Mensch mehr, und so benutzte ich die KLEMM meines Bruders Hellmuth, um mit »Benzinaufwind« zu einem Erkundigungsflug nach dem Öchsenberg bei Vacha zu fliegen, für dessen Umrundung mit dem Segler ein Sonderpreis ausgesetzt war. Nach einem halbstündigen Flug war ich schon halb zur Wasserkuppe zurückgekehrt, als ich fern im Westen eine schwarze Wolkenwand wahrnahm. Aha, also doch noch!*

»Veronika, die Front ist da,
die Flieger singen trallala,
das ganze Lager pennt,
nur der Professor rennt.«

[Gemeint war Professor Georgii, der berühmte Segelflug-und Flugwetterforscher]. Das Ungeheuer war noch unendlich weit entfernt, so war wohl noch Zeit, ihm mal mit der Motormaschine entgegenzufliegen. Ich überflog die Wasserkuppe und konnte unten allgemeinen Hochbetrieb feststellen. Auch mein MUSTERLE war, von der treuen Startmannschaft vorsorglich in Marsch gesetzt, wieder auf dem Weg zum Start. Etwa 20 Kilometer von der Kuppe entfernt, über der Stadt Fulda, erreichte ich die langgestreckte Wolkenwalze (Böenwalze), deren mächtiger Aufwind durch schnelles Steigen der KLEMM trotz völlig gedrosselten Motors sofort festzustellen war. Mit Vollgas brauste mein Leichtflugzeug wieder der Wasserkuppe zu, verfolgt von dem schnell nachziehenden Gewitter. Keine Minute zu früh landete ich, rollte zur Motorhalle, »lieh« mir ein Motorrad, das dort an der Wand stand, und jagte den Kuppenhang hinauf zum Startplatz. Dort war Hochbetrieb, Durcheinanderennen, Verwirrung. Meldezettel wurden geschrieben, die Sportleitung mit hundert Fragen bestürmt. Wer startet zuerst? Zwölf Maschinen wollten gleichzeitig los. Ich war zuletzt gekommen, hätte zuletzt starten müssen, fand aber einen Ausweg. Lieber unter den ersten starten

und dafür 50 Meter tiefer, als oben und zuletzt. Ein Ruf zur Sportleitung, genehmigt, gut. Mit Sack und Pack zog ich im letzten Moment um, ein Stück hangabwärts. Meine gut instruierte Startmannschaft arbeitete mustergültig. Während einige in aller Eile die Gummiseile auslegten, halfen mir andere in den Fallschirmgurt [Hirth trug eine Beinprotese]. Mein Instrumentenmann setzte den Barographen [als Höhenbeweismittel] in Gang, hinten schlug einer den Haltenagel in den Boden, zwei hielten die Flügel, ein weiterer meine Instrumentenhaube. Als ich einstieg, begann der Sturm, zugleich brauste Grönhoff schon im FAFNIR fünf Meter hoch über mich weg. Das Rennen hatte begonnen. Festgeschnallt, Startkommando, Auslösung! Heidi - Veronika, ihr Jungens, wo seh' ich euch wieder? Eia, war das ein Wind! Man stand über dem Hang in der Luft, stieg wie im Fahrstuhl, nur schneller. Die schwarze Welle war schon über uns weg, weit voraus. Wo waren die zwölf Maschinen? Nur noch drei, vier zu sehen. Aha, weit rechts noch einige – im Tal von Abtsroda. Ob die keinen Fehler gemacht haben? Ich hielt mich weiter links. Da war ein schwefelgelber Gewitterrand hinter mir, als Nothang die hohe Rhön. Jetzt 450 Meter hoch und in den Rückenwind, die hohe Rhön kam näher. Über dem Roten Moor schwere Abwindböen – ungemütlich! Mein Gehäuse war auf dem kurzen Stück 200 Meter tiefer gerutscht, der Höhenmesser log nicht. Wo aber waren all die anderen? Aha, da unten einer! ... Und da war ja auch wieder der FAFNIR, näher dem Ziel, dem Kopf der Front. Plötzlich noch einer, in nächster Nähe, auch ein alter Bekannter, Stark auf der DARMSTADT. Der mußte hinter mir gewesen sein. Jetzt stand er kaum 50 Meter neben mir, noch näher, 25 Meter. Stark winkte. Doch schön, hier oben nicht ganz allein zu sein. Aber jetzt wurde es höchste Zeit, abzuhauen. Es fing an, ganz fein zu regnen; fein, aber schmerzhaft, wenn es ins Gesicht traf. Stark wurde es sichtbar unbehaglich [er flog offen]. Ich dagegen hatte es gut in meiner »Limousine« mit den großen Fenstern. Der Regen trommelte fast gemütlich. Aber dann kam ein Hexentanz. Mit 120 Kilometer Stundengeschwindigkeit über Grund zischten wir im Rückenwind durch die Gegend. Oho, die ersten Abwindböen! Wie das herunterging! Vier Meter Fallen zeigte das Variometer. Die kurz vorher langsam erkämpfte Höhe ging wieder verloren. Der Ostabfall der Rhön saugte uns herunter wie ein Strudel. Der Boden kam rasend näher. Ja, das durfte es doch nicht geben! Hier schon landen, noch keine 30 Kilometer weit! Auch unten jagte sichtbar der Sturm. Die Bäume bogen sich, lange Staubfahnen säumten die Straßen und verschleierten Wiesen und Felder. Bei diesem Orkan mußte ja der kleinste Hügel Aufwind geben. Aber die Geba lag zuweit südlich, der Dolmar noch unerreichbar fern. Doch vorn war irgendein kleiner »Maulwurfshaufen« von Berg zu sehen. Besser an seinem Fuß landen, als kampflos auf einer schönen Wiese aufgeben. Oh, die Böen! Das ging schlagartig immer gleich 50 Meter hinauf und herunter. Vor dem Zwerghang noch unter Gipfelhöhe eine Steilkurve und dabei gleich einen ordentlichen Wischer aufs Dach. Zehn Sekunden Ruhe. Die Kiste steigt wie die Glaskugel auf dem Springbrunnen. 100 Meter höher eine Schüttelbö. Armes MUSTERLE, die Bö hat ja einen Rüttelfalken aus dir gemacht! Die Flügelenden schwingen um 20 Zentimeter auf und ab. Mein baskenbemütztes Haupt bekämpft das Limousinendach. Tiefatmen gelingt immer nur halb. Sonst schöne Gegend, es geht immer noch höher, aber die Böen sind zum Graue-Haare-Kriegen, so hart und überraschend. Der Frontkopf ist immer noch weit voraus, hat's eilig, zum Thüringer Wald zu kommen. Kein anderer Segler mehr zu sehen. Wo bleiben sie wohl alle? Darf keine Zeit verlieren; ran an die Aufwindfront! Im Notfall gibt's am Dolmar wieder Aufwind. Gerade stand ich noch unbeweglich über einem Fleck, dem »Maulwurfshaufen«; jetzt geht es wieder mit Sausefahrt über Wald und Feld. Viel hinunter, wenig hinauf. Da kommt ja das Meininger Tal, der Dolmar wird greifbar. Aber ehe ich mich für seinen Hangwind [siehe Kapitel: Flugwetter im Gebirge] interessieren kann, mitten über dem Nordzipfel von Meiningen, kommt die Erlösung. Ein Aufwindfeld von seltener Intensität trägt mich in paradiesischer Ruhe höher und höher. Mein großer Vogel beginnt sein ruhiges Kreisen. Das Variometer zeigt drei, vier fünf Meter pro Sekunde Steigen, dann steht der Zeiger am Anschlag. Nach fünf oder sechs großen Kreisen habe ich 1000 Meter Höhe über der Wasserkuppe erreicht; die schwarze Wolke über mir ist nahe gekommen, Meiningen unter mir winzig klein geworden. Jetzt aber vollends durch zur Front! Zu spät! Mein Flugwerkzeug steigt rettungslos, kein Entrinnen (!). 1200 Meter, 1300, 1400, und schon bin ich in der Wolke drin. Jetzt kommt der Wendezeiger zum Einsatz. Es tut gut, sich im Blindflug sicher und geübt zu fühlen. Immer dem Kompaß nach haarscharf nach Osten und am Wendezeiger kontrolliert, daß keine Abweichung sich einschleicht. Grau in Grau alles um mich herum, aber zum Glück auch still und unbewegt [wiederholt beobachtet im äußeren Rand von Gewitterwolken]. Die Minuten werden lang, aber endlich wird es vor mir wieder klar. 1700 Meter über dem Startplatz stoße ich aus der Frontwolke. Mein treues »Geflügel« fliegt nun von allein, so ruhig ist die Luft. Ich kann ohne Aufregung spazieren sehen. Und was, ja was sehen da meine erstaunten Augen? Ein paar hundert Meter schräg unter mir fliegt seelenruhig und selbstverständlich Grönhoff mit seinem FAFNIR. Schwungvoll und graziös, in sanften Kurven, zieht er seine Bahn – wie Sonja Heine auf dem Eis. Warum bin ich ihm nicht einfach nachgeflogen? Ob ich da den ganzen Kampf nicht hätte vermeiden können? Aber schöner ist es schon, man frißt sich allein durch. Und nun? Nun kamen schöne, genußreiche Stunden. Gemütlich mit Grönhoff zusammenfliegend, zog ich, immer vor der Front lang, über den Thüringer Wald weg. Zum Zeitvertreib tauchten wir abwechselnd in die Wolkenwand [anscheinend weit genug von der Wolkenzelle entfernt !]. Abwechselnd, um einen Zusammenstoß zu vermeiden. Erfurth lag zweieinhalbtausend Meter unter uns. Blumenbeete waren nicht mehr zu erkennen, wohl aber der Flugplatz. Und dann wurde es ganz langsam dämmrig. Nach einigen Stunden Flugdauer verließ ich die Front und begab mich nach einem nicht endenwollenden

Gleitflug nach Nordosten vor das Gewitter. Eine Karte hatte ich nicht mit [!], doch schienen mir einige Punkte bekannt. So auch ein größerer See, den ich gerade in der Mitte überflog. Ich wußte, daß ich ziemlich genau auf dem Weg nach Berlin war, nicht allzu weit von Halle. Die Saale erreichte ich an einer Stelle, wo sie in ein kleines Hügelgebiet einschneidet und das Tal deshalb sehr eng wird. Ich überflog den dort liegenden Ort zweimal in 30 bis 40 Meter Höhe und schrie den Dorfbewohnern zu: »Hallo, muß notlanden! Bitte Werkzeug mitbringen!« Beides klappte. Sowohl das Landen zwischen Heureitern, als die Hilfsmannschaft mit dem Werkzeug. Eine halbe Stunde nach der Landung war meine Maschine sicher im Trockenen, und als das nachgezogene Unwetter losbrach, saß ich schon frisch gewaschen und mit gutem Appetit beim Abendessen auf dem 175 Kilometer von der Wasserkuppe entfernten Schloß Friedeburg, dessen Bewohner mich eingeladen hatten und jetzt gastfreundlich bewirteten. ... Daß Grönhoff noch 45 Kilometer weiter gekommen war, konnte meine Freude an dem schönen Flug nicht trüben.

Hagel

In den Schloten im Inneren der Gewitterwolke entsteht der Hagel. Durch die starken Aufwinde werden selbst große Niederschlagsmengen in die Höhe gerissen. In den Höhen herrschen Temperaturen von minus 20 Grad Celsius und darunter. Dort gefrieren die unterkühlten Regentropfen zu Eiskörnern. Mit dem nächsten Abwindfeld fallen sie unter die Null-Grad-Grenze. Dort tauen sie an, und weitere Feuchtigkeit schlägt sich am Eiskern nieder. Dann werden sie wieder emporgerissen und gefrieren erneut. So setzen sie immer mehr Eis an und wachsen zu großen Hagelkörnern. Die Durchmesser der Hagelkörner in der Wolke liegt zwischen ein bis zwei Zentimetern. Sie können aber auch leicht Gänseei-Größe erreichen. Den Boden erreicht Hagel meist ziemlich abgetaut. Jedoch gibt es Ausnahmen wie die Münchner Hagelkatastrophe in den achziger Jahren. Die größten in Europa aufgefundenen Hagelstücke fielen in der Steiermark und wogen *anderthalb Kilo*!

Im Fluge können bereits zentimetergroße Hagelkörner in wenigen Sekunden schwersten Schaden an der Maschine anrichten. Ein Holz- oder Kunststoffpropeller wird in kürzester Zeit unbrauchbar. Größerer Hagel dürfte das Fluggerät augenblicklich zerstören und den Piloten im Cockpit erschlagen. Hagel entsteht in jeder Gewitterwolke, ohne daß er ausfallen muß. Bei den typischen großen Schauertropfen unter einer Gewitterwolke handelt es sich um geschmolzene Hagelkörner.

Zum Hagel kommt die Gefahr schwerer *Vereisung*. Aus großer Höhe werden nicht nur Hagelkörner, sondern auch stark unterkühlte, aber noch flüssige Wassertropfen herabgerissen. Treffen sie auf einen harten Gegenstand wie die Tragflächen, so gefrieren sie durch die Erschütterung unmittelbar. Innerhalb kürze-

Cb im Reifestadium

ster Zeit legt sich ein dichter Eispanzer um Zelle, Propeller, Tragflächen und Leitwerk. Der Propeller bekommt Unwucht, die Tragprofile verändern ihre Form, das Flugzeug wird schwer. Sogar die Steuerscharniere können blockieren. Diese Tatsachen sollten jeden Gedanken an das Durchfliegen einer Gewitterwolke, egal mit welcher Art von Flugzeug, im Ansatz unterdrücken. Selbst für moderne Großraumjets sind Gewitterwolken absolutes Tabu. Nur mit Spezialflugzeugen, die aus alten Kampfflugzeugen des Zweiten Weltkrieges umgebaut wurden, hat man für Forschungszwecke mutwillig den Kern von Gewitterwolken durchflogen.

Mit robusten Sportmaschinen werden gelegentlich Gewitter von kühnen Piloten *unterflogen*.

Vielleicht möchte mancher dem berühmten Manfred von Richthofen nacheifern. Der »Rote Baron« war im Kriegssommer 1916 als noch wenig erfahrener Kampfflieger absichtlich unter einem Gewitter hindurchgeflogen. Richthofen erzählt in seinem Buch *Der rote Kampfflieger*, wie er mit Hilfe der 160 PS seines ALBATROS-D-III-Doppeldeckers »durchkam« – so muß man es wohl nennen -, knapp über dem Erdboden, umhergewirbelt wie ein Blatt im Wind. Es gibt nicht allzuviele Berichte aus erster Hand von einem Gewitterflug mit einem offenen Leichtflugzeug. Darum möchte ich dem Leser dieses Kabinettstückchen der Fliegerei nicht vorenthalten.

Geben wir Richthofen das Wort: *Unsere Tätigkeit vor Verdun im Sommer 1916 wurde durch häufige Gewitterstürme gestört. Nichts Unangenehmeres gibt es für einen Flieger, als durch ein Gewitter hindurchzumüssen. Während der Somme-Schlacht zum Beispiel landete ein ganzes englisches Geschwader hinter unseren Linien, weil es durch ein Gewitter überrascht wurde. Es geriet so in Gefangenschaft. Ich hatte noch nie den Versuch gemacht, durch ein Gewitter hindurchzufliegen, und konnte es mir nicht verkneifen, das doch mal auszuprobieren. In der Luft war den ganzen Tag eine richtige Gewitterstimmung. Von meinem Flughafen Mont war ich nach dem nahen Metz hinübergeflogen, um dort einiges zu erledigen. Da ereignete sich bei meinem Nachhauseflug folgendes: Ich war auf dem Flugplatz in Metz und wollte nach meinem Flughafen zurück. Wie ich meine Maschine aus der Halle zog, machten sich die ersten Anzeichen eines nahen Gewittersturmes bemerkbar. Der Wind kräuselte den Sand, und eine pechschwarze Wand zog von Norden her heran. Alte, erfahrene Piloten rieten mir dringend ab, zu fliegen. Ich hatte aber versprochen, zu kommen, und es wäre mir furchtsam erschienen, wenn ich wegen eines dummen Gewitters ausgeblieben wäre. Also, Gas gegeben und mal probiert! Schon beim Start fing es an zu regnen. Die Brille mußte ich wegwerfen, um überhaupt etwas sehen zu können. Das Üble war, daß ich über die Moselberge hinwegmußte, durch deren Täler gerade der Gewittersturm brauste. Ich dachte mir: »Nur zu, es wird schon glücken«, und näherte mich mehr und mehr der schwarzen Wolke, die bis auf den Erdboden herunterreichte. Ich flog so niedrig wie möglich. Über Häuser und Baumreihen mußte ich teilweise hinwegspringen. Wo ich war, wußte ich schon lange nicht mehr. Der Sturm erfaßte meinen Apparat wie ein Stück Papier und trieb ihn vor sich her. Mir saß das Herz doch etwas tiefer. Landen konnte ich nicht mehr in den Bergen, also mußte durchgehalten werden. Um mich herum war es schwarz, unter mir bogen sich die Bäume im Sturm. Plötzlich lag vor mir eine bewaldete Höhe. Ich mußte auf sie zu, mein guter ALBATROS schaffte es und riß mich darüber hinweg. Ich konnte nur noch geradeaus fliegen; jedes Hindernis, das kam, mußte genommen werden. Es war die reinste Springkonkurrenz über Bäume, Dörfer, besonders Kirchtürme und Schornsteine, da ich höchstens noch fünf Meter hoch fliegen konnte, um in der schwarzen Gewitterwolke überhaupt noch etwas zu sehen. Um mich herum zuckten die Blitze. Ich wußte damals noch nicht, daß der Blitz nicht in das Flugzeug schlagen kann. Ich glaubte den sicheren Tod vor Augen zu haben, denn der Sturm mußte mich bei der nächsten Gelegenheit in ein Dorf oder in einen Wald werfen. Hätte der Motor ausgesetzt, so wäre ich erledigt gewesen. Da sah ich mit einem Male vor mir eine helle Stelle am Horizont. Dort hörte das Gewitter auf; erreichte ich diesen Punkt, so war ich gerettet. Die ganze Energie zusammennehmend, die ein junger, leichtsinniger Mensch haben kann, steuerte ich darauf zu. Plötzlich, wie abgerissen, war ich aus der Gewitterwolke heraus, flog zwar noch im strömenden Regen, aber fühlte mich im übrigen geborgen. Noch immer bei strömendem Regen landete ich in meinem Heimathafen, wo schon alles auf mich wartete, da von Metz bereits die Nachricht eingetroffen war, ich sei in einer Gewitterwolke, Richtung dorthin, verschwunden. Nie wieder werde ich, wenn es nicht mein Vaterland von mir fordert, durch einen Gewittersturm hindurchfliegen. In der Erinnerung ist alles schön, so gab es auch dabei schöne Momente, die ich in meinem Fliegerdasein nicht missen möchte.*

Dem brauchen wir nichts hinzufügen. Ob es sich um ein ausgedehntes thermisches Gewitter, typisch für die sommerliche, labile Wetterlage, von der Richthofen spricht, oder um ein Frontengewitter gehandelt hat, ist schwer zu sagen. Ob die Kante des Propellers mit Blech beschlagen war und, wenn nicht, wie der Holzpropeller nachher aussah, darüber erfahren wir leider nichts.

Ein unerwarteter Hagelschauer dürfte derartigen Vabanquespielen jeweils ein plötzliches Ende bereiten. Abgesehen von Sichtweiten nahe null Meter herrschen innerhalb der Gewitterschauer heftige Abwinde, die erst im Luftpolster dicht über dem Erdboden enden, auch deshalb mußte Richthofen in Bodennähe fliegen. In den Lücken zwischen den Schauerschleiern und am seitlichen Rand der Basis befinden sich die Öffnungen der Aufwindschlote. Wie ein riesiger Staubsauger können sie ein Ultraleichtflugzeug in sich hineinsaugen. Im UL hätte man im Zentrum einer Gewitterzelle kaum eine Chance. Ohne Sicht würde man sofort die Kontrolle verlieren. Auch ohne Hagel würde sich das Gerät durch unkontrollierte Sturzflüge in den Turbulenzen bald zerlegen.

Hier noch ein anderes Beispiel, das einer bekannten Luftfahrtzeitschrift entnommen ist:

Es war im Frühjahr 1990 in Texas. Ein 34jähriger Pilot war mit einer CESSNA 177 CARDINAL unterwegs. In Dallas riet man ihm, nicht nach Addison weiterzufliegen, da dort in der Nähe eine Reihe von Gewittern stünden. Aber der Pilot, er hatte 2200 Flugstunden und Instrumentenflugberechtigung, ließ sich nicht abhalten. Er sagte, daß er dort erwartet würde. Er gab einen IFR-Flugplan auf und startete. Als die CESSNA in die Nähe des ersten Gewitters kam, berichtete der Pilot dem Controller in Dallas heftige Regenschauer, kurz darauf schweren Hagel. Wenige Sekunden später teilte er mit, daß er soeben die Frontscheibe verloren habe und »sofort hier heraus« müsse. Der Controller teilte ihm gleich den Umkehrkurs mit, doch da war das Flugzeug schon vom Radarschirm verschwunden. Als letztes hörte der Controller aus dem Lautsprecher einen Schrei. Am nächsten Morgen fand man die Reste von Maschine und Pilot. Nach dem Unfallbericht soll der Absturz nicht in erster Linie durch die fehlende Frontscheibe verursacht worden sein, sondern durch Profilveränderungen der Tragflächen. Die schweren Hagelkörner hätten die Flügelnase vollkommen zerstört. Es hieß, an einigen Stellen sähe sie so aus, als sei das Flugzeug gegen eine Wand geflogen. Ob der Pilot schon vor dem Aufprall vom Hagel erschlagen worden war, geht aus dem Bericht nicht hervor.

Nun – Richthofens Maschine oder Ihr eigenes UL sähen in dieser Situation nicht weniger »alt« aus.

Auch das Auslösen des Rettungssystems in der Zelle einer Gewitterwolke würde die Leiden des Piloten nur verlängern. Dann beginnt nämlich das Todeskarussell in den Schloten. Die Sinkgeschwindigkeit am Fallschirm beträgt wenige Meter pro Sekunde. Sie wird von Aufwindgeschwindigkeiten von bis zu 30 Metern pro Sekunde um ein vielfaches übertroffen. Hängt das Flugzeug erstmal am Schirm, wird es rettungslos hinauf bis zum Amboß gerissen, wieder hinabgeschleudert und wieder emporgerissen. Von einem Eispanzer umgeben er-

Quellende Unterseite einer Gewitterwolke – hier beginnen die »Schlote«

friert der Pilot, wenn ihn der Hagel nicht vorher erschlug oder er in der dünnen Luft erstickte. Etliche Piloten, die sich nach Abmontieren ihres Flugapparates am Fallschirm retten wollten, haben dieses Schicksal erlitten – neuerdings auch Paragleiter.

Durch einen Blitzschlag von seinen Leiden erlöst zu werden, wird man vergeblich hoffen dürfen.

Blitzschlag

Von allen Gewittergefahren ist die Gefahr eines *Blitzschlages* die geringste. Das vermutete auch Richthofen. Zwar verstärkt sich das Spannungsgefälle im Umkreis von Gewitterwolken auf viele tausend Volt, so daß schließlich elektrische Entladungen zwischen zwei Wolken oder zwischen Wolke und Erdboden erfolgen. Ein Luftfahrzeug wird den Blitz allerdings kaum auf sich lenken. Es ist innerhalb der Luft isoliert und weist kein anderes Spannungsfeld auf als die umgebende Atmosphäre. Wenn dennoch gelegentlich Flugzeuge von Blitzen getroffen werden, dann weil sie den Blitz zufällig gerade kreuzten. Der Blitz schlägt in ein Flugzeug nicht *ein*, sondern *hindurch*. Dabei nimmt er natürlich den Weg des geringsten Widerstandes – nach Möglichkeit über einen metallischen Leiter. Blitze haben häufig elektrische Anlagen, Funkgeräte und dergleichen zerstört und Antennen abgeschmolzen. Ganzmetallflugzeuge bieten den größten Schutz. Die schwersten Blitzschäden sind bisher in Flugzeugen der Holz- oder Gemischtbauweise entstanden. Dabei kam es gelegentlich zur Magnetisierung sämtlicher Stahlteile. So wurde das Flugzeug für den Reiseflug unbrauchbar, da man den Kompaß nicht mehr benutzen konnte. Menschen sind bislang in Flugzeugen noch nicht von Blitzen getroffen worden, wenn man von einem Fall absieht, bei dem der Blitz einem Piloten die Lederjacke ansengte.

Auflösung der Gewitterwolke

Aus der Wolkenbasis strömen mit den Schauern auch große Mengen Kaltluft zur Erde. Die nach allen Seiten auseinanderfließende Kaltluft unterbindet mehr und mehr den Nachschub an feuchtwarmer Luft. Die Aufwindfelder werden darum immer schwächer und können Wasser und Hagel in den Schloten nicht mehr halten. Der Regen breitet sich über die ganze Basis hinweg aus. Die Gewitterwolke beginnt abzusterben. Sie »regnet sich aus«.

Bei Wärmegewittern kann man – grob geschätzt – für jedes Stadium der Gewitterwolke eine Stunde rechnen. Einzelnen Wärmegewittern kann man in der Regel ausweichen. Ihr Durchmesser beträgt zwar oft mehrere Kilometer, sie stehen jedoch meist als einzelne Türme in der Landschaft. Gelegentlich treten Wärmegewitter aber innerhalb ausgedehnter, stark feuchtlabiler Luftmassen

Cb im Auflösungsstadium

flächendeckend auf – wie Schaumblasen auf einer Waschschüssel. Dann kann halb Deutschland unter einer brodelnden Schicht von Gewittern liegen, vor denen es kein Entrinnen gibt.

Frontengewitter

Frontengewitter unterscheiden sich von einzelnen Wärmegewittern vor allem durch ihre Ausdehnung. Sie bilden eine oft mehrere hundert Kilometer lange Kette, die *Gewitterfront*. Die begleitenden Böen sind in Frontengewittern besonders heftig. Gewitterfronten kann man mit einem UL kaum ausweichen – man müßte schon sehr weit fliegen. In den seltensten Fällen erlaubt die Sicht, nach Lücken zwischen den Gewittertürmen zu suchen, um die Front zu durchfliegen. Meist ist es zu dunstig. Gewitterfronten sind *aktive Kaltfronten*. Sie ziehen im Durchschnitt mit 25 bis 30 Stundenkilometern, manchmal auch schneller.

In der Praxis unterscheidet man drei Arten von Gewitterfronten.

1. *Geschlossenen Gewitterfronten*. Hier stehen die Gewittertürme in den unteren 2000 Metern dicht geschlossen nebeneinander. Ein Durchfliegen ist nicht möglich. Auf diese Weise treten Gewitter jedoch nur bei sehr jungen Fronten auf. In Mitteleuropa sind Gewitterfronten meist schon länger über die Erdoberfläche dahingezogen. Durch Hängenbleiben einzelner Gewitter an Geländeerhebungen und Gebirgen ist die Gewitterfront schon lückenhaft geworden.

2. *Durchbrochene Gewitterfronten*. Hier gibt es bereits Lücken zum Durchschlüpfen. Jedoch sollte man mit einem UL nur bei guter Sicht (selten vor einer Kaltfront) und nur durch sehr breite Lücken hindurchfliegen. Nicht nur am Boden, sondern auch in der Höhe zwischen den Wolken müssen blaue Lücken von vielen Kilometern Breite klaffen. Und auf der anderen Seite muß die Landschaft frei sein! Denn sehr schnell können sich Lücken in Gewitterfronten schließen. An Gewitterfronten bilden sich ununterbrochen neue Gewitter, während sich andere auflösen. Es besteht immer die Gefahr, in eine Falle hineinzufliegen, die plötzlich zuschnappt (siehe Kapitel *In der Falle*).

3. *Fronten einzelner Gewitter*. In dieser Form treten Gewitterfronten in Mitteleuropa am häufigsten auf. Zwischen Gewittergruppen und einzelnen Gewittertürmen sind weite Lücken zum Hindurchfliegen entstanden. Doch darf man sich nur darauf einlassen, wenn die Sicht einen vollkommenen Überblick erlaubt. Gute Sicht ist vor Kaltfronten, wie gesagt, eine Seltenheit.

Gewitterfront

Orographisches Gewitter

Orographische Gewitter

Orographischen Gewittern begegnet der Flieger dort, wo feucht-labile Luftmassen auf einzelne Berge oder auch breite Höhenzüge treffen. Am Rande der Mittelgebirge treten sie häufig auf.

Der Alpenflieger muß mit ihnen rechnen. Wenn feucht-labile Warmluft vom Mittelmeer nach Norden gegen die italienischen Alpen strömt, sind die Südhänge der Alpen über Hunderte von Kilometern »dicht«. Schwere Gewitter bilden sich, die stundenlang anhalten und sich tagelang immer wieder erneuern. Es herrscht *Südstau*. Zur selben Zeit herrscht am Alpennordrand *Föhn* (siehe Kapitel *Flugwetter im Gebirge*). Staulagen mit oder ohne Gewitter sind nicht durchfliegbar. Orographische Gewitter an Hügeln oder Bergen, die einzeln aus der Ebene aufragen, kann man hingegen umfliegen. Orographische Gewitter bleiben dort, wo sie entstehen. Sie sind ortsfest.

Zwischen Wärmegewittern, Frontengewittern und orographischen Gewittern kommt es häufig zu Mischformen.

Gewitterböen und Maßnahmen am Boden

Ist eine Gewitterfront angesagt, vergewissere man sich auf jeden Fall über Abstand, Zugrichtung und Zuggeschwindigkeit. Am Zielort sollte ein Hallenplatz zur Verfügung stehen. Sonst bleibt nach Durchzug der Front unter Umständen ein Haufen Kleinholz, verbogener Aluminiumschrott und Fetzen von Bespanntuch zurück. Vielleicht läßt sich wenigstens den Motor wiederverwenden. Wer bei Annäherung eines Gewitters gezwungen ist, sein Fluggerät draußen zu lassen, erlebt möglicherweise Momente der Ratlosigkeit: Man möchte das Flugzeug unbedingt mit dem Leitwerk gegen den Wind festzurren. Der Wind weht jedoch aus einer ganz anderen Richtung, als von dort, wo das Gewitter schon herangrollt.

Durch den enormen Luftbedarf einer Gewitterwolke wird die gesamte Luft im Umkreis zur Wolkenbasis hingesogen. Der Bodenwind weht also häufig auf das Gewitter zu. Wie schon erwähnt, scheint die Gewitterwolke dann gegen den Wind zu ziehen. Das ist natürlich eine Täuschung. Die allgemeine Windströmung, vom Erdboden bis hoch zum Amboß, schiebt die Wolke vor sich her. Hinter der Wolke weht der Wind wieder »richtig«.

Aber in welche Richtung das Fluggerät sichern? Eine undankbare Frage. Leider besteht immer die Möglichkeit, daß Gewitterböen sich ganz anders verhalten als im »Idealgewitter«. Man kann aber davon ausgehen, daß in den meisten Fällen die schwersten Böen in Zugrichtung der Wolke aus ihrer Basis heraus wehen.

Zuerst wird der Wind mäßig, dann immer stärker auf die Gewitterwolke und die Böenwalze zuwehen. Doch spätestens wenn die walzenartige dunkle Wolke im Zenit steht, fällt die Gewitterbö aus entgegengesetzter Richtung ein – vom Zentrum der Basis her und quer unter der Böenwalze heraus. Der Wind wird nicht in jedem Fall zuerst auf das nahende Gewitter zuwehen. Doch egal, was der Wind vor dem Gewitter tut – mit Sturmböen unter der Böenwalze rechne man unbedingt. Das soll nicht heißen, daß sich alle Gewitter so dramatisch in Szene setzen. Einige sind nur laut, und aus anderen fällt noch nicht einmal Regen. Aber man sei auf alles vorbereitet.

Am besten, man schiebt das Flugzeug an einen Ort, der Schutz von einer oder mehreren Seiten gewährt. Dabei stellt man es möglichst dicht gegen einen Windschutz, so daß keine Bö von vorn unter die Tragflächen fassen kann.

Kann man sich den Windschutz wählen, z.B. eine freistehende Feldscheune, so schiebt man den Flieger in den Leeschutz der erwarteten Gewitterbö. Dort sichert man das Flugzeug mit dem Leitwerk gegen die jetzt noch auf das Gewitter zuwehende Luftströmung.

Steht auf dem Landefeld kein Windschatten in Richtung der erwarteten Gewitterbö zur Verfügung, gibt es vielleicht eine andere Möglichkeit: Man schaffe den Flieger in den Leeschutz des Windes, der auf die Gewitterwand zuweht. Dort,

Flieger in Lee einer Feldscheune

Flieger in Luv einer Baumgruppe

z.B. an einer Waldkante oder neben einer Scheune, wird der Flieger mit dem Leitwerk gegen das nahende Unwetter gedreht und mit so vielen Erdankern und Häringen wie nur möglich gesichert. Hinsichtlich der erwarteten Bö steht der Flieger zwar in Luv des Wäldchens oder der Scheune. Jedoch wird sich ein Luftpolster an dem Hindernis bilden und den stärksten Winddruck brechen. Außerdem kann das Flugzeug so nicht von fliegenden Ästen oder Wellblechplatten beschädigt werden.
Kommt die Bö unerwartet von der Seite, wird kaum jemand riskieren, die ganze Verankerung wieder zu lösen. Stattdessen sollte die angeströmte Fläche schräg an den Boden gezurrt werden, und zwar so stark, wie es die Federung des Fahrwerks nur zuläßt. Dabei muß die Verzurrung der Leefläche entsprechend nachgelassen werden. Entsprechend werden auch die Querruder nach der angeströmten Seite hin ausgeschlagen und blockiert.

Nicht nur die Tragflächen und der Schwanz, auch die *Flossen von Seiten- und Höhenruder* müssen gesichert werden. Etwa, indem doppelte Leinen von den Scharnieren der Steuerflossen zum Boden gespannt und die Flossen dazwischen genommen werden. Das Blockieren der Pedale und des Knüppels ist weniger geeignet. Nur durch die Steuerung gesichert, können empfindliche Flossen unter Umständen abknicken. Für heftige Anströmung von hinten sind sie nicht gebaut. *Queruder* sind meist weniger empfindlich. Bei Hochdeckern wird man sie eher schräg zum Rumpf oder Rumpfrohr hin sichern als zum Boden. Stehen Holzleisten zur Verfügung, kann man je eine Holzleiste oberhalb und unterhalb eines Querruders quer über Ruder und Fläche legen und durch den Querruderspalt hindurch mit einer Schnur zusammenbinden. Auch an der Hinterkante der Querruder bindet man die Leisten zusammen. So werden die Querruder sicher blockiert. So kann man auch mit Leitwerksrudern und Dämp-

Verzurrte Leitwerke und Querruder an einem dreiachsgesteuerten UL

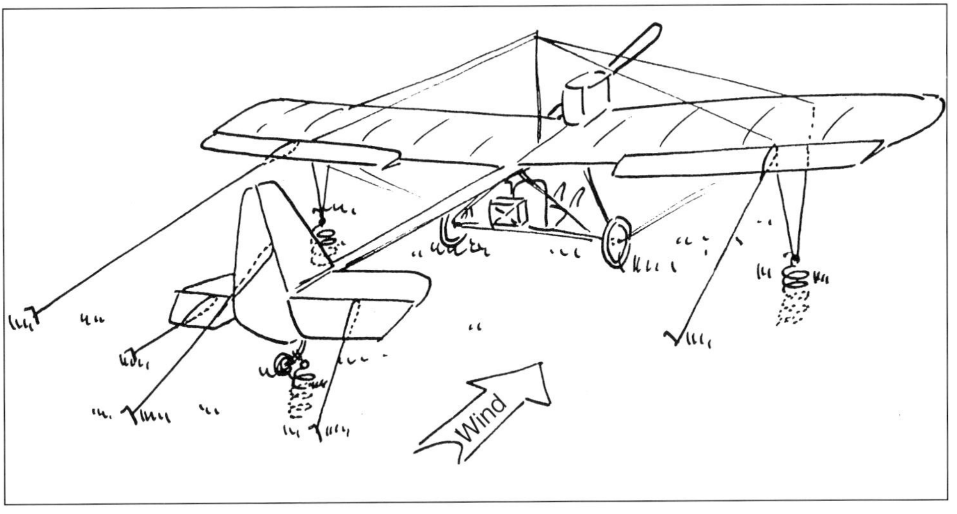

fungsflossen verfahren. Unter Umständen aber muß das Festbinden des Steuerknüppels ausreichen. Wenn der Wind von einer bestimmten Seite erwartet wird, sollten die Querruder nach dieser Seite hin festgebunden werden.

Bei einem *Trike* oder *Minimum* baut man die Fläche ganz ab und verzurrt sie platt am Boden. Abgesehen von Hagel braucht man dann kaum noch etwas zu fürchten. Wenn das in der Kürze und ohne Hilfe nicht möglich ist, stellt man das Fluggerät quer zum Wind und zurrt die Luvfläche an den Boden. So wird der Wind von oben auf das Segel drücken. *Gleitschirmflieger* packen ihre »Luftmatratze« einfach zusammen. Dann ist das Gerät ziemlich sicher.

Hagel ist auch am Boden eine unangenehme Sache. Wenn Hagelschauer angesagt sind und kein Hallenplatz zur Verfügung steht, suchen viele Piloten das Weite, um woanders Schutz zu finden. Sie sollten sich aber telefonisch vergewissern, daß in Fluchtrichtung ein Hallenplatz frei ist. Ein UL fliegt zwar schneller als eine Gewitterfront, aber irgendwann kommt der Abend, das Meer oder die Landesgrenze.

Auch im Fluge kann man von Gewitter überrascht werden. Dies zeugt allerdings nicht gerade von sorgsamer Wetterplanung. Man wird dann vermutlich bei mäßiger Sicht im Warmluftsektor eines Tiefdruckgebietes unterwegs sein. Unvermittelt ist die aktive Kaltfront herangezogen.

Doch sind auch andere Wettersituationen denkbar. Nicht immer trifft man auf das Modell-Tief. Gelegentlich haben wir es beim Wetter mit schlecht zu deutenden Mischerscheinungen zu tun. Umso wichtiger ist dann der Wetterbericht.

In der Falle

Angenommen, wir fliegen im warmen Sektor. Dann wissen wir: Als nächstes kommt irgendwann die Kaltfront. Fernsicht ist nicht vorhanden. Es ist dunstig. Ein paar Kilometer weit ist die Struktur der Erdoberfläche immerhin noch erkennbar. Plötzlich wird es dunkler. Da – voraus – helles Flackern! Donner hören wir im Motorenlärm nicht, aber wir haben den Gegner erkannt (hoffentlich!). Schnelle Orientierung auf der Karte: Unter uns die Eisenbahn, unsere Leitlinie – Umkehrkurve. Doch nach wenigen Kilometern Rückzug blitzt es auch hier. Wo die Cbs nun eigentlich stehen, wissen wir nicht. Alles ist unstrukturiert, viel zu dunstig. Aber um uns und über uns ist es finster geworden. Wenn wir jetzt gegen die graublaue Wand etwas hellere Cumulusstrukturen erkennen, handelt es sich wahrscheinlich um den Böenkragen. Da hören wir aus dem Propellerbrausen einzelne dumpfe Schläge – die Schallspitzen des Donnergepolters. Jetzt gibt es nur noch eines: runter, Windrichtung ausmachen (an den Blättern der Bäume), landen, verzurren!

Ein Lehrstück

In einer derartigen Situation haben Fliegerkameraden vor wenigen Jahren folgendes erlebt: Sie flogen mit ihren beiden ultraleichten *KIEBITZ*-Doppeldeckern von einem Flugtag nach Hause. Gewitter waren angesagt und standen auch schon überall in der Landschaft. Da sich unterwegs aber verschiedene Flugplätze zum Ausweichen anboten, versuchten die Piloten durchzukommen. Plötzlich sahen sie voraus nur noch schwarz. Aus dem Dunkel heraus wetterleuchtete es heftig. Ganz in der Nähe lag ein großes Flugfeld – ein amerikanischer Militärflugplatz zwar, aber für eine Sicherheitslandung wie geschaffen. Nachdem auf den Anruf der UL-Piloten niemand antwortete, setzten sie einfach zum Endanflug an. Als die KIEBITZE dicht hintereinander aufsetzten, hing die schwarze Wand schon schräg über ihnen. Im Hintergrund sahen die Flieger offene Flugzeughallen. Soldaten waren gerade dabei, die Tore zu schließen. Schnell rollten sie darauf zu. Da war die Böenwalze heran. Beide Doppeldecker stiegen aus dem Rollen heraus empor. Mit Vollgas, Können und Glück behielten die Piloten die Kontrolle und brachten die Vögel wieder an den Boden. Mit abgehobenem Leitwerk, aerodynamisch kurz vor dem Start, näherten sie sich im Schritttempo den Hallen. Mehrere Soldaten liefen heran und hängten sich dem ersten Doppeldecker an die Tragflächen. Während sich Pilot und Helfer mühten, die Maschine schnell unter Dach zu bringen, hielt sich der zweite KIEBITZ, mit Vollgas, abgehobenem Leitwerk und auf dem Hauptfahrwerk tänzelnd, gegen die Böe. Die Bö ließ nach, der Sporn senkte sich auf den Asphalt. Da kam die nächste Bö – die Soldaten rannten, doch es war zu spät. Das Flugzeug stieg vorn in die Höhe, stand eine Sekunde auf dem Leitwerk und schlug dann auf den Rücken.

Der Pilot kam ohne Schädelbruch oder gebrochenes Genick mit einer Verstauchung davon. Der Doppeldecker brauchte zwei Jahre, bis er wieder flog – immerhin.

Es ist hinterher immer leicht Kritik zu üben. Dennoch ist es sicher im Sinne des Kameraden, dem dieses Mißgeschick passierte, wenn wir versuchen, Lehren aus seinem Unglück zu ziehen. Wir erlauben uns deshalb, vier Lehrsätze über den Umgang mit Gewittern aufzustellen.

1. Lehrsatz: Bei gehäuftem Auftreten von Gewittern bleibe man besser am Boden!

2. Lehrsatz: Tut man das nicht, und Gewitter nähern sich, sollte man Fersengeld geben!

3. Lehrsatz: Nützt das nichts mehr, weil man so leichsinnig war, sich von Gewittern umstellen zu lassen, muß man runter!

4. Lehrsatz: Nicht zu dicht vor dem Gewitter landen, denn man braucht Zeit, um das Flugzeug zu sichern!

Wieviel Zeit man braucht? – Man muß einen geeigneten Landeplatz suchen, die Landung einteilen, ausrollen, aussteigen. Dann muß man das Hallentor öffnen und den Flieger reinschieben. Oder man schiebt das Flugzeug mit dem Heck zur Front oder hinter den Hangar, sucht Erdanker oder Häringe aus dem Gepäck, schlägt sie in den Boden, verzurrt Tragflächen, Leitwerk, Querruder und Flossen. Dabei vergehen leicht 15 Minuten. Wenn die Böenwalze bis dahin heran ist ... siehe oben.

Anstatt also dicht vor dem Gewitter auf dem einladenden Flughafen zu landen, hätten die Kameraden umkehren und auf einem anderen Flugplatz landen müssen – oder auf einer geeigneten Wiese, vielleicht mit einer Waldkante, in deren Windschutz sie die Flugzeuge in aller Ruhe hätten verankern können. Wohlgemerkt: »Sie hätten ...«! Die Möglichkeiten, die sich nach Einschätzung der Piloten tatsächlich geboten haben, konnten ja nur sie selbst beurteilen. Ihre Entscheidungen mußten sie selbst treffen. Fehler machen wir alle irgendwann – umso sicherer, je mehr wir fliegen. Im Nachhinein sind alle klüger. Glück gehört auch dazu. Hätten die Kameraden durch Zufall den Platz zwei Minuten früher erreicht, hätte alles »gepaßt«.

Regen, Schnee und Eis

Regen

Bei Regen stört in erster Linie, daß er die Sicht herabsetzt. Hier gilt folgende Faustregel: Je größer der Durchmesser der Regentropfen, desto größer die Sichtweite – und umgekehrt. Außerdem zernagt großtropfiger Regen Holzpropeller. Man unterscheidet:

Staub- und Sprühregen (Nieselregen), gleichmäßigen *Landregen* und *Schauerregen*.

Am undurchsichtigsten ist *Sprühregen*. Seine Wirkung kommt dem Nebel gleich; die Tropfen sind meist nicht viel größer als Nebeltröpfchen. Die Übergänge sind fließend. Nebel entsteht meistens langsamer. Im Unterschied zum Nebel senkt sich ein Sprühregenschleier plötzlich aus einer *Nimbo-stratus* und verringert die Sicht innerhalb einer Minute von mehreren Kilometern auf wenige hundert Meter. Der Wind kann Sprühregenschleier über weite Strecken vor sich her treiben. Der Pilot sieht sie oft nicht kommen. Plötzlich nehmen sie die Sicht, um sie nach einiger Zeit ebenso plötzlich wieder frei zu geben. Sprühregen fällt aus Nimbo-stratus, aber auch aus *Stratus* oder *Alto-stratus*, der typischen Bewölkung an Warmfronten oder Okklusionsfronten.

Landregen fällt aus Nimbo-stratus. Hier sind die Tropfen schon größer, können aber die Sicht ebenfalls leicht unter *VMC (Visual Meteorological Conditions = Sichtflugbedingungen)* drücken. Die Tropfen sind bereits groß genug, um Holzpropeller ohne Kantenschutz empfindlich anzunagen.

Regenschauer fallen aus *Cumulo-nimbus*, der Schauer- oder Gewitterwolke. Schauertropfen sind groß. Man kann durch einen normalen Regenschauer hindurchsehen. Doch wenn es »aus Eimern« gießt, kann sich die Sicht extrem verschlechtern, abgesehen vom dichten Wasserschleier auf Schutzbrille und Windschutzscheibe. Ungeschützte Kanten von Holzpropellern können von großen Schauertropfen stark beschädigt werden.

Unter Gewitterwolken muß man auch mit *Hagel* rechnen. Für die Bildung von Hagel ist ein häufig wiederholter Antauvorgang verantwortlich. Dazu sind hochreichende wärmere Luftschichten nötig. Bei Bodentemperaturen in Gefrierpunktnähe gibt es statt großtropfigem Schauerregen oder Hagel *Graupel*.

Fliegt man auf der *Rückseite* eines Tiefs, muß man damit rechnen, daß der angeflogene Platz vorübergehend von einem Schauer blockiert wird. Auch wenn man bei Schauerwetter nur »Platzrunden schrubbt«, sollte man deshalb die Tankreserve von einer Flugstunde nicht unnötig unterschreiten.

Nach einem starken Schauer ist eine Grasbahn rutschig und aufgeweicht. Unter Umständen sind Schlammlöcher entstanden, die vorher nicht da waren. Bei der Landung kann das Rad versinken, und die Maschine dreht einen schönen »Ringelpietz«, von Überschlag nicht zu reden. Auf Betonbahnen stehen Pfützen, die die Bremsen naß machen und einseitig rutschen lassen. Auf vernachlässigten Betonbahnen (alte Agrar- oder Militärplätze) entstehen über eingesunkenen Platten richtige Teiche, die zum Überschlag führen können. Auch vor dem Start sollte man nicht durch Wasserpfützen rollen, wenn das UL Bremsen hat und die Nullgradgrenze in geringer Höhe liegt. Sonst vereisen die naßgewordenen Bremsen in der Luft und sind bei der Landung eingefroren.

Schnee

Dichte Schneeschauer verringern die Sicht schnell auf Null. Schneeschauer sollten im Sichtflug unbedingt gemieden werden! Schnee verklebt die Windschutzscheibe und kann vor allem die Tragflügen schnell gefährlich vereisen. Das Profil wird durch den unförmigen Schneeansatz stark verformt und in seiner Auftriebswirkung beeinträchtigt. Die Überziehgeschwindigkeit steigt rasch bis über die Reisegeschwindigkeit. Unvermeidliche Folge: Absturz.

Schnee auf der Landebahn kann zum Überschlag führen, besonders wenn er so hoch liegt, daß die Räder über die Schlauchdecken einsinken.

Fahrwerk im Schnee

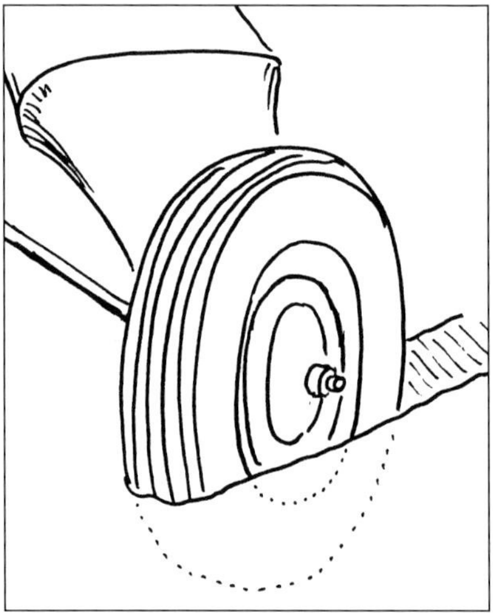

Verschiedene Vereisungsformen

Man unterscheidet *äußere Vereisung* des Flugzeuges und *Vergaservereisung*.

Vereisung durch unterkühlten Regen

Vereisung ist für alle Flugzeuge eine unangenehme, oft gefährliche Angelegenheit. Sie wird vor allem durch unterkühlte Regentröpfchen verursacht. Besonders Verkehrsmaschinen, die unter fast allen Wetterbedingungen fliegen, haben damit zu kämpfen. Aber ihnen hilft eine aufwendige Enteisungstechnik.

Hier sollen nur Vereisungssituationen besprochen werden, mit denen auch Ultraleichtflieger rechnen müssen.

In Bodennähe kommt Vereisung nur in der kalten Jahreszeit vor. Die größte Gefahr besteht, wenn die Temperaturen am Boden um den Gefrierpunkt oder nur wenig darüber liegen. Auch im Spätherbst oder im Winter gibt es Tage, die zum Fliegen einladen, beispielsweise auf der Rückseite eines durchgezogenen Tiefdruckgebietes. Die Luft ist klar, die Sonne scheint, nur vereinzelt stehen Schauer in der Landschaft. Läßt man sich jedoch von einem Schauer überraschen, kann es Vereisung geben.

Mögen die Temperaturen am Erdboden auch deutlich über null Grad liegen, so liegt die Frostgrenze doch nur wenige hundert Meter höher. Im Durchschnitt rechnet man bei zunehmender Höhe mit einem Temperaturabfall von einem Grad Celsius pro 100 Meter. Doch auch ein »Fliegen nach Thermometer«, also Fliegen in Luftschichten über dem Gefrierpunkt, schützt nicht gegen Vereisung durch unterkühlten Regen. Regentropfen können sich in Wolken auf –20 Grad abkühlen, ohne zu gefrieren. Sobald derart unterkühlte Wassertröpfchen auf ein Flugzeug prallen, bewirkt die Erschütterung einen augenblicklichen Gefriervorgang. Wenn das Flugzeug zunächst auch wärmer als der Regen ist, so wird es sich durch den unterkühlten Regen doch schnell abkühlen. Dann bleibt das Eis haften. So schnell, daß der Pilot zusehen kann, wie auf der Windschutzscheibe, an den Tragflächen, am Leitwerk und auch am Propeller eine dicke, klare Eiskruste wächst. Mischt sich außerdem Schnee unter die unterkühlten Regentröpfchen, wird die Eiskruste dick und unförmig. Sie bewirkt am Propeller augenblicklich Unwucht und rauhen Lauf. Die Tragprofile verändern sich, die Oberflächen werden rauh, Luftwiderstand und Gewicht wachsen erheblich. Die Windschutzscheibe wird undurchsichtig. Es können sogar Ruderscharniere blockieren. All das kann ein Flugzeug innerhalb von Minuten zum Notlanden zwingen oder zum Absturz bringen.

Vereiste Flügelprofile

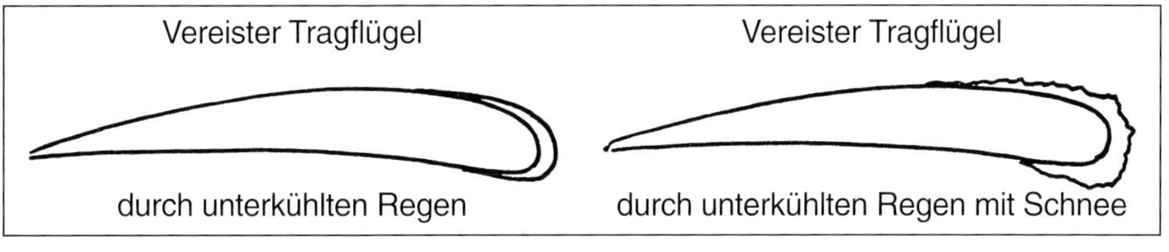

Bei Vereisung müssen sofort tiefere, wärmere Luftschichten aufgesucht und das Niederschlagsgebiet verlassen werden. Wer ohnehin niedrig fliegt und ein Ende des Niederschlages nicht absehen kann, muß landen, ehe der Apparat kritische Flugeigenschaften zeigt. Durch die ungünstig verformten Tragprofile, das höhere Gewicht und den größeren Luftwiderstand ist die Überziehgeschwindigkeit wesentlich angestiegen. Deshalb muß bei Eisansatz immer mit reichlich Überfahrt gelandet werden: Die Landebahn im flachen Winkel mit ausreichend Gas anfliegen, erst sehr dicht über dem Boden Gas wegnehmen und langsam ausschweben. Auch »gutmütige« Flugzeuge können mit Vereisung beim Langsamerwerden über eine Fläche abkippen.

In größeren Höhen muß bei entsprechender Witterung auch im Sommer mit Vereisung gerechnet werden. Dann sollte kein Ultraleichtflieger zu hoch aufsteigen.

Bei Temperaturen um den Gefrierpunkt sollte man aufgrund der Vereisungsgefahr Wolken meiden. Auch ohne Niederschläge kann beim versehentlichen Eintauchen eines stark abgekühlten Flugzeugs in eine Wolke schlagartig Eisansatz entstehen.

Flüchtiger Eisansatz verdunstet (diffundiert) auch unter dem Gefrierpunkt, sobald man wieder in klarer Luft fliegt.

Eisregen

Vereisung am Boden ist als sogenannnter *Eisregen* bekannt. Meist fällt der Regen aus einer wärmeren Luftschicht, z.B. einer aufgleitenden Warmfront, in die darunterliegende Kaltluft unter null Grad. Auf dem kalten Boden verwandelt sich der Regen in spiegelndes Eis – am Flugzeug genauso. Folgen siehe oben. Bei dieser Wetterlage wird der Pilot vernünftigerweise erst gar nicht zum Flugplatz hinausfahren.

Indirekte Vereisung

Vereisung kann an verschiedenen Teilen des Flugzeuges auftreten. Falls die Maschien nach einem Schauer, nach dem Waschen, nach dem Rollen durch Pfützen etc. in Höhen mit Temperaturen unter null Grad steigt, vereist mit Vorliebe die Bremsmechanik. Dadurch kann sich der Bremsweg verblüffend verlängern. Oder die Bremse greift nur einseitig, und der UL dreht den schönsten Ringelpietz. Eis kann auch die Landeklappenscharniere blockieren. Ruderscharniere, die im Fluge dauernd bewegt werden, sind weniger gefährdet.

Darauf sollte jeder Pilot bei der Vorflugkontrolle im Frühjahr oder Herbst achten. Die nassen Stellen sollte er abtrocknen. Auch wenn am Boden schon/noch Sonnenbäder möglich sind, kann die Frostgrenze bei 200 Meter liegen!

Während der kalten Jahreszeit sollte sich jeder Pilot vor dem Start erst recht eingehend mit der Wetterlage befassen. Fronten, die einen Wetterumschlag von Frost zu Tauwetter bringen, sind besonders vereisungsverdächtig.

Vergaservereisung

Die *Vergaservereisung* unterscheidet sich von den oben beschriebenen Vereisungsarten. Es handelt sich nicht um gefrierende Feuchtigkeit an der Außenseite. Hier findet die Vereisung im Inneren des Vergasers statt. Ursache ist die – jedem Vergaser eigentümliche – Unterkühlung durch Benzinvergasung. Grob vereinfacht spielt sich dabei folgendes ab:

In einem Vergaser wird ununterbrochen Benzin »vergast«, also verdampft. Beim Verdampfen von Benzin oder anderen Flüssigkeiten entsteht Verdunstungskälte. Infolgedessen kühlen sich die Bauteile des Vergasers ab – bis unter 20 Grad der Außentemperatur sind möglich. Zwangsläufig wird dabei die vom Vergaser angesaugte Luft abgekühlt. Wenn die Temperatur des Vergasers nun den *Taupunkt* der angesaugten Luft unterschreitet, schlägt sich die kondensierte Luftfeuchtigkeit in der Ansaugleitung nieder. Zur Erinnerung: Der *Taupunkt* ist die Temperatur, auf die sich ein bestimmtes »Luftpaket« abkühlen muß, damit der enthaltene Wasserdampf kondensiert (als Wolken, Nebel oder Tau).

Das Kondensieren im Vergaser ist noch unproblematisch. Die Wassertröpfchen werden mit angesogen und problemlos verbrannt. Unterschreitet die Vergasertemperatur, bedingt durch die Verdampfungskälte, jedoch den Gefrierpunkt, setzt sich die kondensierte Luftfeuchtigkeit als wachsender Eisfilm im Vergaser fest. Die Vereisung erfolgt besonders im Lufttrichter bei der Benzindüse. Die Eisablagerung verengt dabei den Lufteinlaß. Durch den verringerten Querschnitt erhöht sich der Sog an der Benzindüse (Venturi-Prinzip). Trotz geringerer Luftzufuhr wird deshalb mehr Benzin angesogen. Das Gemisch verfettet, die Kerzen verrußen, es gibt Zündaussetzer, die Drehzahl sinkt, der Motor stirbt ab. Von den möglichen Folgen der anschließenden Notlandung abgesehen, entsteht dem Motor durch Vegaservereisung allein kein Schaden.

Schnitt durch vereisten Vergaser

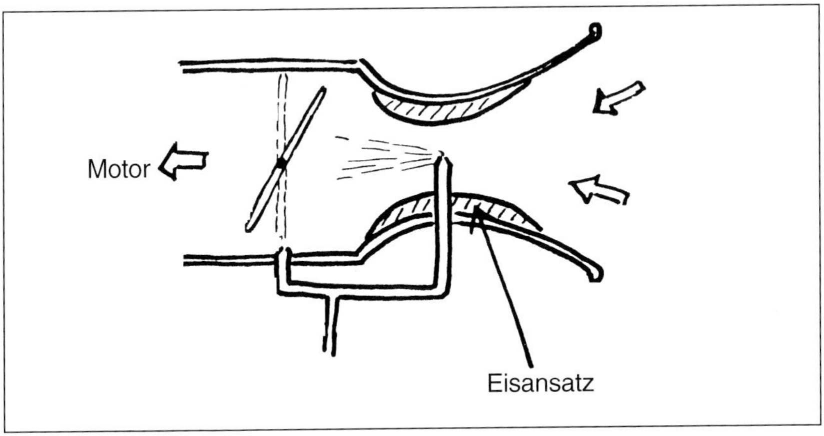

Vergaservereisung macht sich durch *abfallende Leistung und unruhigen, rauhen Lauf* bemerkbar. Das Gasgeben wird nicht angenommen und beschleunigt den Prozeß der Vereisung. Dabei kann es leicht passieren, daß der Motor ganz abstirbt. Hier hilft nur das Einschalten einer *Vergaservorwärmung*. Das abtauende Eiswasser verursacht vorübergehend Fehlzündungen und Motorrütteln. Daran erkennt der Pilot zuverlässig, daß eine Vergaservereisung vorlag. Deshalb empfiehlt es sich auf Flügen bei kühler, feuchter Witterung; zur Kontrolle gelegentlich die Vergaservorwärmung zuzuschalten.

Die allermeisten Ultraleichtflugzeuge verfügen über keine Vorwärmung. Bei erkannter Vergaservereisung folgende Schritte einleiten: Gas reduzieren, auf möglichst geringe Drehzahl gehen, den nächsten Platz anfliegen oder eine Sicherheitslandung vorbereiten.

Vereisung des Vergaserschiebers

Viele Ultraleichte besitzen Zweitaktmotoren mit Schiebervergaser. Dort kann es zur *Schiebervereisung* kommen. Dabei friert der Schieber, der die Luftzufuhr regelt, fest. Trotz Betätigung des Gaszuges läuft der Motor mit unveränderter Drehzahl weiter. Das ist an sich noch kein Unglück. Zum Landen wird der Pilot den Motor allerdings auschalten müssen. Schon eine geringe Eisablagerung genügt, um den Schieber zu vereisen. Sie kann deshalb auch bei geringerer Luftfeuchte und höheren Außentemperaturen, aber auch bei Graden bis weit unter dem Gefrierpunkt auftreten.

Wetterbedingungen für Vergaservereisung

Vergaser von großvolumigen Motoren mit entsprechenden Verdunstungsmengen an Benzin können selbst bei Temperaturen um +20 Grad Celsius vereisen. Bei kleinen Ultraleichtmotoren mit relativ geringem Benzinverbrauch muß die Außentemperatur schon näher am Gefrierpunkt liegen. Außerdem muß hohe Luftfeuchtigkeit herrschen und der Unterschied zwischen Lufttemperatur und Taupunkt demnach gering sein.

In der kalten Jahreszeit oder in größeren Höhen muß der UL-Flieger bei folgenden Wetterbedingungen mit Vergaser- oder Schiebervereisung rechnen:

- im Dunst,
- in der Nähe von Wolken,
- bei Regen,
- dicht vor Warmfronten,
- allgemein im warmen Sektor zwischen Warm- und Kaltfront
- insgesamt bei hoher Luftfeuchte.

Für Ultraleichtmotoren kritisch ist der Temperaturbereich von +10 Grad Celsius bis –5 Grad Celsius. Die größte Gefahr besteht etwas über dem Gefrierpunkt. Unter –5 Grad Celsius ist die Luftfeuchtigkeit für Vergaservereisung zu gering. Die Vereisung des Schiebers bei Schiebervergasern ist häufiger als die Vereisung des Lufttrichters und kann auch schon bei geringerer Luftfeuchtigkeit und bei Lufttemperaturen von +15 bis –10 Grad Celsius auftreten. Wohlgemerkt handelt es sich um die Temperatur der Luft in der Höhe, in der geflogen wird. Das sollte jeder Pilot bedenken, der bei sonnigem, warmem Frühlingswetter in seine Maschine steigt. Das Luftthermometer ist deshalb kein überflüssiges Instrument.

Vergaserluft-Vorwärmung

Vergaservereisung läßt sich durch Einbau einer direkten Vergaserheizung oder einer Vorwärmung der Ansaugluft, beispielsweise durch den warmen Auspuff, vermeiden. Beides muß während des Fluges ein- und ausgeschaltet werden können. Erwärmte Vergaserluft kann die Leistung erheblich verringern. Sie sollte deshalb keinesfalls über 30 Grad Celsius erwärmt werden.

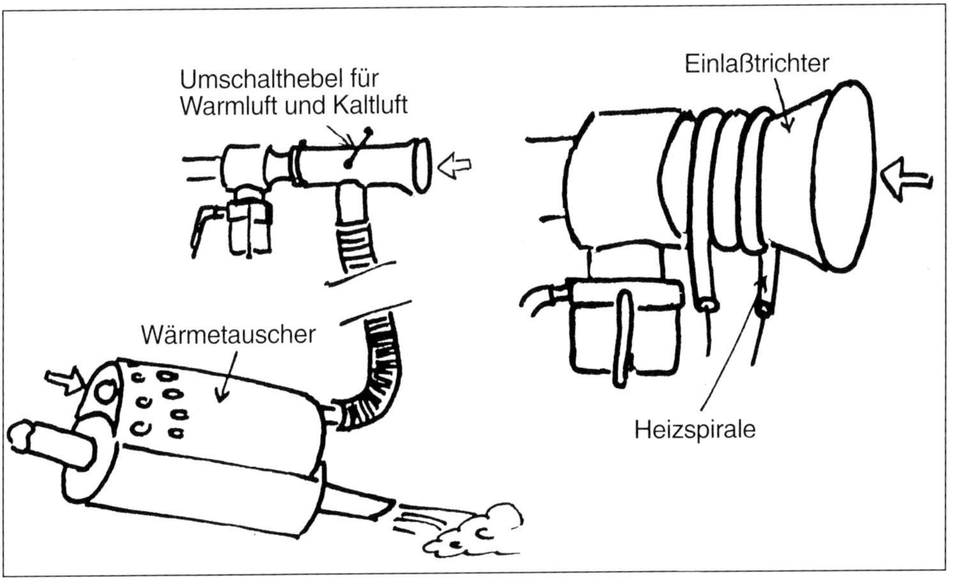

Prinzip verschiedener Vorwärmarten

Sonst läßt sich der Vergaservereisung nur durch eine entsprechende Wetterstrategie begegnen – das heißt: bei Gefahr von Vergaservereisung am Boden bleiben! Wer über keine Vergaservorwärmung verfügt, dennoch startet und eine Vergaservereisung feststellt, sollte mit so wenig Gas wie möglich das nächste Landefeld anfliegen.

Nebel

Nebel ist ein besonders tückischer Feind der Flieger. Die Todesopfer und zerschmissenen Maschinen, die er bis heute gefordert hat, sind nicht gezählt.

Bei Nebel wird kein Flieger starten. Die Gefahr liegt vielmehr darin, daß der Nebel sich während des Fluges bildet, oder daß man in ein Nebelgebiet hineinfliegt. Noch ehe man den nächsten Flugplatz erreicht oder einen geeigneten Sicherheitslandeplatz ausfindig gemacht hat, ist die Nebeldecke geschlossen – ein Leichentuch! Dann sollte man eine Ahnung haben, wo die Gegend möglicherweise noch nebelfrei ist, in diese Richtung fliegen – und beten.

Vor Totalverlust im Nebel schützen nur ausreichende Kenntnisse der verschiedenen Nebelarten und der meteorologischen Voraussetzungen, die zu ihrem Entstehen führen. Erst mit diesem Handwerkszeug *und* dem Abhören des Flugwetterberichtes ist man »auf der sicheren Seite«. Der Flugwetterbericht alleine reicht nicht aus!

Um dem Leser die Gefahren deutlich vor Augen zu führen, kommen in diesem Kapitel Flieger zu Wort, die teilweise Erfahrungen machten, die nicht zur Nachahmung empfohlen werden können.

Ein paar Grundlagen

Nebel ist nichts weiter als eine Stratuswolke, die auf der Erdoberfläche aufliegt.

Kalte Luft kann weniger Feuchtigkeit in sich aufnehmen als warme. Ein Kubikmeter Luft kann bei 15 Grad Celsius etwa 15 Gramm Wasser aufnehmen. Dann ist die Luft zu 100 Prozent gesättigt. Bei fünf Grad Celsius hingegen kann die Luft nur noch etwa fünf Gramm Luftfeuchte halten. Mehr Luftfeuchte kondensiert in Form winziger Wassertröpfchen oder Eiskristalle aus und wird damit als Dunst, Nebel oder Wolken sichtbar.

Die Temperatur, auf die eine Luftmasse mit einem bestimmten Wassergehalt abkühlen muß, um Sättigung (also 100 Prozent Luftfeuchte) zu erreichen, wird als der *Taupunkt* bezeichnet.

Die *relative Luftfeuchte* ist der augenblickliche Sättigungsgrad der Luft in Prozent.

In hundertprozentig gesättigter Luft entspricht der Taupunkt genau der Lufttemperatur. Bei ungesättigter Luft liegt der Taupunkt immer unterhalb der Lufttemperatur. Je trockener die Luft, desto niedriger der Taupunkt und desto geringer die Nebelgefahr. Je feuchter die Luft, desto höher liegt der Taupunkt, und um so größer ist die Nebelgefahr.

Der Unterschied zwischen Lufttemperatur und Taupunkt heißt *Spread*. Ist der Spread geringer als zwei Grad Celsius, kann schon eine geringfügige Abkühlung der Luft Nebel bringen.

Leider sind nicht viele Landeplätze mit einem *Trockenthermometer* und einem *Feuchtthermometer* sowie einer *Taupunkttabelle* ausgestattet. Sonst könnte jeder Flieger die relative Luftfeuchte und den Taupunkt anhand der Tabelle leicht selbst bestimmen. Damit wäre eine Nebelgefahr sehr einfach festzustellen. Man könnte sich auch mit Außenthermometer und *Hygrometer* (mechanischer Luftfeuchtigkeitsmesser) behelfen und mit Lufttemperatur und relativer Luftfeuchte in die Tabelle eingehen. Aber leider arbeiten die meisten einfachen Hygrometer recht ungenau. Dies als Anregung für eine Ergänzung der Ausrüstung im Flugplatzspind.

Nebel an der Erdoberfläche entsteht zumeist durch relativ warme, feuchte Luft, die über einer kalten Oberfläche lagert oder darüberhin streicht und dabei abkühlt. Nebel wird also zuerst dort entstehen, wo die Erdoberfläche kühler ist als ihre Umgebung. Das können feuchte Wiesen sein, Niederungen, Flußauen und so weiter. Dichter Dunst kann eine Vorstufe zu Nebel sein.

In hügeligen Landstrichen gibt es niedrig gelegene Flugplätze, die als »Nebellöcher« berüchtigt sind. Höher gelegene Plätze in der Umgebung bleiben dann oft nebelfrei. Die kann man im Notfall anfliegen. Einheimische Flieger werden sie kennen.

Man unterscheidet mehrere Nebelarten. Der Ultraleichtflieger wird vor allem drei Sorten begegnen: *Bodennebel, Advektionsnebel* und *Hochnebel*.

Bodennebel

Bodennebel ist eine Art *Strahlungsnebel*. Er tritt vor allem bei klarem, wolkenlosem Wetter auf. Tagsüber hat sich die Erdoberfläche erwärmt. Da keinerlei Bewölkung die Rückstrahlung der Wärme ins All verhindert, kühlt sich die Erd-

Bodennebel

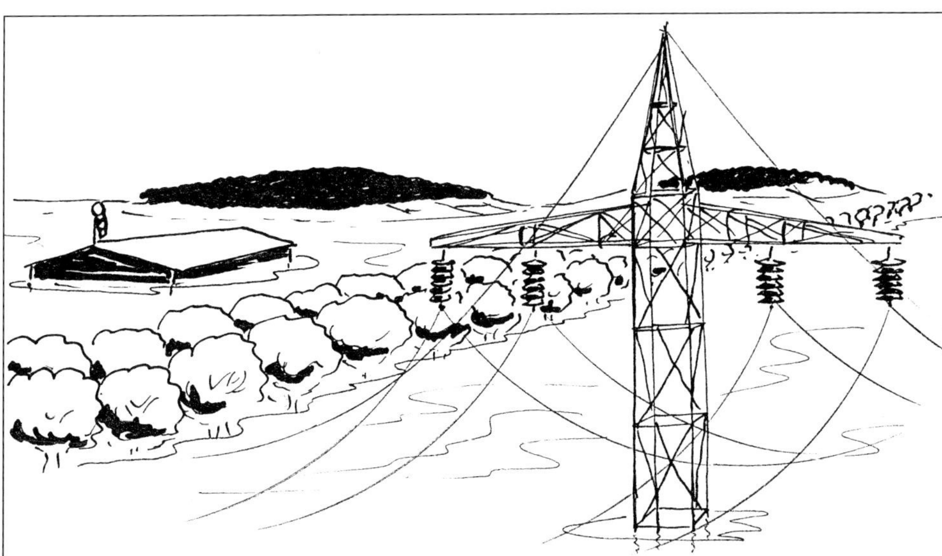

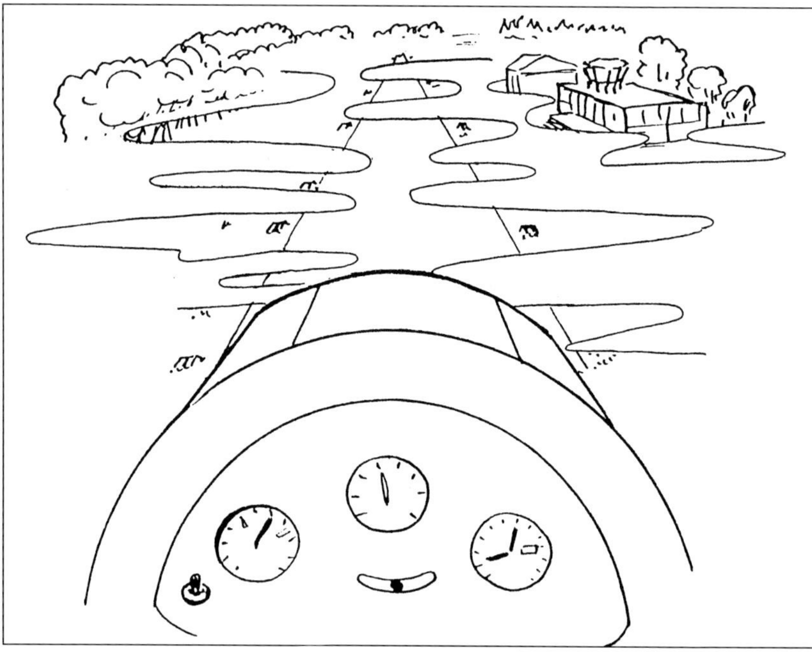

Sichtverschlechterung bei Eintauchen in Bodennebel

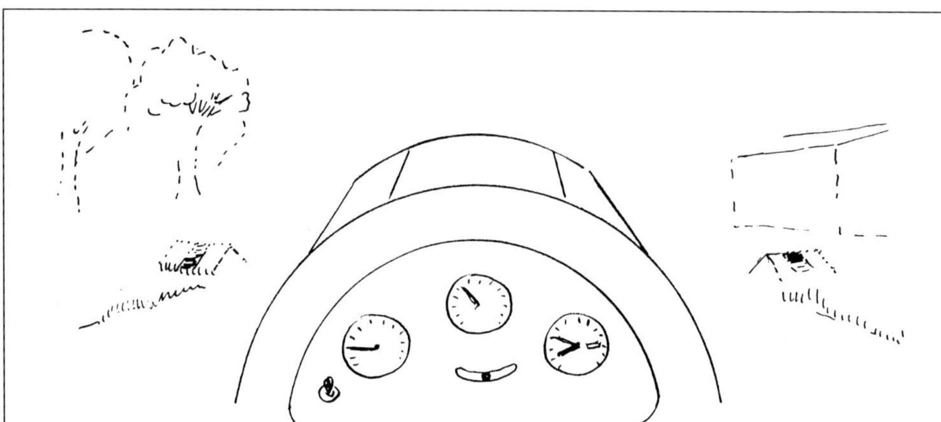

oberfläche nach Sonnenuntergang schnell wieder ab. Die darüber befindliche Luft wird dann durch die *Strahlungskälte* des Bodens gleichfalls stark abgekühlt. Sobald die Lufttemperatur den Taupunkt erreicht hat, entsteht Nebel. Zunächst ist es nur eine dünne Schicht über der Erdoberfläche, doch vom Boden her wird sie schnell immer dicker – »der Nebel steigt.« Voraussetzung dafür

ist annähernde Windstille, so daß sich der Nebel nicht mit den darüberliegenden, trockeneren Luftschichten vermischen und so wieder auflösen kann. Infolge ihrer hohen Verdunstung kühlen feuchte Niederungen, ausgedehnte Wälder in Tallagen, Wiesen und Flußauen am stärksten aus.
Bodennebel entsteht meist nach Sonnenuntergang, wenn Ultraleichte nicht mehr fliegen. Er kann sich aber auch schon in den Abendstunden bilden, nachdem man zu einem letzten Dämmerungsflug aufgestiegen ist. Man täuscht sich dann leicht. Eine dünne Nebelschicht, die am Boden keine hundert Meter Sicht erlaubt, erscheint aus der Höhe durchsichtig und harmlos. Allenfalls ein paar weiße Schleier sind zu erkennen. Beim Landeanflug ist der Flugplatz von oben noch gut zu überblicken. Dann taucht man in die Nebelschicht ein, und die Landebahn ist verschwunden.
Erste sichere Vorzeichen für Bodennebel erkennt man bisweilen hinter startenden oder landenden Flugzeugen. Der Propellerstrahl und die Randwirbel an den Tragflächenenden sind deutlich als flüchtige Kondensstreifen zu erkennen. An den Tragflächen und am Propeller wird die Luft stark beschleunigt. Dort verringert sich der Luftdruck und damit die Temperatur. Dieser minimale Unterschied genügt bei sehr hoher Luftfeuchtigkeit für die Kondensation. Jetzt braucht die Luft nur noch um den Bruchteil eines Grades abzukühlen, und alles versinkt im Nebel.

Zum Thema Bodennebel möchte ich meinen Fliegerkameraden Fritz Uder zu Wort kommen lassen. Ich wußte, daß er einmal eine denkwürdige Notlandung bei aufkommendem Nebel gemacht hatte. Fritz ist Oldtimer-Sammler. Interessanterweise flog er damals gerade ein englisches Original-Ultralight von 1925, und zwar einen zweisitzigen offenen Doppeldecker VICKERS-98-VAGABOND. Mit einem 75 Kilo schweren siebenzylindrigen POBJOY-Sternmotor von 80 PS brachte der filigrane Flieger 263 Kilo Leergewicht auf die Waage, nicht mehr also als manches moderne UL. Ich bat ihn, sein Erlebnis aufzuschreiben. Er war so freundlich, und ich zitiere aus seinem Brief:

... Die Sicht blieb noch klar, aber über der Donau schwammen schon stellenweise Nebelflecken. Mit etwas ungutem Gefühl beobachtete ich die Landschaft unter mir. Hier am Ende der Schwäbischen Alb lagen die Dörfer weit auseinander. Die ersten Lichter flammten auf, die Dämmerung brach herein. Immer wieder döste ich müde vor mich hin. Ich war heute bereits sechs Stunden geflogen. Lederkappe und Brille hielten mein Gesicht fest umspannt, das Motorendröhnen war elementar geworden, die Ohren waren ausgeschaltet. (Fritz flog den alten Motor stilgetreu ohne Schalldämpfer.) Plötzlich war ich hellwach. Innerhalb von Minuten verschlechterte sich die Erdsicht. Da krochen die ersten Nebelstreifen totenbleich die Alb herunter. Jetzt war unter mir die Nebeldecke fast geschlossen. Ein Bauernhof tauchte dunkel wie eine Insel aus der weißen Schicht. Eine steile 180-Grad-Kurve und zurück! Aber Donauwörth würde schon vernebelt sein, Nördlingen sicher auch, und viel Zeit bis Sunset blieb nicht mehr. Jede

weitere Minute in der Luft war eine zuviel. Da konnte ich den Boden wieder sehen. Und die Bahnlinie. Weiter nördlich strömte die Donau unter tückischem Grau. Um besser sehen zu können, ging ich tiefer als erlaubt, auf etwa 300 Fuß. Die Äcker waren scheußlich schmal und vielfach von Gräben umrandet. Baumgruppen bildeten dunkle Fllecken. Da, das schien das Richtige: Stoppeln, etwa 200 Meter lang, Pappeln an der Landstraße parallel zum Anflug. Ich kreiste einmal, zweimal über dem Feld – keine Gräben, keine Bodenwellen. Windrichtung war nicht auszumachen – vorsichtshalber von Osten anfliegen. Ich beschrieb einen großen Kreis und kurvte in den Anflug. Ich nahm Gas weg und slipte bis wenige Meter über den Boden, Steuer normal, ausschweben – rumpelnd setzte die VICKERS auf. 50 Meter vor dem Zaun stand der Vogel. Ich schaltete aus. Federnd blieb der Propeller stehen. Ich untersuchte den Erdboden. Fest und ohne Steine. Einem Start würde morgen nichts im Wege stehen. Ich nahm mein Bündel vom Vordersitz und zurrte die Persenning über das Cockpit. Inzwischen war es dunkel geworden. Der Nebel umfloß die Pappelstämme neben der Landstraße wie Wasser. Ich wollte gerade loslaufen zum nächsten Ort, als ein Wagen vorbeikam und anhielt.

(Die Fortsetzung der Geschichte, wie Fritz vom Besitzer des Feldes samt Nachbarn und Dorfpolizei zu einem opulenten Abendbrot eingeladen wird, dort nach feuchtfröhlichem Gelage übernachtet und am nächsten Morgen unter großem Zuschaueraufgebot wieder startet, liest sich vergnüglich, gehört aber nicht mehr hierher).

Je höher die Luftfeuchtigkeit ist und je schneller die Abkühlung erfolgt, desto eher und schneller entsteht Nebel. Hat sich der Nebel schon kurz nach Sonnenuntergang gebildet, kann er über Nacht zu einer Dicke von über hundert Metern anwachsen und hält sich oft lange über die Morgenstunden hinaus. Meist entsteht Nebel jedoch in der zweiten Nachthälfte oder gegen Sonnenaufgang. Dann löst ihn die Morgensonne bald wieder auf.

Bodennebel entstehen vor allem in Hochdrucklagen bei wenig Wind. Sie sind in der kalten Jahreszeit häufiger. Doch auch nach einem warmen, dunstigen Sommertag, auf den eine ruhige, sternenklare Nacht folgt, tritt häufig Bodennebel auf.

Eine seltene Spezialität des Bodennebels hätte mich im Sommer 1978 einmal beinahe in Schwierigkeiten gebracht. Die Sache war weniger dramatisch als lehrreich, aber sie gehört hierher:

Ich verbrachte meinen Fliegerurlaub auf dem Rosenthal-Field der Strößenreuthers. Ich hatte mich mit Manfred für Sonnenaufgang verabredet. Die alte PA-18 war für mich reserviert. Ich wollte den ganzen Tag unterwegs sein – einmal rund um Bayern. Als ich in der Morgendämmerung aus dem Fenster blickte, war der Platz von Nebel verhüllt. Sch....! Trotzdem bereitete ich alles vor. Ich hoffte, daß die Sonne den Nebel bald auftrocknen würde. Die telefonische Flugwetteransage bestätigte meine Hoffnung. Kurz vor Sonnenaufgang rollte ich das Hallentor zur Seite und bugsierte die PA-18 ins Freie. Über mir schimmerte der Himmel blaßblau und wolkenlos, doch ebenerdig blickte man in düsteres Grau. Es roch nach feuchter Erde und nach dem frischgemähten Maisfeld auf der anderen Seite des Flugfeldes. Sehen konnte ich es nicht. Ich vertrieb mir die Zeit mit einer gründlichen Vorflugkontrolle. Unterdessen ging die Sonne auf. Der Nebel war jetzt sehr hell, fast weiß. Er schien dünner zu werden. Manfred kam. Während wir noch redeten, zerfaserte die kompakte Nebelmasse zu Schleiern. Dazwischen sah man bereits den Wald am Ende der Startbahn. Dann brach die Sonne durch. Nur einzelne Nebelschwaden hingen noch über dem Flugfeld. Die Startbahn war frei. Ich stieg in die Maschine, und Manfred ging zum Turm. Ich wollte den Motor gerade starten und warmlaufen lassen, als mir etwas einfiel. Mir fehlte die Anschlußkarte MÜNCHEN. Gestern abend hatten wir am Fliegertisch über meiner Flugplanung gesessen. Da mußte die Karte noch liegen. Ich stieg wieder aus. Als ich über das Vorfeld ging, sah ich auf dem Turm, wie Manfred sich an die Stirn tippte. Während ich in einem Stapel Fliegerzeitschriften nach der Karte suchte, kam Manfred herunter. »Das war's ja wohl.« meinte er. Trockene Kommentare meines Fluglehrers, die ich nicht gleich begriff, war ich gewohnt. Ich lächelte blöde. Manfred zeigte nur nach draußen. Dort war alles kompaktes Weiß! Die PA-18 war nur noch als Schatten zu sehen! Ich war verblüfft. »Ganz einfach,« erklärte Manfred, »die Sonne erwärmt den feuchten Boden. Wasserdampf steigt auf und vermischt sich mit der noch kalten Luft darüber – neuer Nebel.« Es käme gelegentlich vor, meinte er, daß der Nebel nach Sonnenaufgang noch einmal besonders dicht werde. Ich brauchte nur hinauszusehen, um ihm zu glauben.

Der Flug fiel aus. Trotzdem war ich erleichtert. Ohne die vergessene Karte hätte ich mich unversehens über einer geschlossenen Nebeldecke wiedergefunden. Gut – der Tankinhalt hätte für mehrere Stunden ausgereicht. Inzwischen hätte sich der Nebel verzogen, oder ich hätte einen höhergelegenen, nebelfreien Platz gefunden – Bayreuth zum Beispiel. Ich hätte mich auch über die FIS-Frequenz nach Nürnberg leiten und am Flughafen »heruntersprechen« lassen können. Aber es wäre eine nervenaufreibende Partie geworden. Für die heutigen Ultraleichten mit den üblichen unzuverlässigen Motoren wäre es ein Himmelfahrtskommando gewesen.

Flugzeuge ohne künstlichen Horizont und Wendezeiger geraten beim Flug über geschlossenen Nebeldecken leicht in unkontrollierbare Fluglagen. Insbesondere wenn der Horizont bei tiefstehender Morgensonne im grellen Dunst verschwindet. Es fehlt der äußere Bezugspunkt, ähnlich wie bei Wolkenflügen.

Fazit: Warte immer, bis sich der Nebel vollständig und nachhaltig aufgelöst hat! Vergewissere Dich nach Möglichkeit über den Abstand von Lufttemperatur und Taupunkt! Weniger als zwei Grad Spread sind immer kritisch.

Advektionsnebel

Advektionsnebel entsteht, wenn relativ warme, feuchte Luft über eine kalte Oberfläche streift. Mit dieser Nebelart müssen Flieger in der Nähe großer Gewässer und an den Meeresküsten besonders im Herbst und Frühwinter rechnen. Dann ist das Wasser noch relativ warm, das Land aber schon kälter. Wenn jetzt leichter Seewind einsetzt, wird die feuchtigkeitsgesättigte Seeluft zu dichtem Nebel, sobald sie das Land erreicht.

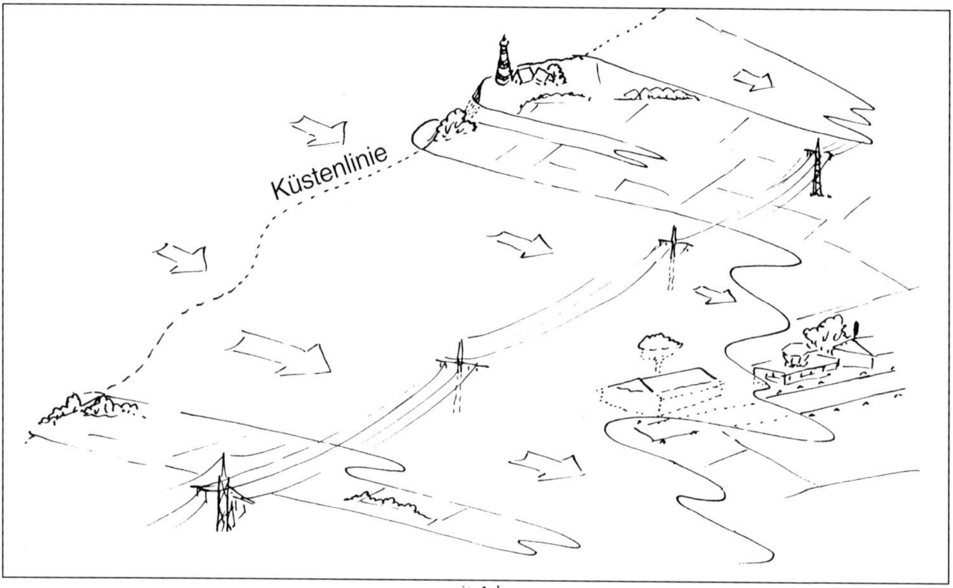

Advektionsnebel zieht landeinwärts

Im Dezember wollten wir vom Flugplatz Heide/Büsum aus Doppeldecker fliegen. Büsum liegt direkt an der Nordsee. Es war eine kalte, klare Nacht gewesen. Am Morgen versteckte sich die Sonne hinter aufziehender Stratusbewölkung (siehe Kapitel *Vor der Warmfront*). Aber die Sicht war nicht schlecht. Es war windstill, kalt, aber trocken.

Als ich in dicker Pelzmontur über den Platz kam, stand das Hallentor schon offen. Mein Kamerad schob seinen ultraleichten KIEBITZ gerade aus der Halle. Da fächelte eine milde Brise meine Wangen. Es roch nach Seetang. Leichter Südwest war aufgekommen. Plötzlich trieben weiße Nebelschwaden an mir vorbei. Als ich mich in Windrichtung umblickte, war der Kontrollturm verschwunden. Wir erlebten noch eine spannende Viertelstunde mit der zweimotorigen Verkehrsmaschine von Helgoland. Nach zwei vergeblichen Anflügen mit

Durchstarten fand der Pilot die Landebahn genau voraus und setzte auf. Den KIEBITZ schoben wir wieder in die Halle.

Advektionsnebel sind deshalb so tückisch, weil sie nach Aufkommen des Seewindes in kürzester Zeit alles bedecken. Dabei scheint zunächst nichts auf Nebel hinzudeuten. Auch über dem Wasser ist die Luft klar. Nebel können weit ins Landesinnere fließen und geplante Flugrouten plötzlich unpassierbar machen. Die Wetterdienste erwähnen Advektionsnebel erst dann, wenn sie bereits auftreten.

Seenebel

Seenebel ist einfach Nebel auf See. Er entsteht meist im Frühjahr. Entweder als Advektionsnebel, wenn warme, feuchte Festlandluft über das noch winterkalte Wasser geblasen wird (auch: »Küstennebel«), oder als Strahlungsnebel, wenn die über dem kalten Wasser lagernde Luft sich unter den Taupunkt abkühlt. Dann lacht über dem Land die Frühlingssonne, während von vorbeifahrenden Schiffen nur Mastspitzen aus dem Nebel gucken. Ultraleichtflieger, die Schwimmer statt Räder unter ihre Geräte montiert haben, sollten den Seenebel in ihr Kalkül ziehen. Wer das Wagnis eingehen will, offene Wasserflächen bei Seenebel zu überfliegen, sollte sich daran erinnern, daß er bei schlecht sichtbarem Horizont in unkontrollierte Fluglagen geraten kann – vom Abtauchen durch die Nebelschicht ganz zu schweigen. Siehe auch Kapitel *Bodennebel*.

Hochnebel

Hochnebel bildet sich häufig bei andauernden Hochdrucklagen, meist aus starkem Bodennebel. Wenn der Bodennebel in der Nacht mehrere hundert Meter Dicke erreicht hat, genügt die Sonnenwärme nicht mehr, um ihn tagsüber vollständig aufzulösen. Nur die bodennahen Luftschichten wird die Sonne durch *Treibhauseffekt* vom Nebel befreien können. Doch es bleibt dunstig. Wenige hundert Meter über dem Boden liegt dann eine diffuse Stratusdecke, der Hochnebel. Seine Oberseite stößt an die *Inversion*. Darüber ist der Himmel meist strahlend blau mit Sicht »von Pol zu Pol«. Bergwanderer kennen den erhabenen Anblick, wenn die Gipfel wie Inseln aus dem weißleuchtenden Nebelmeer ragen. Der UL-Flieger – unter dieser Schicht – hat leider nichts davon.

Von unten läßt sich oft schwer abschätzen, ob die Nebelschicht hoch genug liegt, um wenigstens Platzrunden fliegen zu können. Wenn UL-Flieger in solchen Fällen aufsteigen, um dies nachzuprüfen, wird ihre Horizontalsicht umso schlechter, je weiter sie sich der Stratusschicht nähern. Wenn sie voraus nichts mehr sehen, haben sie das Kondensationsniveau und damit die Wolkenbasis erreicht. Ihre Erdsicht hingegen wird weniger eingeschränkt sein. Unter diesen Bedingungen könnten sie – im Notfall(!) – fliegen. Sichtflugbedingungen

Hochnebel

sind es allerdings nicht. Bei niedrigen Temperaturen besteht zudem die Gefahr der Vergaservereisung (siehe Kapitel *Vergaservereisung*).

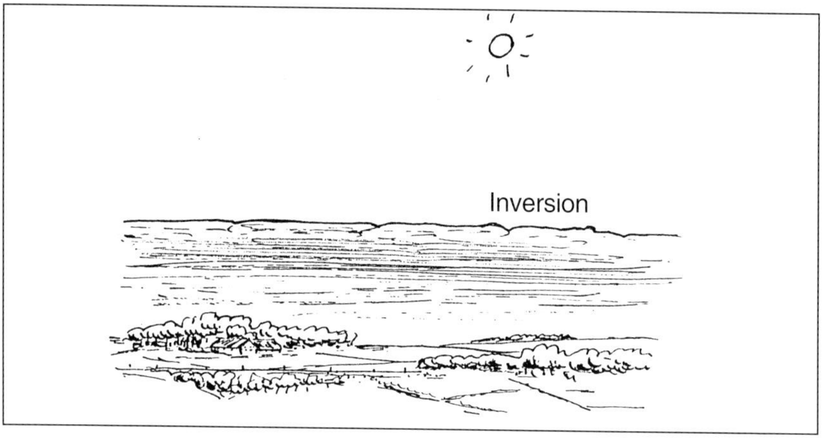

Hochnebel

UL-Doppeldecker im Schutz einer Hecke am Boden verzurrt

Flächen und Leitwerk mit Häringen verspannt

Cirrus (Ci)

Cirro-cumulus (Cc)

Cirro-stratus (Cs)
Alto-cumulus (Ac)

Alto-stratus (As)
Stratus (St)

Nimbo-stratus (Ns)
Strato cumulus (Sc)

Cumulus (Cu)

Cumulo-nimbus (Cb)

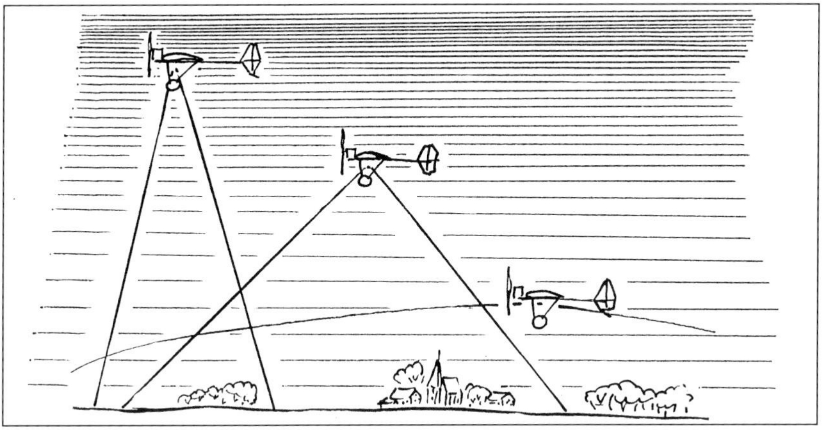

Verringerte Flugsicht unter Hochnebelbasis

Hochnebel reicht immer nur bis zur *Inversion* oder *Inversionsschicht* (siehe auch Kapitel *Im Hoch oder Zwischenhoch*). Dort fällt die Temperatur mit zunehmender Höhe nicht gleichmäßig weiter ab, sondern steigt unter Umständen sogar an. Da Luftpakete zum Aufsteigen kältere Umgebungsluft brauchen, können sie dort, wo es plötzlich wieder wärmer wird, nicht weiter steigen. Die feuchten Luftmassen stauen sich unter der Inversionsschicht. Über Großstädten bilden sich die berüchtigten »Dunstglocken«. Darüber aber ist der Himmel klar. Ohne das Stadium des Bodennebels zu durchlaufen, wird sich Hochnebel an starken Inversionsschichten oft von unten her aufbauen. Im Frühstadium des Hochnebels ist es nur dunstig. Der von der Sonne erwärmte Dunst steigt auf, bis er an die Inversionsschicht stößt. Dort verdichtet er sich langsam zu einer Stratusdecke. Anfänglich ist sie noch blaßblau und durchsichtig.

Bleibt die Inversionsschicht länger bestehen, wird der Hochnebel von Tag zu Tag dicker und dunkler. Dabei nähert sich die Basis immer weiter der Erdoberfläche. Erst bei Annäherung der nächsten Störung – einer Warmfront zum Beispiel – oder wenn sich das Hoch verlagert, wird das stabile atmosphärische Gleichgewicht zerstört. Aufkommender Wind wird die Hochnebeldecke dann auflösen.

Bei Inversionen muß es nicht zwangsläufig zu Hochnebel kommen. Doch die Flugsicht kann stark eingeschränkt sein. Um die Flugsicht abzuschätzen, ist die Färbung des Himmels aufschlußreich. Ein deutlich blauer Himmel wird wesentlich bessere Flugsicht bieten als ein weißlich greller. Ist es teilweise bewölkt, achte man auf die Färbung der Löcher zwischen den Wolken. Bei hoher Bewölkung gilt: Ist die Struktur der Wolken klar und deutlich erkennbar, wird die Flugsicht besser sein als wenn sich die Ränder der Wolkenstrukturen nur undeutlich gegeneinander abheben.

Vorausliegender Hochnebel talabwärts

Auf Flügen von höhergelegenen Gebieten ins Tiefland erleben Piloten oft, daß die Strecke vor ihnen unter Hochnebel liegt. Der Hochnebel erscheint von oben als reine, weiße Oberfläche und füllt die Täler wie eine Flüssigkeit. Das Überfliegen dieser geschlossenen Wolkendecke ist lebensgefährlich, auch wenn genügend Berge zur Horizontalorientierung herausragen. Zum einen ist das Durchstoßen von Wolkendecken im Sichtflug verboten, da die Maschine in den Wolken ohne Blindflugausrüstung leicht in unkontrollierbare Flugzustände gerät. Zum anderen weiß man ja nicht, wie weit der Hochnebel nach unten reicht, und ob er nicht schon auf der Erdoberfläche aufliegt.
Die einzige Möglichkeit, den Flug in der geplanten Richtung fortzusetzen, ist das Unterfliegen des Hochnebels. Das funktioniert, wenn die Basis höher liegt als die Mindestflughöhe. Bei einem Flug ins Tiefland sinkt die Erdoberfläche weiter ab. Die Höhe der Wolkenbasis über Grund wird sich also vergrößern. Ein Unterfliegen von Hochnebel auf ansteigendes Gelände zu ist dagegen sehr gefährlich (siehe Kapitel *Flugwetter im Gebirge*).

Die folgende Geschichte stammt wieder aus den Erinnerungen des englischen Fliegers Cecil Lewis. Auch sie ist in vieler Hinsicht äußerst lehrreich und unterstreicht manches, das schon an anderer Stelle in diesem Buch erwähnt wurde.

Im herbstlichen England herrscht schwache Ostwindlage, und C.L. will zur Ostküste fliegen. Bevor man Herrn Lewis aber ob seines Leichtsinns verurteilt, sei nochmal darauf hingewiesen, daß wir das Kriegsjahr 1916 scheiben. Die Maßstäbe waren damals andere.

C. L. schreibt: ...*Gegen fünf Uhr trat ich den Rückflug an, der sich recht übel gestaltete. Eine schwere Hochnebeldecke zwang mich immer tiefer und tiefer, so daß ich es schließlich aufgab und, um aus ihr herauszukommen, auf 8000 Fuß stieg; im Vertrauen darauf, Rochford mit Hilfe meines Kompasses zu finden. Vielleicht auch brach der Hochnebel an der Ostküste auf – aber das war leider nicht der Fall. Soweit ich sehen konnte, überall unter mir ein weiter Nebelboden, gelblich leuchtend in der untergehenden Sonne. Hier oben war alles klar, ein Dom aus reinem Blau, voll blassen Sonnenlichts; aber dieser grenzenlose Friede vermochte mich nicht zu beruhigen. Die Farbe dieser Wolkendecke gefiel mir nicht. Es waren keine Wolken, es war richtiger Nebel; und wie, zum Teufel, sollte ich da herunterkommen? Ich flog ein paar Stunden lang weiter. (C.L. spricht nicht über seine Gefühle während dieser Zeit.) Der Brennstoff mußte bald zur Neige gehen. Es war besser, jetzt herunterzugehen, als später wider Willen. Ich stellte den Motor ab und tauchte in den Nebel hinunter, nach dem Höhenmesser spähend wie ein Luchs. Hier muß ich für den Laien darauf hinweisen, daß ein Höhenmesser in Wahrheit ein Barometer ist. Vor dem Start stellt man ihn vermittels einer Stellschraube seitlich vom Ziffernblatt auf Null. [Da hat sich nichts geändert]. Aber es war natürlich nicht gesagt, daß der Boden in Rochford, dessen Höhe ich kannte, just genau so hoch lag wie der Boden, auf den ich in diesem Augenblick zuglitt. Ich konnte leicht auf einen Hügel geraten, der zum Beispiel 200 Fuß höher lag als Rochford. Wenn mein Höhenmesser auch 200 zeigte, konnte ich doch im nächsten Augenblick aufsitzen. Schon mancher Unfall hat sich ereignet, weil der Pilot das nicht bedachte. Aber ich wollte mein möglichstes tun, diese Gefahr zu vermeiden; das Schlimme war nur, daß ich bei dem Nebel den Boden erst sehen würde, wenn ich schon darauf saß. Die Nadel fiel auf 500 Fuß. Ich schaltete die Zündung wieder ein, gab wieder Gas und ging langsamer hinunter, den Motor – es war ein Mono-Rotationsmotor – vermittelst des Unterbrechers kontrollierend. Falls ich plötzlich einen Hügel oder einen Kirchturm sah, konnte ich mir auf diese Weise helfen. Jetzt dachte ich nicht mehr an den Höhenmesser, sondern spähte nur in den Nebel unter mir nach irgendwelchen Anzeichen, daß die Erde nahe sei. Plötzlich unmittelbar vor mir eine Ulme! Gas! Ich zog hoch und kam gerade noch um ein paar Fuß Breite über die Krone hinweg. Die Ulme war eine aus einer ganzen Reihe am Rande eines Feldes. Schön, jetzt wußte ich jedenfalls einigermaßen, wo der Boden war. Ich kreiste langsam und schaute hinab auf die Stoppeln unter mir. Wie groß war das Feld? Konnte ich auf ihm landen? War es auf allen Seiten von hohen Bäumen umstanden? Ich hielt scharf Ausschau. Immer noch Bäume, dann eine Lücke. Wenn ich diese Lücke erwischte, konnte ich landen. Ich kreiste weiter. Jetzt war alles wieder im Nebel verschwunden. Ich mußte mich auf meinen Orientierungssinn verlassen und tiefer gehen als die Bäume hoch waren – sonst bestand keine Aussicht, das Feld zu erreichen. Ich ließ mich sinken, sorglich den Motor kontrollierend. Vor mir ein Baum. Ich trat ins Seitensteuer und glitt seitwärts, so daß der Baum sich rechts von mir befand; stand links von mir auch einer? Ja, aber der Raum genügte, um zwischen beiden hindurchzuflitzen. Telegraphendrähte? Anscheinend nicht. Die Hecke sauste unter mir vorbei, das Stoppelfeld befand sich unter mir. Die Maschine schwebte, wie mich dünkte, eine Ewigkeit weiter. Endlich berührte ich den Boden. Die gegennüberliegende Hecke tauchte auf. Würde ich die Maschine rechtzeitig zum Stehen bringen? Oder in die Hecke hineinsausen? Die starken Stoppeln hemmten die Räder. Der SOPWITH kam mit der Nase dicht an der Hecke zum Stehen. Uff! Ich sprang hinaus. Nach dem Donnern des Motors wirkte die plötzliche Stille besonders tief. Die Welt hielt den Atem an, erstickte fast unter diesem feuchten Tuch aus Dampf. Die Bäume tropften ruhig, eintönig, als weinten sie um den Tod der Welt. Kein Zeichen einer menschlichen Behausung. Kein Laut störte die Stille. Ich kroch durch die Hecke, fand einen Feldweg und folgte ihm bis vor ein großes Landhaus. Ich läutete. »Wo bin ich?« fragte ich. Das plötzliche Erscheinen eines Fremden im Fliegeranzug an einem derartigen Abend war wohl einigermaßen erschreckend für das Mädchen. Sie holte die Herrin. Ich war ein paar Meilen von Gravesend entfernt. Ja, wer sich auf den Kompaß verläßt! Ich glaubte, in Essex zu sein, und war doch in Kent.*

Die Wolken

Auf die Kenntnis der Wolkenbilder kann kein Flieger verzichten.

Schon lange bevor die Wetterkunde zur Wissenschaft wurde, lernten die Menschen, kommende Schauerböen an der wachsenden Gewitterwolke zu erkennen oder herannahendes schlechtes Wetter an Cirruswolken oder einem *Halo* um die Sonne zu deuten. Auch heute noch zählen Wolkenbilder zu den wichtigsten Indizien kommenden Wetters, auch für die Meteorologen. Letztlich sind Satellitenaufnahmen, die Grundlage der modernen Wettervorhersage, auch nichts anderes als Wolkenbilder aus der Weltraumperspektive.

Blitz, Hagel, Sturm, Regen oder Schnee sind Endphasen von Wetterentwicklungen. Den meisten »Fußgängern« fallen sie erst auf, wenn sie eintreten – sie lassen sich vom Wetter überraschen. Doch jede Wetterentwicklung braucht Zeit. Lange vor Eintreten der Endphase offenbart sie sich durch ihr besonderes Wolkenbild und andere typische Wettererscheinungen. Dazu gehören Windrichtung und -stärke, Luftdruck, Luftfeuchtigkeit und Lufttemperatur. Doch das Wolkenbild hat dabei die Schlüsselstellung inne. Deshalb ist die Kenntnis der wichtigsten Wolkenbilder für den Flieger von grundlegender Bedeutung. *Ein Flieger darf sich nicht vom Wetter überraschen lassen!* Er muß wissen, was die Wolken als Wetterzeichen bedeuten und welche Gefahren ihm bei bestimmten Wolkenbildungen drohen.

Grundsätzlich liegt für Sichtflieger die primäre Gefahr im Verlust von Sicht und Orientierung.

Besonders gefährlich ist es, über geschlossenen Wolkendecken zu fliegen. Für E-Klasse-Flugzeuge mit ihren recht zuverlässigen Motoren mag es angehen, solange Sichtflugbedingungen herrschen und sicher ist, daß am Ziel ein wolkenfreier Abstieg gewährleistet ist. Ist man jedoch gezwungen, durch die Wolken abzusteigen, wird man ohne Kreiselinstrumente wie *künstlichen Horizont* und ohne Erfahrung im Instrumentenflug mit großer Wahrscheinlichkeit die Orientierung verlieren. In einer Wolke gibt es keinen Horizont. Oben, unten, vorn, hinten, überall ist weißer Nebel. Kompaß und Libelle tanzen irrsinnig, und nach kurzer Zeit neigt der Pilot zur Panik. Das Gleichgewichtsgefühl verläßt ihn ohne äußeren Bezugspunkt fast augenblicklich. Für kontrollierte Steuerbewegungen fehlt jeder Anhalt. Mancher Pilot, der vermeinte, oben aus der Wolke zu steigen, hing kopfüber und fiel unten aus der Wolke heraus. Leicht geraten Flugzeuge ohne künstlichen Horizont in einen unkontrollierbaren Sturzflug. Auch im Wolkensegelflug montierte schon mehr als eine Maschine so ab. Wer mit dem Gedanken spielt, eine löchrige Wolkenschicht von Strato-cumulus zu durchsteigen, um darüber frei nach Kompaß zu fliegen, sollte erst noch einmal das Kapitel *Fehler des Kompasses* lesen – und sich im übrigen klarmachen, daß sich die Wolkendecke auch schnell unter ihm schließen kann.

Um die Problematik »Fliegen über den Wolken« zu verdeutlichen, wollen wir den berühmten Fliegerdichter Antoine de Saint-Exupery zu Wort kommen lassen. Er gilt in der Postfliegerei der 20er Jahre als Pilot der ersten Stunde. Die Franzosen flogen damals im offenen BREGUET-Doppeldecker, einem Typ, der noch als Kampfflugzeug im Ersten Weltkrieg eingesetzt worden war. Auch hier wird der Leser gleich erkennen, daß die damaligen technischen Bedingungen auch den heutigen UL-Fliegern durchaus geläufig sind.

Saint-Exupery schreibt: *...Endlich kam der Tag, an dem auch ich in das Zimmer des Direktors gerufen wurde. Er sagte nur: »Sie fliegen morgen.« Ich blieb stehen und wartete, daß er mich entließ. Er aber fügte nach einer Pause hinzu: »Sie kennen die Vorschriften?« Damals waren nämlich die Motoren noch lange nicht so zuverlässig wie heute. Oft genug ließen sie einen plötzlich im Stich, und ohne jede Warnung saß man im Geklirr des zertrümmerten Porzellanladens. Dann steuerte man nach der Steinkruste Spaniens, die doch keinerlei Zuflucht bot. »Wenn hier der Motor kaputtgeht«, sagten wir unter uns, »dann folgt das Flugzeug nur zu schnell ihm nach.« Nun, ein Flugzeug ist nicht unersetzbar. Die Hauptsache ist, nicht blindlings aufs Felsenland niederzugehen. Darum war es uns bei schwerster Strafandrohung verboten, Wolkenmassen über den Berglandschaften zu überfliegen. Der Flieger, dem da der Motor ausgefallen wäre, wäre in der weißen Watte verschwunden und an die Berge gerannt, ohne sie vorher sehen zu können. Und so wiederholte denn an jenem Abend eine langsame Stimme mit sehr viel Nachdruck noch einmal die Vorschrift: »Nach Kompaß fliegen ist schon schön; in Spanien über Nebelmeere so wegsteuern, das macht sich fein, aber...« – und da wurde die Stimme noch langsamer und nachdrücklicher – »aber ... vergessen Sie nicht: unter den Wolken wartet auf Sie ... die Ewigkeit.« Mit einem Schlage bekam die friedliche, einfache, klare Welt, auf die man stößt, wenn man aus den Wolken hinabtaucht, ein neues Gesicht. Diese Friedlichkeit war nur eine Falle, die dort zu meinen Füßen lauerte. Nicht geschäftige Menschheit wogte dort unten, nicht der Betrieb und der lebhafte Verkehr der Städte. Nein, da herrschte ein tiefes Schweigen, ein Friede ohne Wiederkehr. Das weiße Gewoge war die Grenze von Sein und Nichtsein, ein schauerlich schneller Übergang von der Welt des Bekannten in das Reich des Unwißbaren. ... Die guten Gebirgler kennen die Wolkenmeere wohl; aber sie vermögen doch in ihnen nicht die geheimnisvolle Scheidewand zu erkennen, die sie für mich bedeuteten.*

Diesen Worten des großen Fliegerdichters ist nichts hinzuzufügen als vielleicht die Schilderung eines anderen bekannten Fliegers, der die obige Situation selbst erlebt hat und mit Glück davongekommen ist. Vor mir liegt ein jahrzehntealter Ausschnitt aus einer Illustrierten. Heinz Rühmann erzählt eine Anekdote aus seinem Fliegerleben, die sicher kein Ruhmesblatt ist. Wer Rühmann kennt, wird ihren Wahrheitsgehalt nicht bezweifeln. Rühmann erzählt: *Ich denke manchmal daran, wenn ich fliege. Ich war gerade neunundzwanzig geworden und hatte meinen ersten großen Film gedreht, »Die drei von der Tankstelle«. Von der Gage kaufte ich mir mein erstes Flugzeug. Eben jene KLEMM. Ein Flugzeug ganz aus Sperrholz, mit einem 40-PS-Motor und zwei Sitzen hintereinander. Sie war offen und hatte vorn die beiden typischen Schutzschirme, damit einem der Flugwind nicht zu sehr ins Gesicht pfiff. Elly Beinhorn, die große und bekannte Fliegerin, hatte sie mir von Stuttgart-Böblingen nach Berlin geflogen. [Die Eigenschaften von Rühmanns KLEMM 25 sind mit einem heutigen Ultraleichten durchaus vergleichbar]. Und nun war ich auf meinem ersten großen Alleinflug von Berlin nach Salzburg. Ich startete bei gutem Wetter in Tempelhof. Aber das blieb nicht so. Von unten zog eine dicke Nebelschicht auf. Ich machte den großen Fehler, nicht umzukehren. Denn »blind« fliegen konnte man damals noch nicht. Die notwendigen Apparaturen waren noch nicht erfunden worden. Also stieg ich höher und höher in die Wolken, bis ich das Maximum erreicht hatte. Doch das Wetter wurde immer schlechter. Es war zu spät um zurückzufliegen. Ich hatte nicht mehr genügend Benzin... Also entschloß ich mich, durch die Wolkendecke nach unten durchzustoßen. Ein gefährliches Unternehmen! Ich tauchte also in diese trübe Waschküche und schoß mit unwahrscheinlicher Geschwindigkeit aus der Wolkendecke, die ziemlich tief über der Erde lag. Der liebe Gott hatte mir dabei wohl zur Seite gestanden, sonst hätte mein erster Flug böse geendet. Es gelang mir noch, die Maschine abzufangen und unten zu kreisen, um mir ein Feld für die Notlandung zu suchen. Und ich landete dann sogar sehr korrekt auf einem Acker, auf welchem eine Gulaschkanone aufgestellt war, die rauchte [Windrichtung!]. Natürlich landete ich gegen den Wind, wie ich es gelernt hatte. Das Herz schlug mir bis zum Hals, und ich stolperte aus meiner Maschine und ging auf die Leute zu, die da um die Gulaschkanone saßen und ihre Suppe löffelten. Ich fragte: »Wo bin ich überhaupt?« – »In Sachsen«, war die Antwort, »zwischen der Schwarzen und der Weißen Elster.« So hießen die beiden Flüßchen. Ich holte mit zitternden Händen meinen Proviant heraus und aß erstmal etwas. Und dann flog ich, nachdem sich das Wetter endlich gebessert hatte, weiter nach Salzburg. Aber diesmal über der Bahnlinie. Damit ich nicht die Orientierung verlor. [Siehe Kapitel Die Leitliniennavigation oder »IFR«]. Ich kam ziemlich abgespannt an, denn der Wind, der mir in dieser offenen KLEMM um die Ohren pfiff, war etwa so stark, wie wenn man heute mit einem Motorrad mit hundertachtzig über die Autobahn braust [Rühmann übertreibt liebenswert]. Und weil ich doch kurzsichtig bin, trug ich unter der Schutzbrille noch die eingeschliffenen Gläser, das war auch nicht so angenehm. Weil meine Augen in der schneidenden Kälte tränten. Aber dennoch: Es war schön, dieser erste große, richtige Alleinflug. Ich bin dann von Salzburg weiter über Venedig an die Cite d'Azur geflogen und später zurück über Marseille, Avignon, Lyon und Düsseldorf nach Berlin. Ich bin nach dieser Notlandung auf einem Kartoffelacker nie wieder so ein waghalsiger, wilder Flieger gewesen. Heute weiß ich, daß man ohne ein großes Verantwortungsgefühl sehr schnell verloren*

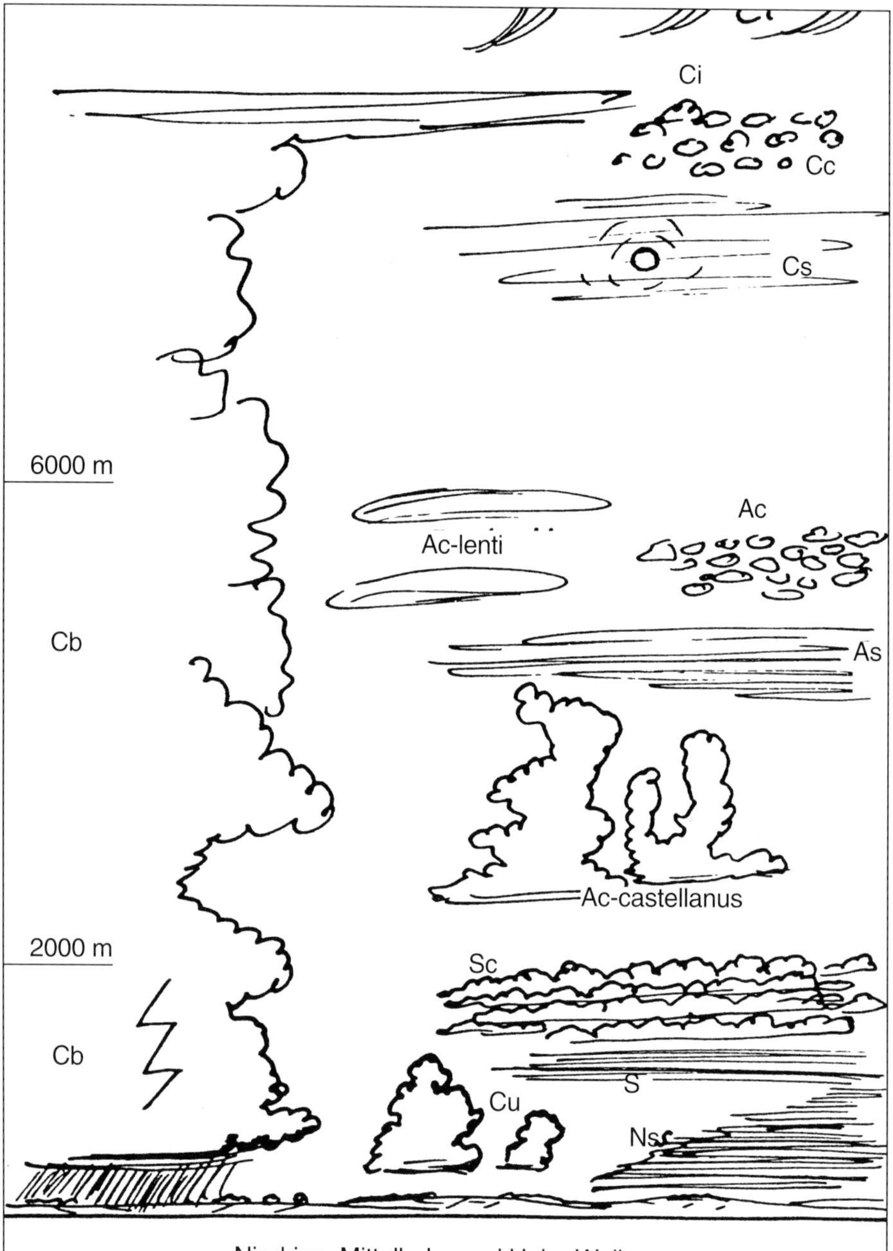

Die Wolken der verschiedenen Höhenstufen

ist. Aber was tut man nicht alles, wenn man jung und unerfahren ist!

Das soll zum Thema »Fliegen über geschlossenen Wolkendecken« genügen.

Vor einem geplanten Überlandflug werden die wenigsten UL-Piloten schon Tage zuvor GAFOR abhören. Aber sie werden bereits die Wetterberichte im Radio oder Fernsehen verfolgen. Vor allem aber werden sie auf die Entwicklung der Wolkenbilder am Himmel achten.

Höhenstufen der Wolken

Wolken werden entsprechend dem internationalen Wolkenatlas nach ihrer Höhe unterschieden:

Hohe Wolken oberhalb 6000 Meter Höhe, *Mittelhohe Wolken* von 2000 bis 6000 Meter Höhe, *Niedrige Wolken* unter 2000 Meter Höhe.

Die Wolkenhöhen werden geschätzt. Die Erscheinungsform der Wolken läßt aber eine relativ zuverlässige Höhenbestimmung zu.

Hohe Wolken

Die Hauptgruppen der hohen Wolken sind *Cirrus* (Ci) – feine »Federwolken«, deren Enden oft hakenförmig gebogen sind (Haken-Cirrus); *Cirro-cumulus* (Cc) – kleine »Schäfchenwolken«; *Cirro-stratus* (Cs) – feine Schleierwolken, durch die die Sonne hindurchscheint und oft einen Ring bildet (Halo). Hohe Wolken sind Eiswolken. Sie haben keine Schatten an ihren Rändern.

Cirro-stratus bei Sonnenaufgang

Mittelhohe Wolken

Die Hauptgruppen der mittelhohen Wolken sind *Alto-cumulus* (Ac) – dichtere, gröbere »Schäfchenwolken« mit leichten Schattenrändern; *Alto-stratus* (As) – hohe, grau durchscheinende Schichtwolken; ähnlich Cs aber dichter.

Niedrige Wolken

Niedrige Wolken unterteilen sich in *Stratus* (St) – ausgedehnte graue Wolkenschichten, die oft den ganzen Himmel bedecken; *Nimbo-stratus* (Ns) – dichter, dunkler, tiefliegender Stratus, aus dem es nieselt oder regnet. *Strato-cumulus* (Sc) – eine dichte Schicht von Cumulus-Wolken, zwischen denen stellenweise der blaue Himmel sichtbar ist; *Cumulus* (Cu) – einzeln stehende, in der Sonne weißstrahlende Haufenwolke (»Schönwetterwolke«).

Cumulo-nimbus

Cumulo-nimbus (Cb) nimmt eine Sonderstellung ein. Als Gewitterwolke kann sie vom Erdboden durch alle Wolkenbereiche hindurch bis an die Obergrenze der *Troposphäre* reichen – ein hohes Wolkengebirge mit scharfer Basis und tiefen Schatten. Aus der Basis fallen Regen- und Hagelschauer, im Winter Graupel.

Wolkentafeln

Selten zeigen sich die Hauptwolkenarten in reiner Form. Meistens herrschen Mischformen vor. Um die Klassifizierung zu erleichtern, zeigen wir im zweiten Farbteil ab S. 152 jedoch möglichst unvermischte Wolkenbilder.

Hohe Wolken

Cirrus (Ci) – über 6000 Meter. Federwolken; dünne weiße Wolken von seidiger Struktur, die das Sonnenlicht fast ungehindert durchlassen. Ci entstehen durch Aufgleitvorgänge wie bei der Warmfront. Sie künden von einer Schlechtwetterfront. Die Front kann jedoch sehr weit entfernt sein und muß den Beobachter nicht unbedingt erreichen. Verdichtet sich Ci zu Cirro-cumulus oder Cirro-stratus, rückt die Front näher.

Cirro-cumulus (Cc) – über 6000 Meter. Schäfchenwolken; zahlreiche weiße, kleine, durchscheinende Wolkenballen ohne Schattenränder, oft streifenförmig angeordnet.

Cirro-stratus (Cs) – über 6000 Meter. Durchscheinende, milchige Schleierwolken, die oft den ganzen Himmel bedecken. Sonne oder Mond scheinen fast ungehindert hindurch. Sie umgeben sich mit einem *Hof* oder einem großen, teils farbigen Ring, dem *Halo*. Cs geht bei Annäherung der Warmfront in den mittelhohen Alto-stratus über.

Mittelhohe Wolken

Alto-cumulus (Ac) – 2000 bis 6000 Meter. Ähnlich Cirro-cumulus, aber dichter; größere Ballen, oft in breiten Streifen angeordnet, dazwischen oft Lücken blauen Himmels, leichte Schattierungen der Ränder, sichtbare Wolkenbasis. Ac können auch in Schichten übereinanderliegen. Wenn einzelne Alto-cumuli turmartig und deutlich höher als ihre Nachbarn emporquellen (*Alto-cumulus castellanus*), muß mit baldigen Gewittern gerechnet werden, auch wenn das Wetter noch sommerlich schön ist. Schnellziehende Ac können die einzigen Anzeichen für ein sich rasch näherndes gefährliches – unter Umständen nur lokales – Trogtief sein. Fällt das Barometer und dreht der Wind links, sind die Anzeichen sicher.

Alto-stratus (As) – 2000 bis 6000 Meter. Graue Schichtwolke, durch die die Sonne oder der Mond oft nur als heller Fleck hindurchscheinen. As entsteht bei Annäherung einer Warmfront. As folgt hohem Cirro-stratus und geht bald in niedrigen Stratus und häufig in Nimbo-stratus über. Anzeichen baldigen Regens.

Niedrige Wolken

Stratus (St) – unter 2000 Meter. Weißlich-graue Wolkenschicht, die oft den ganzen Himmel bedeckt, in Bodennähe als Hochnebel, am Boden als Nebel bezeichnet (siehe Kapitel *Nebel*). In Warmfrontnähe verdichtet sich Stratus zu Nimbo-stratus, und es wird regnen. Aus Stratus können einzelne Tröpfchen oder schon leichter Staubregen fallen.

Nimbo-stratus (Ns) – Basis deutlich unter 2000 Meter, oft auf dem Boden aufliegend. Niedrige, dunkelgraue, formlose Wolkendecke, die den ganzen Himmel bedeckt, aus der es regnet oder schneit. Nimbo-stratus kann mit Alto-stratus eine kompakte Masse bilden. Bei Regen treiben unter der Basis niedrige Wolkenfetzen (*Fracto-nimbus*). Sieht man unter einer dichten, niedrigen Stratusdecke Fracto-nimbus heranziehen, beginnt es zu regnen, sobald die Fractus-Wolken den Betrachter erreicht haben.

Strato-cumulus (Sc) – unter 2000 Meter. Dicht aneinanderliegende Cumulus-Wolken, oft in Wellenform (»Wogenwolken«), grau und bedrohlich aussehend. Sie allein sind kein eindeutiges Wetterzeichen. Je nach Wetterlage können sie gutes Wetter ankündigen, sich aber auch zu Nimbo-stratus verdichten.

Cumulus (Cu) – unter 2000 Meter, »Schönwetterwolken«, Quellwolken, die auf Thermik hinweisen, vertikaler Aufbau, Basis meist nur wenige hundert Meter hoch, deutlich schattiert, große Cumuli an der Basis und an der Schattenseite blauschwarz. Cu wachsen unter entsprechenden Voraussetzungen weit über 2000 Meter hinaus (*Cumulo-congestus*) und entwickeln sich zu Cumulo-nimbus. Stark quellende Cu mit niedriger Wolkenbasis deuten auf hohe Luftfeuchtigkeit und bringen Schauer oder Gewitter. Aus Cu kann bereits etwas Regen fallen.

Cumulo-nimbus (Cb) – Quellwolke, die vom Erdboden bis an die *Tropopause*, die Grenzschicht zur *Stratospäre*, reichen kann – also bis weit oberhalb 6000 Meter. Schauer- oder Gewitterwolke. Als Gewitterwolke stößt sie gegen die Inversionsschicht der Tropopause und breitet sich amboßartig aus. Dabei zerfasert die aufgestiegene Luft zu Cirrus und kann von den Höhenwinden sehr weit transportiert werden. Cirruswolken künden schon in großer Entfernung von Gewitterwolken. Das hat für die Vorhersage jedoch nur bei wandernden Gewitterfronten Bedeutung (siehe Cirrus). Über Cumulo-nimbus ausführlich im Kapitel *Gewitter*.

Barometerregeln

Vor längeren Überlandflügen sollte man schon ein, zwei Wochen vorher die Entwicklung des Wettergeschehens verfolgen. Dann läßt sich mit etwas angewandter Wetterkunde durchaus abschätzen, ob aus dem Starttermin in drei Tagen etwas werden wird. Dann kann man sich schon telefonisch am Zielort nach Quartier und Hallenplatz erkundigen, oder aber Proviant einkaufen für das verregnete Wochenende mit der Fliegerfreundin zuhause.

Zur effektiven Wetterplanung brauchen wir neben Radio und Telefon oder Telefax für die Wetterberichte auch das *Barometer* in der Diele.

Noch besser ist ein *Barograph*, der die Entwicklung des Luftdrucks über die ganze Woche in einer wellenförmigen Kurve mitschreibt. Ein Barograph ist teuer, aber man kann sich einfach behelfen. Man besorgt sich nur die *Barographenstreifen*. Auf der Skala eines solchen Streifens notiert man mit Bleistift regelmäßig den Luftdruck mit einem kurzen Strich. So erhält man bald eine aufschlußreiche Kurve. Damit sollte man einige Tage vor dem Start beginnen, am besten eine Woche vorher. Aus der Gestalt dieser Luftdruck-Kurve lassen sich in Verbindung mit der Kenntnis der Wetterlage und den übrigen Wetterbeobachtungen durchaus brauchbare Vorhersagen erstellen.

Hier die typischsten Kurvenverläufe für kurz- und mittelfristige Prognosen:

Barographenkurven

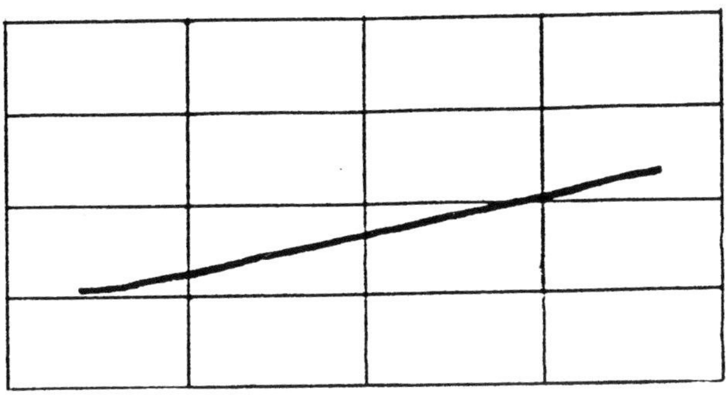

Steigt der Druck über mehrere Tage hinweg langsam und gleichmäßig an, so ist nachhaltige Wetterbesserung zu erwarten.

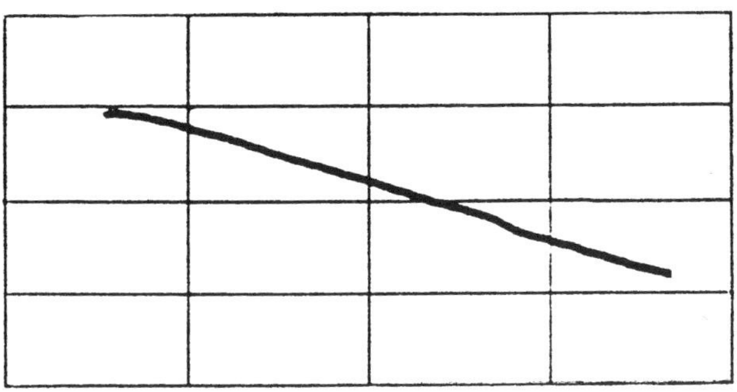

Umgekehrt bedeutet tagelanges langsames Fallen aus hohem Stand das nachhaltige Ende einer Schönwetterperiode.

Fällt der Luftdruck erst langsam, dann immer schneller, wird bald stürmisches Wetter eintreten. 1,5 *Hectopascal* Fallen pro Stunde oder mehr deuten binnen kurzem auf Sturm

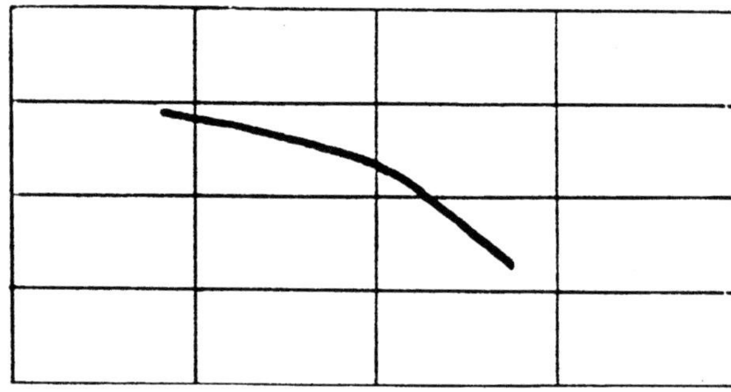

Nach Durchzug einer Front stagniert das Barometer. Beginnt es kurz darauf trotz Aufklaren bei linksdrehendem Wind (beispielsweise von West auf Südwest) wieder zu fallen, deutet es auf das Nahen eines gefährlichen *Trogtiefs* oder *Teiltiefs.*

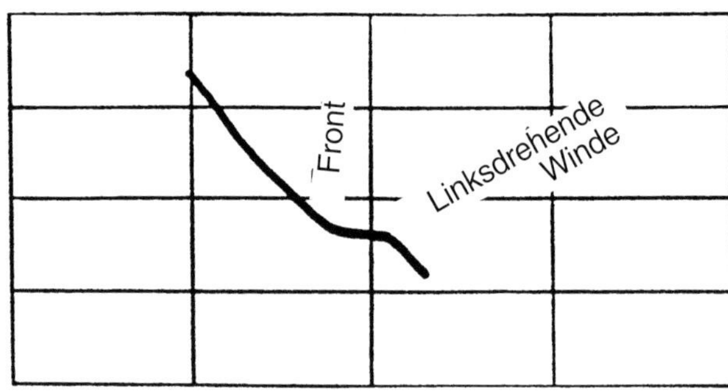

Beginnt nach Durchzug einer Kaltfront das Barometer mit einem Ruck zu steigen, wehen unmittelbar darauf die stärksten Böen.

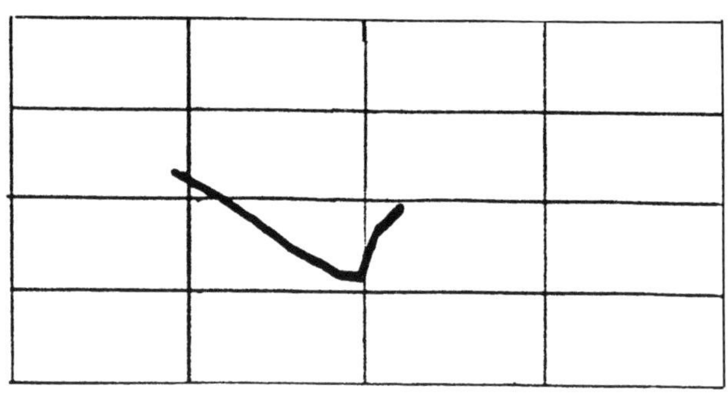

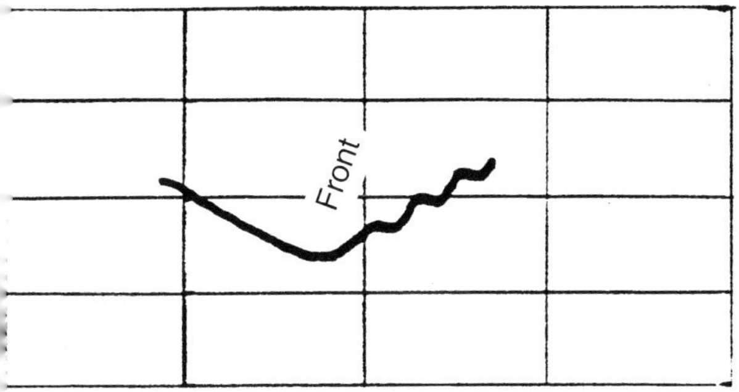

Ist der Anstieg unruhig und »zackig« bei linksdrehenden westlichen Winden (West auf Südwest), folgt entweder das nächste Tief unmittelbar, oder die Wetterbesserung dauert nur kurz bis zur nächsten Warmfront.

Zügig steigender Luftdruck kündet baldige Wetterbesserung an (a). Bei steil ansteigendem Druck wird sie nicht von Dauer sein (b).

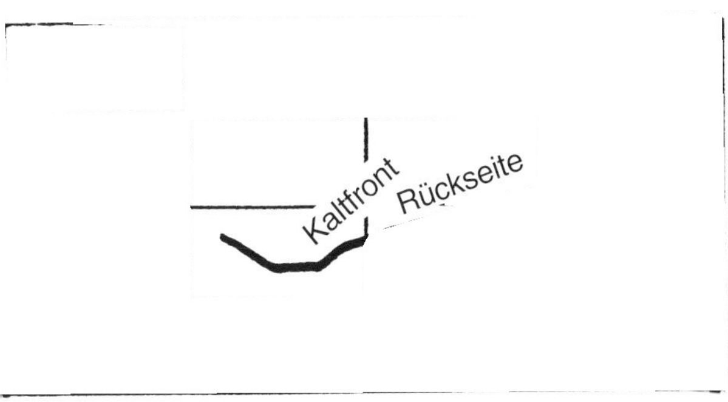

Steigt das Barometer auf der *Rückseite* langsam und stetig weiter, ist nach Abklingen der Schauerböen mit mindestens einem Tag ruhigeren Zwischenhochwetters zu rechnen.

Mehrtägige Hochdruckwetterlage ist zu erwarten, wenn das Barometer langsam und stetig weitersteigt und der Wind aus westlichen Richtungen rechtsherum über Nord nach Nordost dreht. Dabei wird es zunächst kühl, bleibt aber sonnig und trocken – Reiseflugwetter.

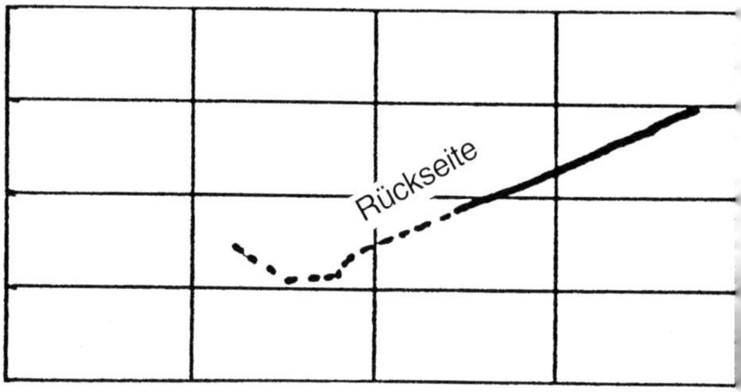

»Atmet« der Luftdruck auf hohem Stand in leichten Sechs-Stunden-Wellen von ein bis zwei Hectopascal, so hat sich die Schönwetterlage stabilisiert. Es ist mit mehreren Tagen ruhigen Sonnenwetters zu rechnen.

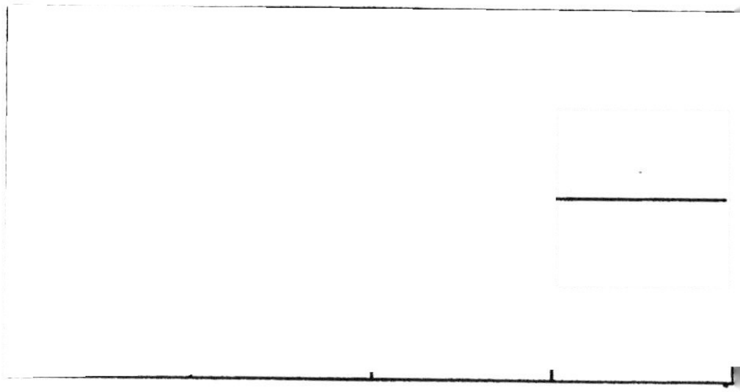

Ist der Luftdruck nach einer Schönwetterperiode etwas gefallen und dann wieder gleichmäßig gestiegen, war es zwischenzeitlich bedeckt, folgten Wolkenfelder und klarte es anschließend wieder auf – so unterbrach nur ein schwacher Störungsausläufer die Hochdruckwetterlage.

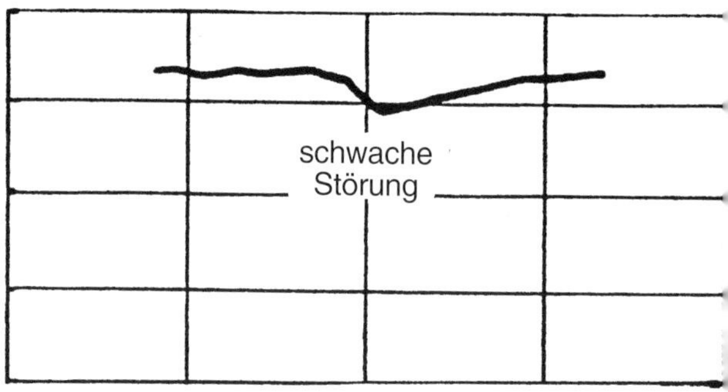

Flugwetter im Gebirge

Der Verfasser unterhielt sich vor der Erstellung des Manuskripts zu diesem Buch mit erfahrenen Alpenfliegern. Nicht alle begrüßten seinen Wunsch, das Kapitel »Flugwetter im Gebirge« anpacken zu wollen. Ein Kamerad stellte unwillig fest, daß Ultraleichtflieger in den Alpen nichts zu suchen hätten. Zur Bestätigung berichtete ein anderer von einem haarsträubenden Wettererlebnis, aus dem ihn nur die hervorragenden Flugeigenschaften seiner stark motorisierten Maschine gerettet hätten. Eben das und ähnliche Schilderungen bestärkten den Autor in seinem Vorhaben. Ultraleichtflieger lassen sich nicht aus den Bergen verbannen. Tatsächlich haben zahlreiche Ultraleichte bereits die Alpen überquert, allen voran Marco Broggi im Jahr 1980. Er flog einen zweiachsigen Hängegleiter mit einzylindrigem Kettensägenmotor. Die – mittlerweile abgeschaffte – Ultraleicht-Betriebsordnung (ULBO) von 1987 forderte in Abschnitt III, Nummer 7.2 für Flüge in den Alpen südlich von 47 Grad 50 Minuten nördlicher Breite eine Sicherheitsmindesthöhe für Ultraleichte von 1500 Fuß über Grund. Dies belegt, daß Ultraleichte in den Bergen schon lange »amtlich« sind. Es macht daher sicher mehr Sinn, die Gefahren und auch die Möglichkeiten des Gebirgsfluges mit schwach motorisierten Maschinen zu erörtern, als pauschal abzuraten und die Wagemutigen, die sich ohnehin nicht abhalten lassen, einfach sich selbst zu überlassen. Sie müssen nicht nur wissen, daß sie ein Wagnis eingehen, sondern auch warum es ein Wagnis ist. Zu Gebirgsflügen sollte man nur nach gründlicher theoretischer Vorbereitung und einer sorgfältigen Flugplanung starten. Gebirgsflüge verlangen entschieden mehr Können als Flüge über ebenem Gelände. Im Unterschied zum Flachland muß sich der Flieger den Luftraum nicht nur mit dicht nebeneinandergestellten Felsmassiven teilen, die teilweise sogar die Gipfelhöhe seines Flugzeuges überragen, sondern er muß auch mit heftigen Luftwirbeln und Auf- und Abwinden rechnen. Ein UL hat diesen Gewalten nicht viel entgegenzusetzen, von plötzlich aufziehenden Wolken und »Wetterstürzen« ganz zu schweigen. Flieger, die sich zum ersten Mal im Gebirge bewegen wollen, können auf eine *Alpeneinweisung* unter keinen Umständen verzichten. Diese Alpeneinweisung holen sie sich von erfahrenen Fluglehrern direkt im Gebirge. Die Flugschulen im Alpenraum bieten entsprechende Einweisungen an. Entweder man fliegt doppelsitzig im eigenen Gerät, oder man läßt sich sinnvollerweise auf einem Motorsegler einweisen. Mit der für Alpenflüge ohnehin notwendigen Flugerfahrung wird man die Verhältnisse im Motorsegler am ehesten auf die Verhältnisse im eigenen UL übertragen können. Zusätzlich kann man sich auch theoretisch vorbereiten. Segelflieger wie Jochen von Kalckreuth haben ausgezeichnete Bücher über Segelflug in den Alpen geschrieben. Daraus lassen sich auch für andere Luftsportarten klare Schlußfolgerungen ableiten. Daß man bei der Wetterbeurteilung für einen

Ultraleichflug zu vollkommen anderen Ergebnissen gelangt, ist selbstverständlich. Es macht einen riesigen Unterschied, mit welcher Art von Fluggerät im Gebirge geflogen wird. Dasselbe Wetter, das den erfahrenen Alpensegelflieger zu weiten Streckenflügen befähigt, kann für den Ultraleichtflieger lebensgefährlich werden. Ebenso mag die Thermik eines warmen, windigen Sommertages einem richtig geflogenen und starkmotorisierten Reiseflugzeug der E-Klasse auf 12000 Fuß MSL einige bockige Reiseabschnitte bescheren. Dem Ultraleichtflieger hingegen werden neben heftigen Aufwinden so starke Leewirbel und Abwinde geboten, daß bestimmte Pässe oder Grate überhaupt nicht oder nur unter großer Gefahr überflogen werden können. Dieses Kapitel kann die vielen möglichen Wettersituationen im Gebirge nur streifen. Vor allem Segelflieger könnten beschreiben, wie sie aus den verschiedenen Wettervoraussetzungen Strategien entwickeln, um Föhnwellen, Hangaufwinde und Gebirgsthermik auszunutzen. Hier geht es in erster Linie um die Schwierigkeiten und Gefahren, die den Flieger leichter, langsamer und schwachmotorisierter Flugzeuge im Gebirge erwarten können. Aber dieses Kapitel will auch auf die Wetterbedingungen eingehen, unter denen Gebirgsflüge mit ultraleichten Maschinen zu verantworten sind. Dazu wollen wir einige typische Wettererscheinungen betrachten, wie sie sich im Gebirge häufig wiederholen. Hinsichtlich der Wettervorbereitung gilt für Gebirgsflüge das gleiche wie für Flüge übers Flachland, nur: noch gewissenhafter! Wer sich mit seiner filigranen Flugmaschine zwischen Drei- und Viertausender begeben will, sollte über die herrschende *Großwetterlage* genau Bescheid wissen. Der Pilot muß eine Wetterkarte nicht nur lesen, sondern auch *interpretieren* können. Er muß wissen, wie sich diese Wetterlage *auf jedem seiner geplanten Streckenabschnitte* im Einzelnen auswirkt. Er muß wissen, wie der Wind hinter der nächsten Taleinmündung wehen wird, wo er Aufwinde, Turbulenzen und vor allem Abwinde zu erwarten hat. Und auch die Frage nach *Notlandemöglichkeiten* bekommt im Gebirge eine ganz andere Dimension.

Föhn

Eine der häufigsten Wettersituationen in den Alpen ist der Föhn. Bei Föhn entstehen extrem starke Luftströmungen. Kein angehender Gebirgsflieger kommt daran vorbei, sich ausführlich mit diesem Phänomen auseinanderzusetzen. Sobald hochreichende Luftströmungen auf ein Gebirge oder eine Gebirgskette treffen, fließen sie auf der Luvseite als *Hangaufwind* empor. Durch den in zunehmender Höhe abnehmenden Druck dehnt sich die Luft aus und kühlt dabei ab. Wenn die Luftmassen den Taupunkt unterschreiten, bilden sich bekanntermaßen Wolken. Weitere feuchte Luft strömt nach, die Wolken verdichten sich, größere Tropfen entstehen und regnen an den Berghängen ab. An der Luvseite der Berge herrscht nun *Stau*. Die Wolken stauen sich bis weit ins Bergvorland zurück. Über den Gipfeln schiebt sich die Staubewölkung in Windrichtung bis

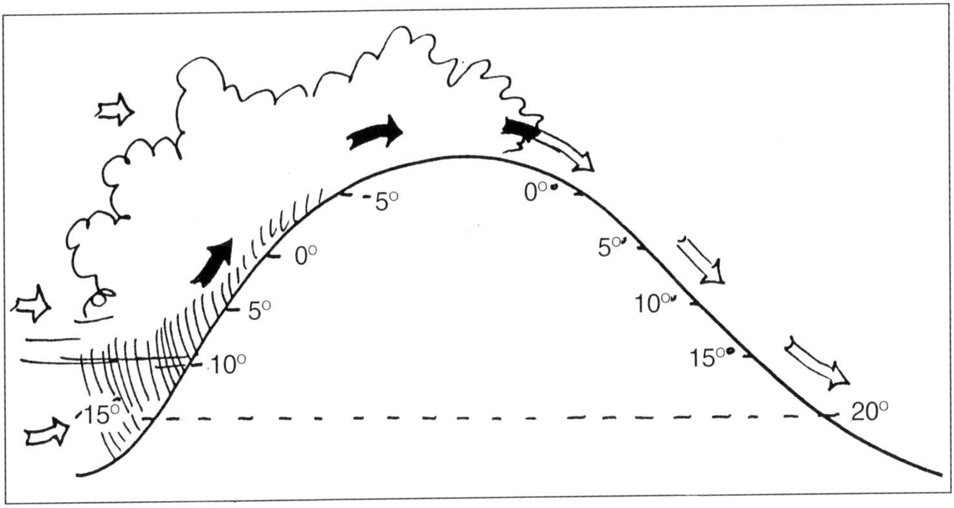

Föhnprinzip

zum *Hauptkamm*. Dort endet sie abrupt an der *Föhnmauer*. Jenseits der Föhnmauer fällt die Luft zu Tal. Infolge des zunehmenden Luftdruckes erwärmt sich die Luft wieder, und die Wolken lösen sich auf. So entsteht hinter der Föhnmauer das blaue, wolkenlose *Föhnloch*. Dort herrschen Fallwinde von zehn bis 15 Sekundenmetern und mehr.

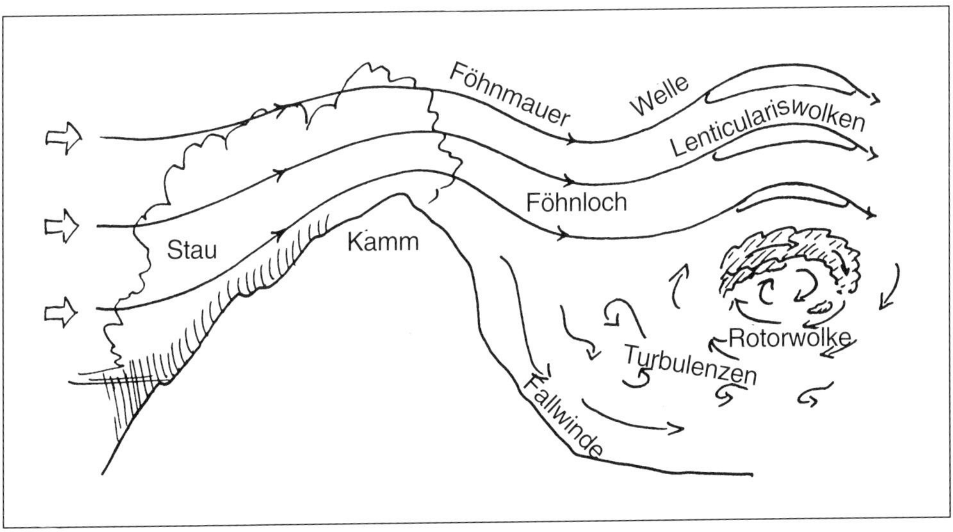

Gebirgsquerschnitt mit typischen Föhnerscheinungen

Niedrige Lenticularis über dem Flachland. Schwere Turbulenzen in 1000 Meter Höhe

Charakteristisch für den Föhn ist folgender thermischer Vorgang: Die Luft, die den Gebirgskamm überschreitet, ist durch Abregnen trockener geworden. Beim Hinabströmen wird ihr beim Verdunsten der Wolken deshalb weniger Energie entzogen, als zuvor bei der Kondensierung der Wolken freigeworden ist. Infolgedessen ist die Luft an der Leeseite der Berge wärmer, als sie es zuvor auf gleicher Höhe an der Luvseite war. Die Luft ist warm, sehr trocken und staubfrei, es herrscht die typische klare Fernsicht. Föhneffekte entstehen immer dann, wenn Luftmassen auf Berge treffen, beim Überströmen Feuchtigkeit verlieren und wieder zu Tal fließen. Je nach Wetterlage kann es dabei zu weiträumigem Alpenföhn kommen oder auch zu regionalen Föhnerscheinungen auf der Leeseite einzelner Bergmassive.

Auch ohne Erhebungen in der Landschaft kann Föhn auftreten: wenn Luft an einer stationär auf der Erdoberfläche lagernden kalten Luftmasse empor- und auf der anderen Seite wieder herabfließt. Deshalb auch im Flachland: bei typischen Föhnerscheinungen wie *Lenticularis-Wolken*, trockenen warmen Böen und guter Fernsicht: Vorsicht!

Föhnwellen

Immer wenn eine hochreichende Luftströmung auf einen Berg oder einen Gebirgszug trifft, entsteht in Lee des Kammes eine wellenförmige Luftbewegung. Bei Föhn sind diese Luftwellen besonders stark und oft deutlich zu beobachten.

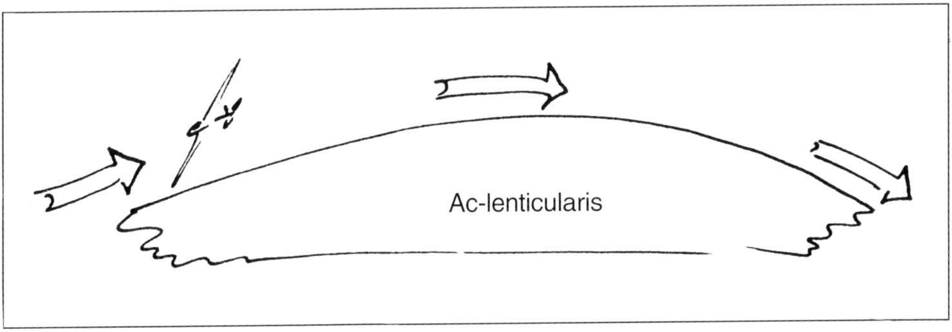

Altocumulus-lenticularis

Dann formen sich an den Oberseiten der *Föhnwellen* linsenförmige, wie glattgestrichen erscheinende Wolken – *Alto-cumulus lenticularis (Ac-lenti)*, am Rand der Nordalpen als »Föhnfische« bekannt.
An der Luvseite von Wellen erflogen Segelflieger Rekordhöhen bis an den Rand der Stratosphäre (über 15 Kilometer Höhe). Föhnwellen werden regelmäßig zu Streckenflügen ausgenutzt. Die Wellen liegen immer in mehreren Schichten übereinander. Um die Höhe der untersten Welle zu erreichen, nutzt der Segelflieger zunächst die lokale Thermik, die *dynamischen Hangaufwinde* und die Aufwindfelder der *Rotoren*.

Rotoren

Bei Luftströmung über ein Hindernis bilden sich in Lee sogenannte *Rotoren* oder *Leewalzen* (siehe Kapitel *Unterschiedliche Windgeschwindigkeiten, Bodenböen und Windscherungen*). Man kann sie sich als waagerecht liegende zigarren- oder ampullenförmige Luftschläuche vorstellen, die hinter dem Hindernis stationär bleiben und mehr oder weniger schnell um sich selbst kreisen. Auch im Tiefland stehen hinter jedem angeblasenen Hügel unsichtbare Rotoren, besonders bei steiler Leekante. Doch dort fliegt man meistens hoch genug darüber hinweg. In den Bergen aber bewegt man sich in gleicher Höhe, und die Rotoren sind viel größer – entsprechend den Hindernissen, hinter denen sie sich bilden. Sie stehen in Lee jedes Berges oder Gebirgskammes. Sie treten bei jedem Wind auf, sind aber bei Föhn besonders kräftig. Als zerrissene *Rotorwolke* lassen sie sich teils mit bloßem Auge erkennen. Die bei vorhandener Luftströmung immer gegenwärtigen Rotoren gehörten zu den Gründen, weshalb Gebirgskämme oder Paßhöhen immer mit ausreichender Sicherheitshöhe und im schrägen Winkel angeflogen werden. Auch bei ruhigem Wetter sind 300 Meter (1000 Fuß) das Minimum. Im Zweifel oder bei stärkerem Wind fliegt man 600 Meter höher. Wenn es dann unerwartet schnell abwärts geht, kann man gefahrlos zum Tal hin abdrehen. Den Versuch, das Abwindfeld durch Ziehen und Steigflug zu überwinden, sollte man gleich vergessen. Eher schraubt man sich über der Talmitte wieder empor und versucht es aus größerer Höhe noch einmal.

Die Föhnwellen und ihre Lenticularis-Wolken strömen vollkommen turbulenzfrei. Zwischen den einzelnen Föhnwellen und zwischen der unteren Welle und dem Rotor jedoch kommt es zu starken Turbulenzen. Die stärksten Turbulenzen treten im Kopf der Rotorwolke auf. Jochen von Kalckreuth berichtet von Beschleunigungen von über vier *g* (vierfache Erdbeschleunigung), von Windsprüngen um 50 km/h innerhalb von drei Sekunden und von Aufwinden und Abwinden von 25 Sekundenmetern. Das entspricht 50 Knoten oder 93 Stundenkilometern. Für Hochleistungs-Segelflugzeuge mögen dies brauchbare Voraussetzungen für Extremflüge sein – für Ultraleichtflieger dagegen..... Man urteile selbst.

Gebirgsflüge mit Ultraleichten finden bei Föhnlage »in der Halle statt«. Und eine Halle sollte es schon sein, denn auch am Boden weht es kräftig und turbulent. Möglicherweise kommt sogar *Föhnsturm* auf.

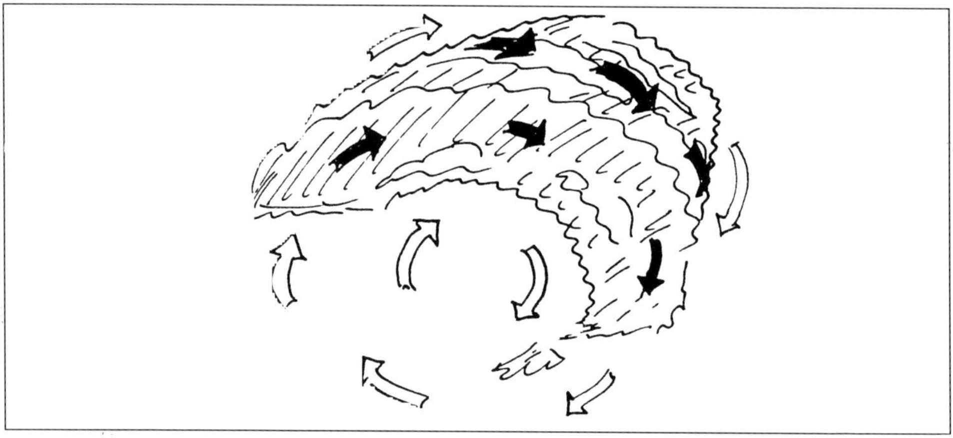

Rotorwolke

Auf der Wetterkarte sind Föhnwetterlagen deutlich an den quer zum Alpenkamm verlaufenden und dicht beieinanderliegenden Isobaren zu erkennen. Luftmassen streben dem natürlichen Druckgefälle folgend vom Hoch zum Tief. Der Höhenwind weht dabei annähernd parallel zum Verlauf der Isobaren. Wo Stau und Föhn herrschen, hängt von der Lage der Druckgebilde ab. Sehr vereinfacht gesehen: Liegt das Zentrum des Tiefs im Nordosten, herrscht Nordstau; liegt es im Südwesten, herrscht Südstau.

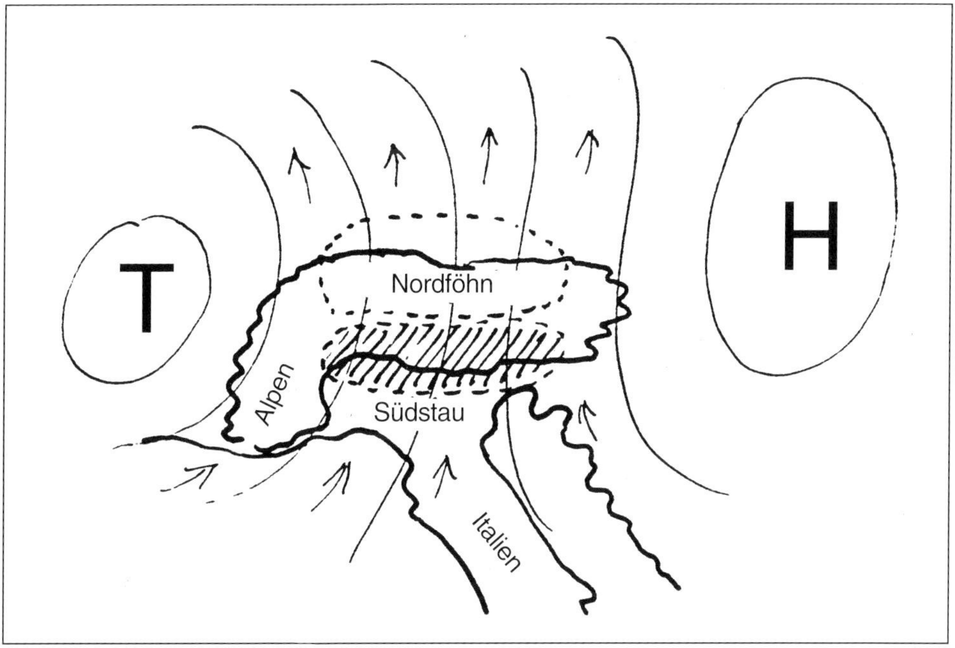

Föhnwetterlagen im Gebirge

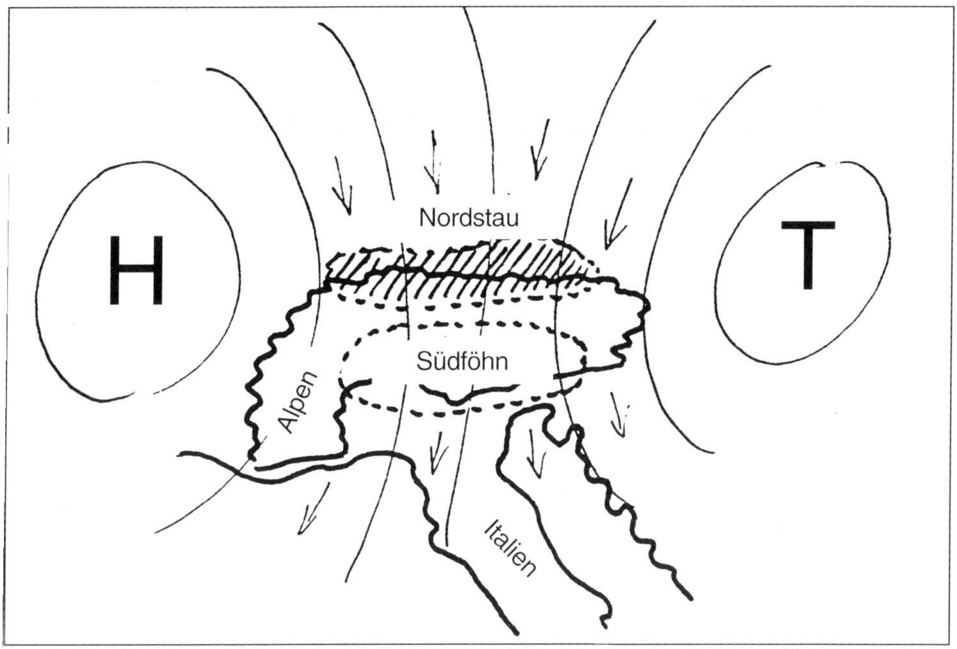

Wind und Thermik im Gebirge

Dynamischer Aufwind

Nicht immer kommt es zu Staubewölkung, wenn der Wind auf Berge trifft. Bei ausreichend trockener Luft wird der Wind einfach an der Luvseite die Bergflanke empor- und an der Leeseite wieder hinabfließen. Ultraleichtflieger können sich diesen *dynamischen Hangaufwind* zunutze machen und sich von ihm wie ein Segelflugzeug in die Höhe tragen lassen. Ein Fliegerkamerad demonstrierte das anschaulich mit seinem KIEBITZ-Doppeldecker (theoretisches Gleitverhältnis 1/7, praktisch eher 1/5), indem er eine Viertelstunde lang mit stehendem Propeller im Hangaufwind des Mosenberges kreiste. Im Gebirge kann der Hangaufwind nützlich sein, um die notwendige Sicherheitshöhe zum Überfliegen eines Kammes oder einer Paßhöhe zu erreichen. Dynamische Hangaufwinde entwickeln sich am besten an waldlosen, möglichst hindernisfreien Hängen, die einen Winkel zwischen 20 und 60 Grad bilden. Aber aufgepaßt: Wo Aufwinde sind, muß auch mit Abwinden gerechnet werden!

Ganz besonders direkt über den Gebirgskämmen muß der Flieger mit großen Windgeschwindigkeiten rechnen. Bei fühlbarem Gegenwind deshalb immer besonders hoch anfliegen! Sonst fällt man in das Lee oder den unsichtbaren Rotor vor dem Kamm und fliegt unter Umständen direkt in die Felswand. 600 Meter Sicherheitshöhe sind im Gebirge nicht zu viel. Dabei Pässe und Kämme immer schräg anfliegen, um bei plötzlichen Abwinden noch gut von der Felswand wegdrehen zu können! Passiert man einen Kamm bei Rückenwind, unbedingt das Lee hinter dem Kamm beachten! Es läßt den UL plötzlich heftig in die Tiefe klaftern. Auch hier vorher viel Sicherheitshöhe erfliegen!

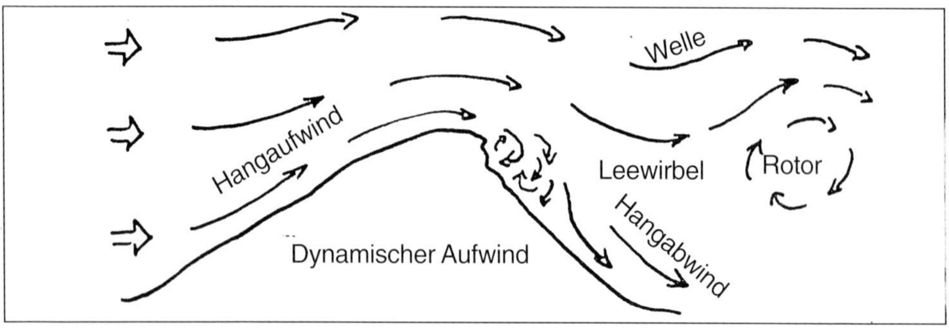

Dynamischer Aufwind, Lee, Abwind

Es kann aber auch sein, daß der UL nach dem Kamm erst einmal richtig ins Steigen kommt. Wird der Leehang von der Sonne beschienen, produziert er

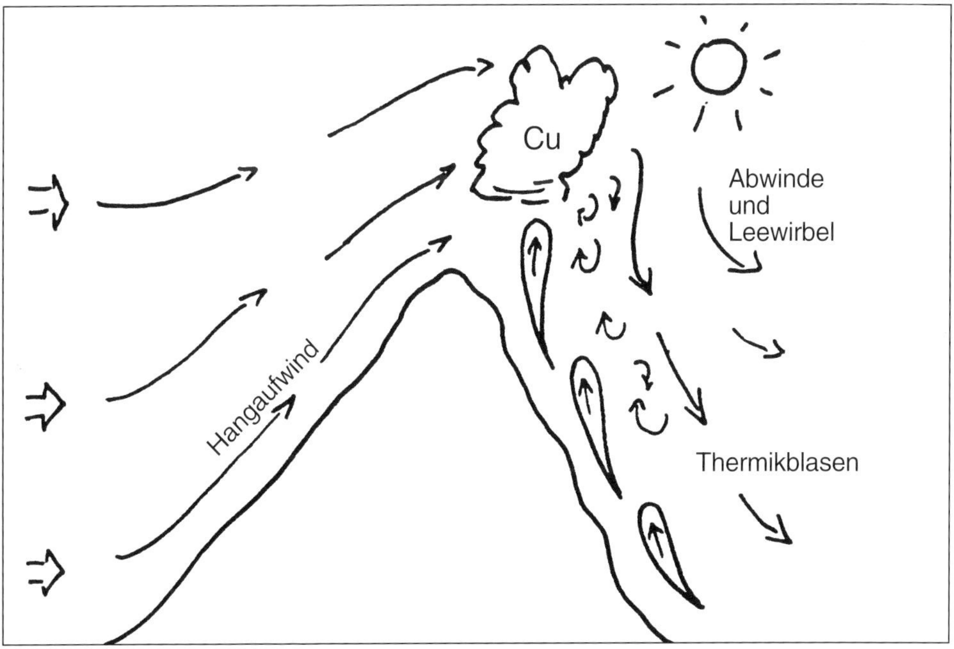

Dynamischer und thermischer Aufwind

starke thermische Hangaufwinde. Das Abwindfeld hebt sich aber nicht auf, sondern verschiebt sich nur bis unmittelbar hinter den Aufwindkamin. Runter geht es auf jeden Fall!

Thermik am Berg

Mit Thermik muß bei Sonnenschein im Gebirge immer gerechnet werden. Der UL-Flieger kann sie sich zunutze machen, um Sicherheitshöhe herauszufliegen. Er muß aber mit ebenso heftigen Abwindgebieten rechnen. Thermische Abwinde können im Gebirge leicht ein mehrfaches der eigenen Steigleistung betragen! Wer in unmittelbarer Nähe der Felswände in ein starkes Abwindfeld gerät, sollte keinen weiteren Fehler machen! Messungen haben ergeben, daß thermische Hangabwinde ihre größte Stärke in etwa 50 Meter Entfernung vom Hang erreichen und sich bis etwa 200 Meter Entfernung langsam abbauen. Das bedeutet jedoch nicht, daß in größerer Entfernung von Hängen nicht mit starken Abwinden anderer Art zu rechnen ist! Wer in ein Abwindfeld geraten ist, sollte nachdrücken, Vollgas geben und rechtwinklig vom Berg wegkurven!

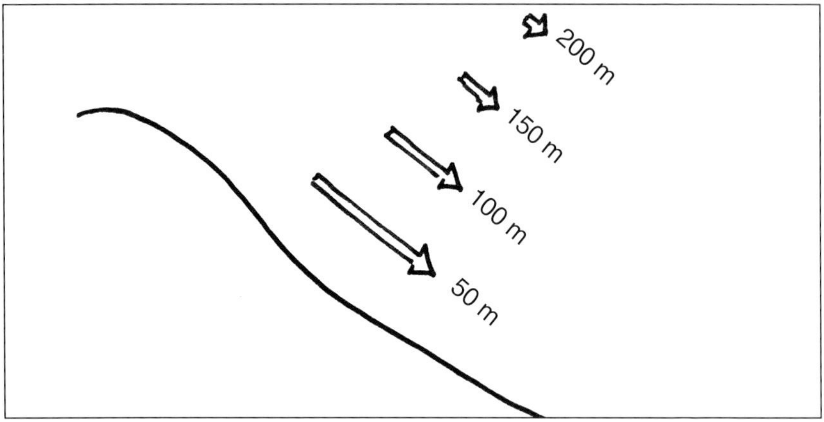

Entfernung des Hangabwindes von der Hangkante

Bei zu erwartender starker Thermik im Gebirge sollte der UL-Flieger gewissenhaft prüfen, ob er sein Fluggerät überhaupt von den Häringen losbinden sollte. Im Unterschied zum Flachland kann er im Gebirge davon ausgehen, daß morgens unmittelbar bei beginnender Sonneneinstrahlung auch die Thermik einsetzt. Sie beginnt an den Osthängen, besonders wenn diese steil sind und der noch niedrig stehenden Sonne eine fast senkrechte Fläche zur Aufheizung bieten. Mit dem veränderten Sonnenstand wandern die Aufwindgebiete im Laufe des Tages an die Südhänge, in die Täler und später an die Westhänge. Wo die Luft aufsteigt, fällt sie an anderer Stelle hinab. Diese Stellen muß der Ultraleichtflieger erkennen – und meiden. Von der Fliegerei im Flachland wissen wir, daß verschiedenartige Untergründe unterschiedliche thermische Aktivitäten verursachen. Wälder und feuchte Wiesen erwärmen sich langsamer, strahlen dafür aber länger ab. So auch im Gebirge. Fels erwärmt sich schneller, kühlt dafür aber auch schneller aus. Für die Erwärmung spielt der Erhebungswinkel des Untergrundes eine gewichtige Rolle. 90 Grad zur Sonneneinstrahlung ist am günstigsten. Wer – aus welchen Gründen auch immer – bei starker Thermik fliegt, sollte sich möglichst in der Mitte der Täler halten. In jedem Fall sollte er aber von Leehängen, schattigen Bergflanken oder Hängen, an denen die Sonne fast parallel entlangscheint (lange Schatten), Abstand halten. Dort »wohnen« die Abwinde. Bei wanderndem Sonnenstand sind die Abwinde an Hängen, die *noch* im Schatten liegen, stärker als an Hängen, die *schon wieder* beschattet werden (von anderen Einflüssen einmal abgesehen). Es wird gelegentlich empfohlen, an einer Talseite entlangzufliegen, um die volle Talbreite für eine Umkehrkurve nutzen zu können. Bei der Auswahl der Talseite sollte man die Thermik berücksichtigen. Während der stärksten Erwärmung am frühen Nachmittag kann der thermische Hangaufwind durchaus zwölf Sekundenmeter

erreichen. Das wären 24 Knoten oder 45 Stundenkilometer. Wer »aus strategischen Gründen« Aufwindgebiete in der Nähe von Bergflanken aufsucht, nähert sich den Hängen immer möglichst schräg, um bei unerwarteten Turbulenzen oder Abwinden jederzeit zur Talmitte hin wegdrehen zu können.
Die Darstellungen von Gebirgsquerschnitte unter verschiedener Sonneneinstrahlung und mit unterschiedlichen Hauptwindrichtungen verdeutlichen die zahllosen Kombinantionsmöglichkeiten von Aufwind, Abwind, Thermik und Turbulenzen.

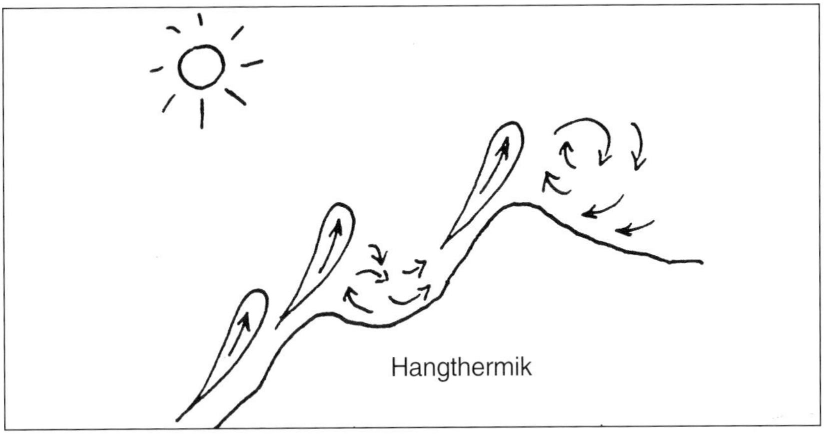

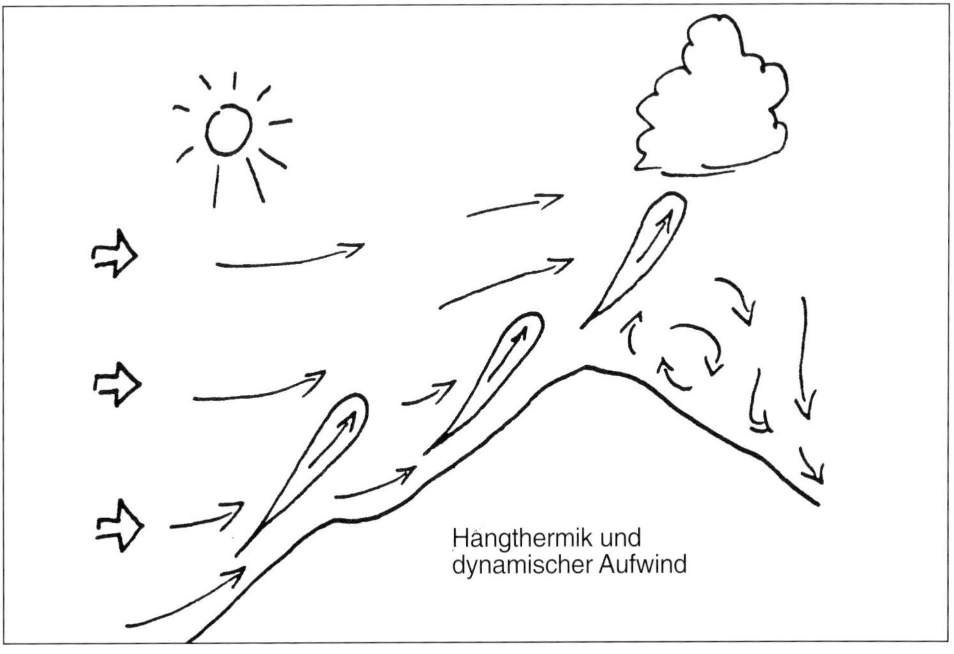

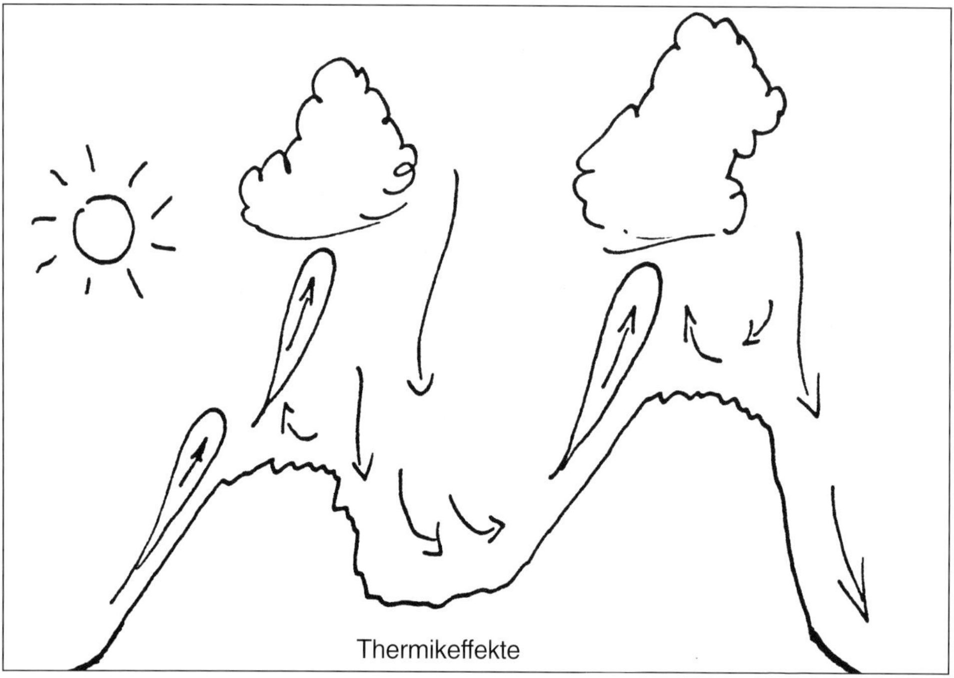

Thermikeffekte

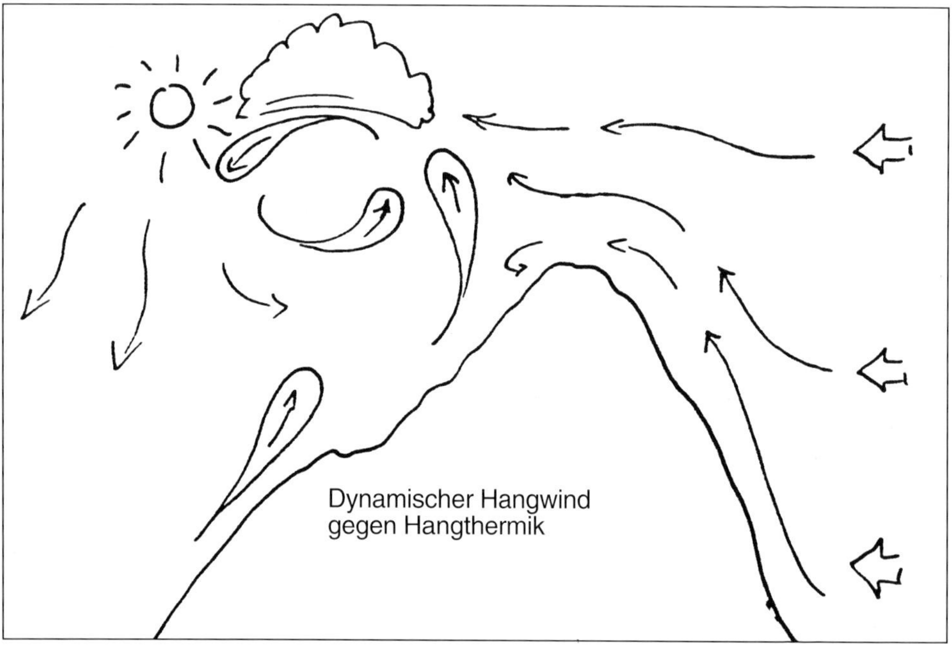

Dynamischer Hangwind
gegen Hangthermik

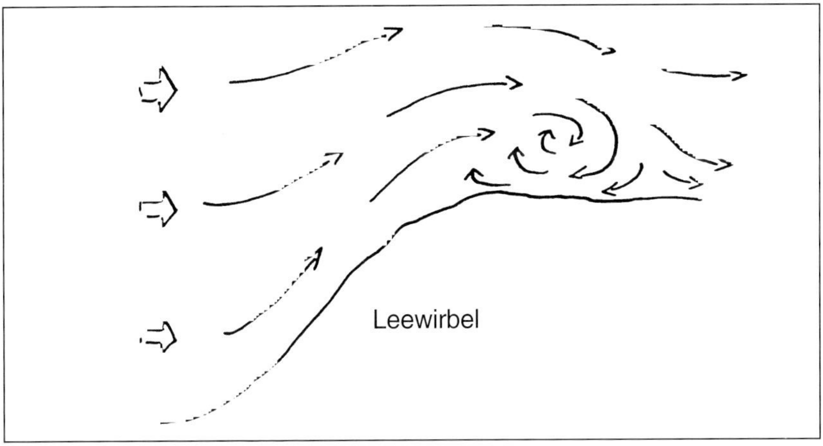

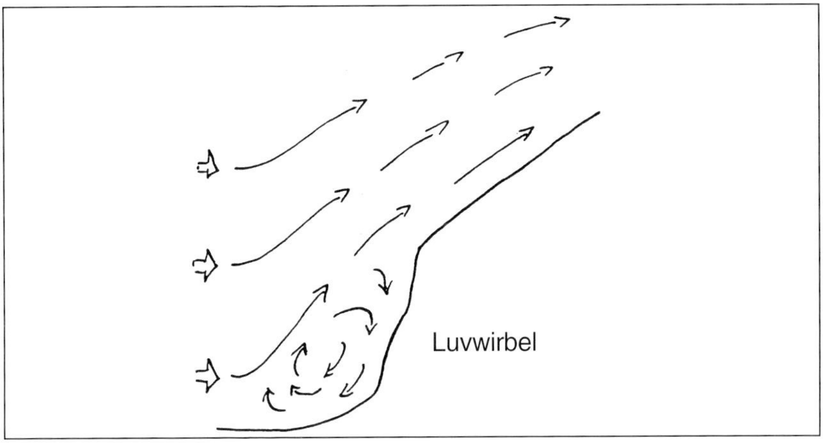

Talwind, Bergwind

Der tageszeitliche Wechsel von *Talwind* und *Bergwind* ist die typische Erscheinung bei sonnigem Hochdruckwetter. Der Talwind weht tagsüber das Tal hinauf und die Bergflanken empor. Der Bergwind fließt abends und nachts die Bergflanken hinab und die Täler entlang nach unten in die tieferen Lagen. Vormittags beginnt die Aufheizung der höheren Felsregionen. Dort steigt die erwärmte Luft auf und läßt die niedrigeren Luftschichten talaufwärts nachströmen. Am Nachmittag erreichen die Talwinde ihre größte Stärke. Am späten Nachmittag flaut der Talwind ab. Nach 18 Uhr herrscht Windstille. Danach setzt von den abkühlenden Bergflanken her der bergabgerichtete Bergwind ein. Er weht nicht so stark wie der Talwind und hält bis in die frühen Morgenstunden vor.

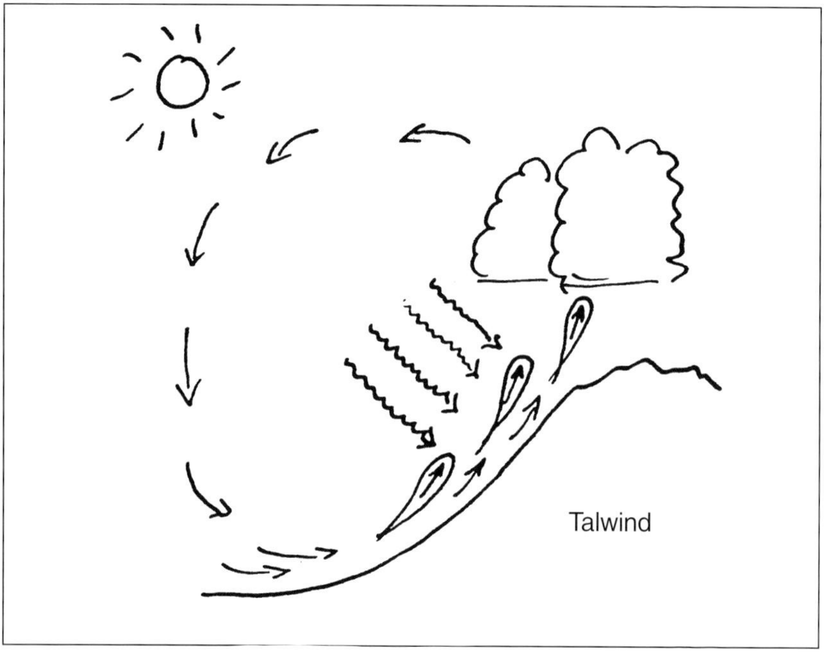

Talwind, Bergwind

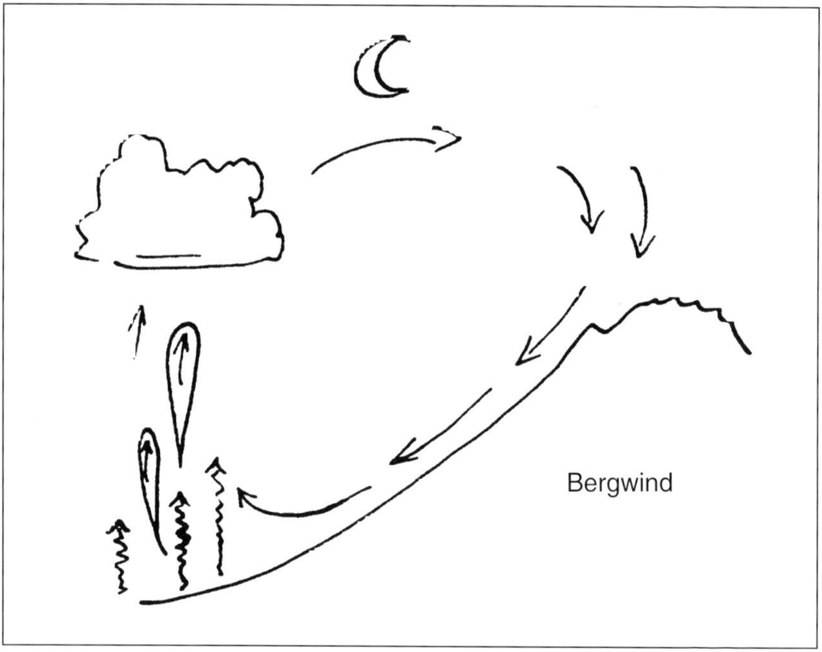

An Schönwettertagen läßt sich die Stärke und Heftigkeit der *Höhenthermik* unmittelbar an der talauf gerichteten Windgeschwindigkeit im Tal ermessen. Je stärker der Talwind, desto stärker die Thermik in den Höhen. Wenn die großräumige Höhenströmung dem lokalen Talwind entgegensteht, kann der Talwind turbulent werden oder ganz aufhören. Dann wird es sehr böig. Meist wird der Talwind jedoch von der Höhenströmung nicht beeinflußt.

Außenlandung im Gebirge

Der UL-Flieger wird natürlich versuchen, gegen den Wind zu landen; gerade bei den oft kurzen und möglicherweise feuchten, weichen Talwiesen. Doch einen Windsack wird er nur auf Flugplätzen finden. Beim Fliegen im Gebirge ist es schwierig, von den Höhenwinden auf die Winde im Tal zu schließen. Besonders enge und verwinkelte Täler »machen ihren eigenen Wind«. Auf jeder Alm steht der Wind anders. Das sollte man bei Not- oder Sicherheitslandungen beachten. Entlang von Flußauen stehen häufig Pappeln. Bei Wind sind die silbrig leuchtenden Unterseiten ihrer Blätter an der Luvseite der Bäume nach oben gebogen und zeigen so die Windrichtung an. Wie das aussieht, sollte man sich in aller Ruhe aus der Luft betrachten, *bevor* man einmal darauf angewiesen ist. In breiten Tälern kann bei ausgeglichener sonniger Wetterlage mit geringen Druckunterschieden von regelmäßig wehenden Tal- oder Bergwinden ausgegangen werden. Das heißt: von vormittags bis nachmittags talabwärts landen, ab dem späten Nachmittag talaufwärts.

Immer hangaufwärts landen!

Bei deutlich erkennbarem Gefälle gilt jedoch: unabhängig vom Talwind oder irgendeiner anderen Windrichtung hangaufwärts landen! Dabei muß der Pilot sorgfältig anfliegen, mit Überfahrt dicht an den Boden gehen und dann gleichmäßig und stark abfangen. Die Fahrt muß reichen, um beim Abfangen noch ein Stück dicht über dem Boden hangaufwärts zu schweben. Möglicherweise wird es eine Zweiradlandung. Die richtige Dreipunktlage zum Landen wird man erst bei ungewöhnlich starkem Anstellwinkel erreichen. Dabei hätte man bei langsamer Geschwindigkeit schon überzogen. Vorsicht bei Bugrädern! Rollt man an steilem Gelände aus, muß das Flugzeug mit dem Schwung der letzten Meter quer zum Hang gestellt werden. Unter Umständen muß man sofort herausspringen, um den Flieger am Zurückrollen zu hindern (siehe auch Kapitel *Orientierung im Hochgebirge*).

Wolken im Gebirge

Nicht nur Wind, Thermik und Turbulenzen spielen im Gebirge Sonderrollen. Auch die Wolken bekommen ihre Dramatik; einfach deshalb, weil sie sich den

Hochnebel talaufwärts

Luftraum mit den Bergen teilen. Stößt der Sichtflieger über dem Flachland in eine größere Wolke, darf er zur Not mit Orientierungsverlust rechnen und mit dem Abmontieren der Tragflächen durch unkontrollierte Überfahrt. Aber abgesehen vom Reiz, etwas Verbotenes zu tun, hat er doch noch die leise Hoffnung, irgendwann mehr oder weniger intakt aus der Wolke wieder herauszufallen. Im Gebirge hingegen darf er sich darauf einstellen, daß das Flugzeug bereits vorher an irgendeiner Felswand schlagartig »zur Ruhe kommt«. Wenn die umliegenden Gipfel in den Wolken liegen, kann jeder UL-Pilot Flüge, die über die Platzrunde hinausgehen, vergessen. Auch wenn der Wetterbericht und die Wetterlage darauf hindeuten sollten, daß die Wolken sich bald auflösen werden, sollte er unbedingt warten, bis sich die Wettersituation nachhaltig geklärt hat. Es gibt Wetterlagen, bei denen einzelne Gebirgsabschnitte frei und fliegbar sind, andere aber in den Wolken liegen. Der kluge Pilot überquert Grate und Pässe nicht nur deshalb mit Sicherheitshöhe, um plötzlichen starken Abwinden begegnen zu können, sondern auch, um das Gelände auf der anderen Seite einsehen zu können. Ist die andere Seite wolkenverhangen: umkehren! Manchmal verlocken Wolkenlöcher in einer niedrigen Wolkenschicht zum Durchsteigen nach oben. Im Gebirge ist aber die Wahrscheinlichkeit noch höher als im Flachland, daß sich diese Wolkenlöcher plötzlich schließen. Wer dann als Sichtflieger durch die »Suppe« wieder hinabzutauchen versucht, bedarf einer Kohorte ausgeruhter Schutzengel. Sehr wahrscheinlich endet der Gleitflug in der Wand. Zuweilen überdeckt eine niedrig liegende Stratusschicht ein leicht ansteigendes Tal: Hochnebel stößt gegen eine Inversionschicht, die das Tal wie ein Deckel nach oben abdichtet. Die Wolkenbasis bleibt in gleicher Höhe, der Talboden steigt an. Wer unter dieser Wolkenschicht talauf fliegt, wird das Flugzeug zwangsläufig immer weiter an den Boden drücken. Rücken die Berghänge auch noch zusammen, kann die Umkehrkurve leicht im nächsten Abhang enden.

Ungünstige Wettersituationen für Gebirgsflüge

In bestimmten Wettersituationen sollte jeder Pilot sich und die Umstände doppelt prüfen, ehe er sein Luftfahrzeug aus der Halle rollt. Befindet er sich bereits in der Luft, sollte er den Flug abbrechen. Zu diesen Wettersituationen gehören: *Föhn*.

Herannahende Fronten, die bald auf das Bergland übergreifen werden.

Starkes Druckgefälle. Auch wenn im Tal kein Wind zu beobachten ist – zwischen den Gipfeln herrscht Sturm. Unter Umständen erkennt man mit einem Fernglas Schneeschleier, die an den Hängen empor und über die Grate ins Blau gefegt werden.

Niedrige Inversionen über den Tälern. Aus einer Dunstglocke kann bald eine undurchdingliche Hochnebeldecke werden. Die Situation ist besonders »interessant«, wenn man bereits »on top« fliegt.

Gipfel schon in den Wolken.

Stark verringerte Luftdichte durch die Kombination von hochgelegenem Flugplatz, niedrigem Luftdruck und warmem Wetter. Die Luft unter den Flügeln trägt unter Umständen so wenig, daß die notwendige Startbahn länger wird als der Platz. Der dünnen Vergaserluft entsprechend ist auch die Motorleistung schlecht. Die Steigleistung nimmt rapide ab, die Überziehgeschwindigkeit steigt an.

Drohende Gewitter. Schon vor Gewitterlagen herrschen oft eine labile Luftschichtung und eine heftige Thermik. Baut sich ein Gewitter auf, blockiert es ein ganzes Tal. Der Flieger kehrt um und stellt fest, daß sich mittlerweile auch am anderen Talende ein Gewitter eingenistet hat. Jetzt wird es eng. Gewitter neigen zum Verschmelzen. Siehe auch Kapitel *Gewitter*.

Günstige Wettersituationen für Gebirgsflüge

Günstig sind stabile Hochdrucklagen, aber auch Zwischenhochs und allgemein großräumig geringe Druckunterschiede. Stabile Luftschichtung ist sehr vorteilhaft. Man sollte jedoch nie vergessen, daß sich die Bewölkung im Gebirge sehr schnell ändern kann, insbesondere in der warmen Jahreszeit. Starke Einstrahlung an den der Sonne zugewandten Berghängen kann in kurzer Zeit zu starker Wolkenbildung führen. Ein Tal, über dem am Vormittag noch der blaue Himmel strahlte, läßt sich frühen Nachmittag nicht mehr passieren; ein Paß, an dem sich gegen Mittag nur einzelne Cumuli zeigten, liegt zwei Stunden später in dichten Wolken. Bei Sonnenschein kann die Thermik das Fliegen bis in die Nachmittagsstunden verbieten. Doch am frühen Morgen, am späten Nachmittag oder am Abend lassen sich Täler gut befliegen, besonders wenn sich der Pilot in der Talmitte hält (siehe Kapitel *Wind und Thermik im Gebirge*). In einem Hochdruckgebiet bilden sich zuweilen mittelhohe Inversionen. Oberhalb der Gipfel ruht eine Schichtbewölkung (Alto-stratus oder Alto-strato-cumulus). Die Wolken schirmen die Sonne ab, die Thermik bleibt gering oder wird durch stabile Luftmassen ganz unterbunden. Es bleibt ruhig, der Himmel blendet nicht – angenehmes Flugwetter. Nur die Sicht könnte besser sein. Zuweilen ist sie unter der Inversion aber auch hervorragend, besonders nachdem eine Föhnlage sich beruhigt hat.

Reiseplanung im Gebirge

Prinzipiell gelten die gleichen Maßstäbe wie für die allgemeine Flugvorbereitung. Der Pilot wird sich an deutlich erkennbaren Leitlinien orientieren und vorwiegend entlang der Täler bewegen. Er achtet darauf, daß immer reichlich Platz zu den Talhängen bleibt. Die Gebirgsmassive überfliegt er an den Pässen mit genügend *Sicherheitshöhe*, wobei 300 Meter ein Minimum darstellen. Er fliegt Grate und Sättel trotz Sicherheitshöhe schräg an, um bei unerwartet starkem Sinken jederzeit zum Tal hin wegdrehen zu können. Besonders sorgfältig wird er die *Wetterlage* berücksichtigen. Anhand einer Karte mit gut schattierter Reliefzeichnung geht der Pilot die ganze Strecke durch. Er stellt die Hauptwindrichtung fest, berücksichtigt den Sonnenstand zur Flugzeit sowie die mögliche Bewölkung und andere Faktoren und überlegt, wo mit Aufwinden, Abwinden, Lee und Rotoren (nicht nur bei Föhn) zu rechnen ist.

Für die langfristige Reisevorbereitung zuhause stellt eine dreidimensionale *Reliefkarte* sicherlich eine große Hilfe dar. Die Berge und Höhenzüge sind in überhöhtem Maßstab zentimeterhoch in Kunststoff gepreßt. Sie machen die Planung hinsichtlich der Auf- und Abwinde, der Turbulenzen und Wolkenbildungen sehr anschaulich. Kritische Stellen bei den verschiedenen Windrichtungen und Wetterlagen sind unmittelbar zu erkennen. Reliefkarten der Alpen sind allerdings teuer, sperrig (auf Spanplatte aufgezogen) und zuweilen recht umständlich zu bekommen. Die für Ultraleichtflieger brauchbarsten Reliefkarten werden in Österreich und Italien aufgelegt. Auch *Panoramakarten* sind hilfreich, aber aufgrund ihrer maßstäblichen Verzerrung und der Ungenauigkeiten in den

Zeichnungen mit Vorsicht zu genießen. Die Erkenntnisse aus diesen Hilfskarten werden natürlich in die richtige Luftfahrerkarte übertragen.

Abschließend wollen wir wieder Wolf Hirth mit einem Extremerlebnis zu Wort kommen lassen. Wir kennen sein Abenteuer mit dem Sendemast bereits aus dem Kapitel *Luftfahrthindernisse*. Nun wollen wir den Teil seines Berichtes hören, der von der Alpenüberquerung unmittelbar davor berichtet.

Oktober 1929. Hirth fliegt seine bekannte offene KLEMM 25 mit einem 50 Kilo leichten 40 PS-Sternmotor, einem heutigen UL vom Konzept her nahezu gleich. Originalton Wolf Hirth:

Vom Jura ab hatte ich zu steigen begonnen – 1000 Meter, 2000 und dann langsam bis 3000 Meter. Da kamen auch schon hohe und noch höhere Bergriesen. Wie komisch, hatte ich gedacht, jetzt bin ich 3000 Meter hoch, und dabei gucken diese Höhenprotze noch stolz 1000 Meter auf mich herunter! Zuerst wollte ich in einem falschen Tal über die Berge. Das ging aber nicht, weil zuletzt alles um mich herum höher war. Weit unter mir sah ich riesige Hotelpaläste. Fremdenverkehr – die Goldgrube der Schweiz! An mir könnt ihr jedoch heute nichts verdienen, stellte ich fest und ließ mir von einem sanft geschwungenen Gletscher, dessen Schwanz gerade auf Brig deutete, den Simplon weisen. Der Paß ist angenehm niedrig, »nur« etwa 2000 Meter hoch. Aber eine andere unangenehme Überraschung erwartete mich dort: Wolken und Nebel. Alles auf der anderen Seite war zu. Da flog ich erst fünf, dann nochmals zehn Minuten spazieren, überlegte und wartete. Nicht umsonst. Endlich hatte sich ein Wolkenloch aufgetan, durch das ich Tal und Straße sehen konnte. Ohne langes Besinnen begab ich mich jetzt durch das Loch im steilen Gleitflug hinab in das Tal, das mich gen Italien führte. Vorerst fühlte ich mich in dieser gelobten Gegend freilich nicht wohl, als ich in 20 bis 30 Meter Höhe über der Gebirgsstraße immer tiefer rutschte. Denn die Wolken rutschten parallel der Straße auch immer tiefer, und im Zwischenraum zogen mir neckische Nebelschwaden entgegen, während rechts und links die Berge nichts an Steilheit zu wünschen übrig ließen. Wieder zurückfliegen war ausgeschlossen, denn so steil wie das Tal herabfällt, konnte meine Maschine niemals steigen. Also durch! Und es ging, auch später, als das Tal ganz eng wurde, so eng, daß man nicht hätte umdrehen können. Alles hat ein Ende. Das Tal wurde auch wieder breiter, und der Regen begann, damit es mir nicht zu wohl wurde. Es lag da ein Städtchen: »Domodossola«. – Liebliche Lautmalerei! Domm, Domm, Dossola! trommelte der Platzregen auf Tragflächen, Rumpf und Windschutzscheibe. Finster war es über dem Tal, das ich nur so ungefähr sehen konnte, weil sich das Wasser auch hinter der Schutzbrille anzusetzen begann. Ich bekam Angst um Motor und Schraube, aber die ließen sich nicht aus der Ruhe bringen. Freilich, ein Durchkommen war ausgeschlossen. Ich mußte also umdrehen, nachdem ich zwei Hochspannungsleitungen im Hindernissprung genommen hatte [!]. Und auch der zweite Durchbruchsversuch mißlang. Jetzt bei 50 bis 100 Meter Sicht noch weiterzufliegen wäre Leichtsinn gewesen [Hört, hört!]. Endlich, beim dritten Mal, nach einer guten halben Wartestunde [in der Luft natürlich!], konnte ich in 20 Meter Höhe der Eisenbahn nachfliegen und nach endlos scheinder Zeit das Tageslicht am Lago Maggiore wieder erblicken. Das war sicher der schönste Augenblick dieses Flugtages, als ich, links und rechts schwarze Bergkolosse, über mir eine noch schwärzere Wolke, den Dunst vor mir erst braun, dann gelb, dann immer heller werden sah, um endlich, wie durch ein großes Tor auf die hellspiegelnde Wasserfläche hinauszufliegen.

Bevor wir auf diesen kurzen Textauszug eingehen, möchte ich der Gerechtigkeit halber bemerken, daß insgesamt aus Wolf Hirths Aufzeichnungen eine gereifte, seinen Fliegerkameraden gegenüber sehr verantwortungsvolle Haltung herausgelesen werden kann, die derlei Jugenderinnerungen auch als Warnung gewertet wissen wollte. Doch das Erlebnis bedarf für unsere Zwecke eines Kommentares. Wolf Hirth wird mir verzeihen: Bei der beschriebenen Wetterlage handelt es sich offenbar um einen mäßigen Südstau. Von ausgeprägten Föhnmerkmalen auf der Nordseite erwähnt Hirth nichts. Aber Wetterlagen äußern sich ja häufig keinesfalls eindeutig. Wir hätten am Simplon beim Anblick der Bewölkung auf der anderen Seite natürlich sofort umgedreht und den nächstgelegenen Flugplatz angeflogen. Dort hätten wir gewartet und vor allem genaue Wetterinformationen eingeholt. Gute Wetterinformationen aus dem südlichen Alpenraum waren damals oft ein Problem. Man ahnt zuweilen, daß die lässige Schnoddrigkeit vielleicht doch nicht Wolf Hirths damaliger Gemütslage entsprach. Der Leser wird sicher beipflichten, daß Wolf Hirth sein Überleben mehr dem Glück als seinem fliegerischen Können verdankte, obwohl er ein ungewöhnlich begabter Flieger war. Hirth in ähnlichen Situationen nacheifern zu wollen, käme vermutlich einem Selbstmordversuch gleich.

Die Grenzen – die Möglichkeiten

Sollten die bisherigen Ausführungen den einen oder anderen Leser zu dem Eindruck bewegt haben, die Gebirgsfliegerei könnte seiner Gesundheit abträglich sein, widersprechen wir ihm nicht. Zweifellos fordert die Gebirgsfliegerei mehr Wissen, Entscheidungsfreudigkeit, fliegerisches Können und Sorgfalt als das Fliegen über dem Tiefland.

Doch irgendwann zieht es den Piloten vielleicht doch in die Berge. Doch nur *wenn er schrittweise* an die Sache herangeht, sich gründlich vorbereitet, sich seiner Grenzen und derer seiner Flugmaschine bewußt ist *und mit Geduld geeignete Wettersituationen abwarten* kann, erfüllt er die notwendigen Grundvoraussetzungen. Auf jeden Fall sollte er sich eine gründliche Alpeneinweisung geben lassen und auch sonst jede Gelegenheit nutzen, mit bergerfahrenen Fliegern ins Gespräch zu kommen. Die Verantwortung und Entscheidungen kann ihm natürlich niemand abnehmen. Das Urteil von »Profis« muß nicht immer der einzige Maßstab sein. Manche malen gern mit düsteren Farben, in denen sie selbst umso heller strahlen. Sie berichten von der schwierigen Situation, in die sie bei anspruchsvoller Wetterlage mit einem Hochleistungsflugzeug gerieten. Sie haben recht: das UL hätte keine Chance gehabt. Aber sie vergessen: Der Malstrom vernichtet während auflaufender Flut die größten Schiffe – bei Stauwasser jedoch kann ihn ein Paddelboot gefahrlos überqueren.

Wer die eigenen Grenzen kennt, erkennt auch seine Möglichkeiten.

Anhang

Danksagung

Dieses Buch hätte ohne die Hilfe vieler Fliegerkameraden nicht in dieser Form entstehen können. Stellvertretend für alle diejenigen, die mich mit Hinweisen, Diskussionen, Anregungen, Fotoflügen und tatkräftiger Hilfe bei der Erstellung des Materiales unterstützt haben, möchte ich besonders erwähnen:

Hans Schaller,

Frank Baeseler,

Peter Wagner,

Dieter Wagner,

Wolfgang Rieber,

Uwe Hansen,

Marten Seifert

und nicht zuletzt

Michael Platzer.

Herzlichen Dank!

Quellenangaben

Aus folgenden Veröffentlichungen stammen Zitate und Flugberichte:
Italiaander/Hirth: »Wolf Hirth erzählt«. Klasing, Berlin 1935. Manfred von Richthofen: »Der rote Kampfflieger«. Ullstein, Berlin 1933. Lewis, Cecil: »Schütze im Aufstieg«. Rowohlt, Berlin 1937. de Saint-Exupery, Antoine: »Wind, Sand und Sterne«. Karl Rauch, Düsseldorf 1956.